पत्रकारिता संदर्भ कोश

पत्रकारिता सन्दर्भ कोश

डॉ. रामप्रकाश
डॉ. सुधीन्द्र कुमार

वाणी प्रकाशन

वाणी प्रकाशन

4695, 21-ए, दरियागंज, नयी दिल्ली 110 002

शाखा

अशोक राजपथ, पटना 800 004

फ़ोन: +91 11 23273167 फ़ैक्स: +91 11 23275710

www.vaniprakashan.in
vaniprakashan@gmail.com

PATRAKARITA SANDARBH KOSH
by Dr. Ramprakash/Dr. Sudhindra Kumar

ISBN : 81-7055-222-2
Media

संस्करण 1994, 2004
आवृत्ति 2012

मूल्य : ₹ 300

मेहरा ऑफ़सेट, नयी दिल्ली-110002 में मुद्रित

वाणी प्रकाशन का लोगो मक़बूल फ़िदा हुसेन की कूची से

आमुख

भारतीय पत्रकारिता अपनी विकास-यात्रा की दो शताब्दियाँ पार कर, तीसरी शताब्दी में प्रवेश कर चुकी है। उसी क्रम में हिंदी-पत्रकारिता भी उन्नीसवीं शताब्दी के द्वितीय चरण के आरंभ से ही अपनी समग्र गरिमा और निष्ठा के साथ अभिव्यक्ति-स्वातंत्र्य के लिए जूझती हुई स्वस्थ लोकतंत्रीय जीवन-मूल्यों के संपोषण-संरक्षण तथा सामाजिक दायित्वों के सम्यक् निर्वाह में प्रवृत्त है। राष्ट्रीय चेतना और विभिन्न साहित्यिक-सांस्कृतिक प्रवृत्तियों के उन्नयन में हिंदी-पत्रकारिता की सतत जागरूकता अभिनंदनीय है। किंतु सामग्री-संकलन से लेकर उसके संयोजन-समन्वय और प्रकाशन तक की समस्त प्रक्रिया की द्योतक अंग्रेजी की ही पारिभाषिक तथा प्राविधिक प्रयुक्तियाँ हिंदी-पत्रकारिता में प्रचलित हैं। प्राविधिक प्रक्रिया, समाचार-संकलन, प्रस्तुतीकरण एवं मुद्रण-कला आदि के संदर्भ में हिंदी पत्र-पत्रिकाओं, पत्रकारों, संवाद-समितियों और अन्य संबद्ध कर्मियों का राष्ट्रीय स्वाधीनता के लगभग आधी शताब्दी के उपरांत भी, समस्त कार्य-निष्पादन के लिए अंग्रेजी का मुखापेक्षी बने रहना चिंतनीय है। उनके लिए उपयुक्त हिंदी-पर्यायों की व्यावहारिक और प्रयोगात्मक संरचना करके, संक्षिप्त पारिभाषिक स्वरूप-विवेचन सहित उनका एकत्र संकलन बहुत समय से अपेक्षित था। प्रस्तुत 'पत्रकारिता संदर्भ कोश' इसी दिशा में एक विनम्र प्रयास है।

पत्रकारिता एक विज्ञान है और कला भी। इसका शास्त्रीय, सैद्धांतिक और यांत्रिक प्रक्रिया-संबंधी व्यावहारिक अध्ययन इसे विज्ञान की कोटि में ले आता है, तो इसका सर्जनात्मक पहलू इसे कलात्मकता प्रदान करता हैं। पत्रकारिता के समस्त तंत्र की संश्लिष्टता आज विशिष्ट दक्षता की अपेक्षा रखती है। यह दक्षता पत्रों-पत्रकारों की अपनी भाषा में हो तभी उसकी सार्थक उपयोगिता है। इसी तथ्य को दृष्टि में रखकर प्रस्तुत कोश में पत्रकारिता के विविध अंगों, कार्यों, प्रकार्यों, नियमों, प्रतिमानों, आदर्शों, सिद्धांतों, यंत्रों, तंत्रों, एजेंसियों तथा कानूनों आदि की हिंदी में विशद जानकारी नागरी अक्षर-क्रमानुसार दी गयी

है। इस जानकारी को और अधिक समृद्ध करने के लिए प्रत्येक परिभाषेय और व्याख्येय शब्द, पद, पदांश या वाक्यांश के सामने कोष्ठकों उस/उनके अंग्रेजी पर्याय भी दिये गये हैं। सभी शब्दों का परिचय देते समय यह प्रयत्न रहा है कि उनका सर्वांगपूर्ण, समग्र प्राविधिक स्वरूप संक्षेप में ही भली भाँति स्पष्ट हो जाए।

नाम-कोश के अंतर्गत प्रमुख संवाद-समितियों तथा पत्रकार-संगठनों के अतिरिक्त हिंदी के प्रमुख पत्रों तथा पत्रकारों का संक्षिप्त परिचय इस उद्देश्य से दिया गया है कि हिंदी पत्रकारिता के अध्येता उसके क्रमिक विकास की भी एक झलक प्राप्त कर सकें।

परिशिष्ट में दिये गये प्रूफ-संशोधन-चिह्नों के साथ उनके संकेतार्थ भी हैं, जिससे नवपत्रकारों को प्रूफ-संशोधन में सहायता मिलेगी। इसके साथ ही, पत्रकारिता-संबंधी प्रमुख कानूनों की भी विधिवत् जानकारी अक्षरक्रम से दे दी गयी है, जिससे वे सामग्री-प्रस्तुतीकरण के समय सचेत और सजग रह सकें। कोश के अंत में पत्रकारिता-संबंधी समस्त शब्दावली की अंग्रेजी अनुक्रमणिका हिंदी-पर्यायों सहित दे दी गयी है, जिससे अध्येता रोमन अक्षर-क्रम से दी गयी अंग्रेज़ी-प्रयुक्ति का हिंदी-रूप देखकर मूल कोश में नागरी अक्षर-क्रमानुसार उसका परिचय प्राप्त कर सकें।

हमारे इस प्रयास की नवीनता और उपादेयता की पहचान और परख के संदर्भ में सुधी विद्वानों के सुझाव निश्चय ही हमारे पथ-प्रदर्शन में सहायक होंगे।

—रामप्रकाश

अनुक्रम

प्राविधिक शब्दावली

अ

अंक (Number, Copy, Print)
संख्या, छाप, एक बार की छाप, प्रति : (1) पत्रिका के कितने **अंक** छप चुके हैं; (2) इसका पहला **अंक** अप्राप्य है। (3) **विशेषांक** बड़ा सुन्दर निकला है।

अंतराल (Space)
दो शब्दों/पंक्तियों आदि के मध्य अमुद्रित स्थान की दूरी का अनुपात।

अंतरालक (Quotation)
मुद्रायोजित शब्दों/पंक्तियों के मध्य अंतराल रखने के लिए लगाये जाने वाले मुद्राकृति रहित, निर्धारित आधार के धातु-खंड।

अंतराल-सामग्री (Space Material)
दो शब्दों/पंक्तियों के मध्य छोड़े जाने वाले अभीष्ट अमुद्रित स्थान पर लगाये जाने वाले, धातु-ढले मुद्राकृति-रहित चतुष्क(क्वाड) अथवा धातुखंड (कोटेशन)।

अंतिम तिथि (Closing Date, C D)
आमंत्रित रचनाओं, विज्ञापनों, निविदाओं, आवेदन पत्रों आदि के लिए निर्धारित वह तिथि जिसके बाद कोई प्रविष्टि नहीं ली जा सकती।

अंतिम (मशीन) प्रूफ (Final (Machine) Proof)
मुद्रणीय सामग्री के मुद्रायोजित आरूप के गेली प्रूफों तथा प्रथम और द्वितीय पृष्ठ-प्रूफों के संशोधनोपरांत लेखक/संपादक के मुद्रणादेश के लिए भेजे जाने वाले प्रूफ। इसी को मशीनप्रूफ कहते हैं।

अक्षर (Letter)
प्रत्येक ध्वनि, विराम, अंतराल आदि का सूचक धातुढला मुद्रणार्थ प्रतीक चिह्न। मुद्रण के संदर्भ में, लिपि की वर्णमाला के अतिरिक्त विरामचिह्न, रेखिका, योजक चिह्न, रेखा आदि भी अक्षर माने जाते हैं।

अक्षर अंतराल (Letter Spacing)
प्रत्येक अक्षर की ढलाई में मुद्राकृति (फेस) के दायें-बायें छोड़ा जाने वाला रिक्त स्थान, जिससे मुद्रायोजन के समय दो अक्षरों के मध्य समान अनुपात बना रहे।

अक्षर मुद्रणालय (Letter Press)
मुद्रणीय सामग्री को अभीष्ट आकार के मुद्राक्षरों (टाइप) में मुद्रायोजित (कम्पोज़) करके, एक लौह-साँचे (फ्रेम) में कसकर, स्याही और दाब की सहायता से मुद्रण करने वाला मुद्रणालय। इस मुद्रण-पद्धति में तीन प्रकार की मशीनें प्रयुक्त होती हैं—(1) प्लेटन (ट्रेडल), (2) सिलिण्डर (3) रोटरी। (देखिए : संबद्ध प्रविष्टियाँ)।

अख़बार (News Paper)
'समाचारपत्र' का अरबी पर्याय; ख़बर (समाचार) का बहुवचन, उर्दू-पत्रों को प्राय: 'अख़बार' (ख़बरों का समूह) कहा जाता है।

अख़बार नवीस (Press Man)
'पत्रकार' का अरबी-पर्याय, अख़बार (समाचार पत्र) तैयार करने, छापने वाला। दे० 'पत्रकार' संबंधी प्रविष्टि।

अख़बारी काग़ज़ (News Print)
एक विशेष प्रकार का, हल्की कोटि का कुछ मटमैला-सा साधारण काग़ज़ जो केवल समाचार पत्रों/पत्रिकाओं की छपाई के लिए प्रयुक्त होता है।

सरकार पत्रों/पत्रिकाओं को यह काग़ज़, उनकी प्रसार-संख्या के अनुसार, एक आनुपातिक परिमाण में आबंटित करती है।

अगेट (Agate)
साढ़े पाँच ($5\frac{1}{2}$) पाइंट का विशेष मुद्राक्षर, जो सामान्य मुद्राक्षरों की तुलना में बहुत छोटा होता है। इसका प्रयोग अधिकांशत: विज्ञापनों में होता है।

अग्रलेख (Editorial, Leader)
संपादकीय, प्रमुख अथवा सबसे पहला संपादकीय लेख।

अग्रलेख-लेखक (Leader Writer)
पत्र का वह संपादक, जो प्रमुख संपादकीय लेख लिखता हो। (संपादक-मंडल का कोई विशिष्ट सदस्य ही अग्रलेख लिखता है।)

अग्रिम (Advance)
संभावित घटना का पहले से तैयार किया गया विवरण, जिसे अभीष्ट समय पर प्रकाशनार्थ दिया जाता है।

अठारह पेज (Decimo-Octavo)
अठारह मुद्रणीय पृष्ठों का समुच्च (फर्मा)।

अति चिकनाया काग़ज़ (Super Calendard Paper)
कृत्रिम रासायनिक प्रक्रिया द्वारा बहुत अधिक चिकनाया गया काग़ज़।

अति दोषपूर्ण (XXX-Retree)
पांडुलिपि/मुद्रायोजित प्रूफ/मुद्रित सामग्री के स्थान-स्थान पर भ्रष्ट, धब्बेदार आदि होने की स्थिति में, उस पर लिखा जाने वाला संकेत।

अतिरिक्त मुद्रायोजन (Overset)
किसी अंक या संस्करण विशेष के लिए अपेक्षित सामग्री से अधिक सामग्री का मुद्रायोजन हो जाना।

अतिशय सामग्री (Over Matter)
किसी अंक या संस्करण-विशेष की आवश्यकता से अधिक (अतिरिक्त) सामग्री।

अधिक मुद्रण (Over Run)
किसी मुद्रणीय सामग्री की निर्धारित अथवा आदिष्ट संख्या से अधिक प्रतियाँ छप जाना।

अधिकर्मी (Foreman)
गेलीप्रूफ के पठनोपरांत, उसमें निर्दिष्ट संशोधन करके अभीष्ट आकार के पृष्ठों में नियोजित करने वाला व्यक्ति। प्रत्येक मुद्रायोजन कक्ष (कम्पोज़िंग रूम) में अनेक मुद्रायोजकों (कम्पोज़ीटरों) पर एक अधिकर्मी (फोरमैन) नियुक्त होता है।

अधिकृत/प्रामाणिक लेखन (Authoritative Writing)
विषय विशेष पर प्रामाणिक तथ्यों और तर्कों से युक्त प्रस्तुत सामग्री।

अध्यक्ष (Chairman, Ch.)
किसी संस्था, संस्थान, बोर्ड, राज्यसभा अथवा संगठन का प्रधान पदाधिकारी।

अनमढ़ा ब्लॉक (Unmounted Block)
किसी चित्र, रेखाचित्र, अक्षर-लेख आदि का वह ब्लॉक जो धातु-प्लेट पर अंकित करने के बाद अभीष्ट काष्ठ-खंड पर मढ़ा न गया हो।

अनलंकृत मुद्राक्षर (Sans Sarif)
सज्जा-रहित, सीधा-सादा मुद्राक्षर।

अनुबन्ध दर (Contract Rate Cr.)
प्राय: विज्ञापन विशिष्ट अवधि और पत्र-पत्रिका के पृष्ठांश (स्थान) के अनुसार अनुबंधित किये जाते हैं और उसी के अनुपात से उनका दर निर्धारित होता है जिसे अनुबंध दर कहा जाता है।

अनुबंधित (विज्ञापन) (Contract (Advertisement))
वे विज्ञापन जिन्हें कुछ निश्चित तिथियों में, लंबे समय तक प्रकाशित करने का अनुबंध विज्ञापनदाता और पत्र-प्रबंधकों में होता है।

अनुमुद्रण (Off Print)
अभीष्ट संख्या में छपने वाली पत्रिका की अलग-अलग रचनाओं की आवश्यकतानुसार अतिरिक्त प्रतियों का मुद्रण। हर रचना की ये अतिरिक्त प्रतियाँ उसके/उनके लेखक/लेखकों को देने के लिए छपवाई जाती हैं।

अनुवर्त्तन (Follow Up)
समाचार का पीछा करना, सिलसिलेवार चलने वाले समाचार की निरंतर आगामी दिवसों में खोज एवं प्रस्तुति। संसदीय कार्रवाई, कई दिन चलने वाले अधिवेशन, आकस्मिक दुर्घटना, दैवी प्रकोप, खेल-प्रतियोगिता, भीषण डकैती, राजनैतिक अथवा सत्ता-परिवर्तन आदि से संबद्ध समाचारों की रिपोर्ट एक से अधिक दिनों में क्रमश: छपती रहने के कारण, ऐसे समाचारों का अनुवर्त्तन स्वाभाविक होता है।

खोजपूर्ण, रोमांचक समाचारों का अनुवर्त्तन भी आवश्यक होता है। षड्यंत्र, जालसाज़ी, जासूसी आदि से संबद्ध समाचार भी अनुवर्त्तनीय होते हैं।

अनुवाद (Translation)
किसी एक (स्रोत) भाषा में व्यक्त कथ्य-भाव आदि की दूसरी (लक्ष्य) भाषा में यथासंभव समतुल्य प्रस्तुति।

अपकर्षीकरण (Play Down)
किसी महत्त्वपूर्ण समाचार को उपेक्षापूर्वक, नगण्य रूप में छापना।

अपराध संवाद (Crime News)
वह समाचार जो हिंसा, बलात्कार, चोरी, डकैती, आत्महत्या, तस्करी आदि

अपराधों से संबंधित हो। आतंक, भय, दहशत, सनसनी आदि इन समाचारों का प्राणतत्व है।

अपराध संवाददाता (Crime Correspondent)

वह संवाददाता जिसके जिम्मे अपराध-संबंधी समाचार-संग्रह करना, उनका अनुवर्त्तन एवं विश्लेषण करना हो।

अप्रकाश्य, अप्रकाशनीय (Off The Record)

प्रकाशन से वर्जित या निषिद्ध सामग्री; ऐसी सामग्री जिसका प्रकाशन किसी वैधानिक आपत्ति या निषेध के कारण रोक दिया गया हो। यह प्रतिबन्ध किसी कानूनी पेचीदगी, आचार-संहिता अथवा स्वतः स्वीकृत लोक-हित की दृष्टि से भी हो सकता है।

अप्रत्याशित (समाचार) (Unexpected (News))

कोई ऐसी सूचना, घटना जिसकी परिणति संभावना से भिन्न या विपरीत हो; ऐसा समाचार जिसकी पूर्व संभावना, आशा या कल्पना ही न हो; जैसे आकस्मिक दुर्घटना, भूकंप, युद्धारंभ, राजनैतिक क्रांति, किसी महामानव की मृत्यु, डकैती, नरसंहार आदि। यथा : **(1) महात्मा गांधी या इंदिरा गांधी की हत्या, (2) कनिष्क विमान दुर्घटना।**

दैनिक पत्रों में इनके प्रकाशन को वरीयता दी जाती है।

अप्रयुक्त (सामग्री) (Spike Dead)

(1) प्रयोग में न आने वाली/अस्वीकृत सामग्री को एक तकली-जैसी तार में खोंसना।

(2) तार में खोंस देने योग्य, अस्वीकृत या प्रयोग में न लाये जाने योग्य सामग्री।

(3) प्रयोग में न लाई गई लिखित अथवा मुद्रायोजित समाचार-सामग्री।

अप्राप्य (Out Of Print)

किसी मुद्रित/प्रकाशित पुस्तक/पत्र-पत्रिका के अंक-विशेष की सभी प्रतियाँ समाप्त हो जाना।

अभिकल्प/रूपरेखा (Design)

समाचारपत्र के पूरे आकार-प्रकार की संरचना का खाका। इसमें प्रतिपृष्ठ पर मुद्रणीय संपूर्ण सामग्री का स्थान, उसके आकार-प्रकार और साज-सज्जा आदि का पूर्व नियोजन रहता है।

अभिन्यास/विन्यास (Lay Out)

देखिए : साज-सज्जा।

अभिव्यक्ति स्वातंत्र्य (Freedom Of Expression)
मौलिक मानवाधिकारों की आधारशिला जिसके अंतर्गत प्रत्येक व्यक्ति को बिना किसी हस्तक्षेप के निजी राय रखने की स्वतंत्रता है। संयुक्त राष्ट्रसंघ द्वारा सन् 1947 ई० में पारित प्रस्ताव; 10 दिसम्बर 1948 को जारी किये गये 'मानवाधिकार घोषणा-पत्र' (Human Rights Conventin) के अनुच्छेद 19; भारतीय संविधान की प्रस्तावना तथा उसके अनुच्छेद 19 (1)-क में प्रत्येक नागरिक को वाक्-स्वातंत्र्य और अभिव्यक्ति-स्वातंत्र्य की गारंटी प्राप्त है। इस गारंटी के सर्वप्रमुख पर्यवेक्षक और प्रहरी 'समाचार पत्र' हैं जिन्हें राज्य/राष्ट्र का चौथा और लोकतंत्र का एकमात्र आधार-स्तम्भ माना गया है।

'अभिव्यक्ति-स्वातंत्र्य' के अंतर्गत प्रत्येक स्थान से/पर, बिना रोक-टोक समाचार संकलित करने, भेजने, प्रकाशित करने आदि का अधिकार भी सम्मिलित है।

अभिषद् (Syndicate)
समाचारपत्रों के लिए लेख/फीचर तैयार करने/कराने वाली संस्था।

अमुद्रित पृष्ठ (Blank Page)
अनेक पृष्ठों वाले पत्र/वाली पत्रिका/पुस्तक में विशेष कारणवश खाली छोड़ा गया पृष्ठ। ऐसा प्रायः शीर्षक/अध्याय/विषय विशेष के परिवर्तन अथवा स्थिति विशेष (सेंसर आदि) के कारण होता है।

अमुद्रित भाग (White Out)
पत्र/पत्रिका में किसी कारण/प्रयोजनवश छूटा/छोड़ा गया बिना छपा स्थान।

अमुद्रित स्थान (Blank Space)
किसी पृष्ठ पर, कारण विशेष से छोड़ा गया/छूट गया खाली स्थान। यह स्थान प्रायः विज्ञापन-शीर्षकों के नीचे छोड़ा जाता है जिससे पाठक या विज्ञापन-दाता आकृष्ट हो सकें।

अर्द्धसाप्ताहिक (पत्र) (Bi-Weekly)
एक सप्ताह में दो बार (तीन या चार दिन के अंतराल से) नियमित रूप से प्रकाशित होने वाला पत्र।

अलंकृत अक्षर/दीर्घाक्षर (Cut In Letter)
विशेष प्रकार की कलात्मक आकृतियों में ढले हुए अक्षर, जिनसे छपाई में अतिरिक्त सजावट आ जाती है।

अलंकृत मुद्राक्षर (Sarif)
किनारेदार, आड़ा-तिरछा अथवा अन्य किसी रूप में आकर्षक लगने वाला सज्जादार मुद्राक्षर।

अलंकृत (ऑक्सफोर्ड) रेखिका (Oxford Rule)
किनारेदार, आड़ी-तिरछी अथवा अन्य प्रकार से सजावट-युक्त रेखिका।

अवरेखन (Line Drawing)
रेखाओं द्वारा आकृति-निर्माण।

अवरोहाक्षर (Drop Letter)
दो या अधिक पंक्तियों में क्रमशः ऊपर से नीचे की ओर उत्तरोत्तर बड़े आकार के मुद्राक्षरों का प्रयोग।

अवशोषक काग़ज़ (Absorbent Paper)
एक विशेष प्रकार का काग़ज़ जिस पर छपाई होते ही स्याही तुरंत सूखती चली जाती है।

अवश्य (Must)
संपादक अथवा किसी अन्य पदाधिकारी द्वारा किसी ऐसे समाचार या अन्य प्रकाशनीय सामग्री पर दिया जाने वाला निर्देश जिसका अभिप्राय यह है कि उसे उसी दिन अवश्य छापा जाय।

अश्लील सामग्री (Obscene Material)
समाज-स्वीकृत नैतिक प्रतिमानों के प्रतिकूल, अशिष्ट, वर्जित, शब्दावली/चित्र आदि से युक्त विज्ञापन, समाचार, लेख, कहानी, कविता आदि।

असमान पृष्ठ-मुद्रण (Uneven Working)
एक ही पत्र/पत्रिका/पुस्तक के पृष्ठों का आकार अथवा भिन्न-भिन्न पृष्ठों पर मुद्रित स्थान का अनुपात एक-सा न होना।

असमान स्याही (Uneven Inking)
मुद्रण में कहीं हल्की और कहीं गहरी स्याही होना।

अस्पष्ट रूपरेखा (Blurred Outline)
मुद्रणीय सामग्री के विधिवत् विन्यास अथवा सज्जात्मक प्रारूप का स्पष्ट न होना।

आ

आइवरी फिनिश (Ivory Finish)
एक विशेष प्रकार का, चिकना काग़ज़ जो चित्रों की छपाई (छाया ब्लाक अर्थात् हाफटोन ब्लाक) की छपाई के लिए उपयुक्त रहता है। इसे सुपर कैलेण्डर (Super Calander) भी कहते हैं। (देखिए : सम्बद्ध प्रविष्टि)

आकर्षी मुद्राक्षर (Display Type)
शीर्षकों/उपशीर्षकों आदि के लिए ढाले गये, सज्जात्मक, आकर्षक आकृतियों वाले मुद्राक्षर।

आकस्मिक दर (Casual Rates)
विज्ञापन-शुल्क अथवा लेखन-पारिश्रमिक की विशेष दर जो किसी विशिष्ट सामग्री या व्यक्ति की स्थिति में सामान्य निर्धारित दर से भिन्न हो।

आकस्मिक (विज्ञापन) (Casual (Advertisement))
वे विज्ञापन जो नियमित रूप से नहीं छपते अपितु कभी-कभार आवश्यकतानुसार प्रकाशनार्थ आ जाते हैं। जैसे—पता-परिवर्तन, सभा-समारोह, मतदान की अपील आदि से सम्बद्ध विज्ञापन।

आगे भी/क्रमशः (More)
असमाप्त सामग्री वाली पांडुलिपि के अंत में दिया जाने वाला संकेत जिससे यह पता चले कि लिखित सामग्री अभी समाप्त नहीं हुई, आगामी पृष्ठ/पृष्ठों पर जारी है।

आचार संहिता (Code Of Conduct, Ethical Code)
पत्रकारों के लिए स्वीकृत आदर्शों, मानदंडों अथवा सिद्धांतों पर आधारित नियमावली। पत्रकारिता के दायित्वों और कर्तव्यों के सुचारु निर्वाह-हेतु विभिन्न पत्रकार-संगठनों (संपादक-सम्मेलन, पत्रकार संघ आदि) द्वारा स्वतः स्वीकृत आत्मानुशासन के कपितय सिद्धांत-सूत्र इसके अंतर्गत समाविष्ट रहते हैं। यथा: भारत में, सन् 1953 ई० में, अखिल भारतीय समाचार पत्र संपादक सम्मेलन द्वारा स्वीकृत पन्द्रह सूत्रीय तथा सन् 1952 ई० में स्थापित प्रेस-आयोग द्वारा सन् 1954 ई० में प्रस्तुत प्रतिवेदन में (उक्त 15 सूत्रों में यत्किंचित् संशोधनो-

परांत) उल्लिखित सत्रह सूत्रीय आचार-संहिता मान्य है। इस आचार-संहिता के प्रमुख सिद्धांत-सूत्र इस प्रकार हैं :

सत्यनिष्ठा, तटस्थता, शालीनता, मौलिक मानव-अधिकारों की गरिमा, उत्तेजना-वर्जन, प्रकाशन-दायित्व की स्वीकृति, व्यावसायिक गोपनीयता, निर्वैयक्तिकता, इत्यादि।

आफ़सेट मुद्रण (Offset Printing)
मुद्रण की एक विकसित पद्धति जिसमें मुद्रणीय सामग्री के प्रारूप (कम्पोज़ या चित्र आदि) की छाप जस्ते या अल्मूनियम की छपाई के आकार की पट्टी या चादर पर उतारकर, उसे रबड़-शीट पर अंकित कर लिया जाता है। उसी रबड़ रोलर से काग़ज़ पर छपाई होती है। मुद्राक्षर (टाइप) फर्मों की तुलना में यह छपाई शीघ्र, सस्ती और अधिक संख्या तक हो सकती है।

आमुख/अग्रसार/कथामुख (Intro)
अंग्रेजी शब्द इंट्रोडक्शन (Introduction) के संक्षिप्त रूप 'इंट्रो' का पर्याय, समाचार का आरंभिक-परिचयात्मक अंश जिसमें समग्र समाचार का सार-रूप में आभास मिल जाता है। समाचार के शीर्षक और स्रोत-संकेत के उपरांत तथा मुख्य विवरण से पहले की (प्रायः काले टाइप में छपी) पंक्तियाँ 'आमुख' कहलाती हैं। इनमें समाचार-संबंधी छः जिज्ञासाओं (छः ककार—क्या, कब, कहाँ, क्यों, कैसे, कितना) का समाधान करने वाली संक्षिप्त सामग्री रहती है।

—**तथ्यात्मक** (Factual Intro) : जिस आमुख में मात्र तथ्याधारित घटनाचक्र को बिना किसी लाग-लपेट के दे दिया जाय।

—**भावात्मक** (Emotional Intro) : जिस आमुख में मुख्य तथ्यों को संवेदना-सिक्त भाव-प्रवाहमयी शैली में प्रस्तुत किया जाय। ऐसा आमुख भावोत्तेजक और विचारोत्तेजक होने के कारण कुतूहलमय बन जाता है।

—**सार** (Summary Intro) : अति संक्षिप्त आमुख जिसके अंतर्गत एक-दो वाक्यों में समाचार-सार दे दिया जाता है।

—**आलंकारिक/अतिरंजित** (colour Intro) : ऐसे आमुख में अतिशयोक्ति, तोड़-मरोड़ अथवा अलंकार-युक्त भाषा का प्रयोग किया जाता है।

—**उद्धरणात्मक** (Quotation Intro) : जिस आमुख का आरंभ किसी विशिष्ट व्यक्ति के कथन को यथावत् उद्धृत करते हुए किया जाय।

—**प्रश्नवाचक** (Question Intro) : ऐसा विचारोत्तेजक आमुख जिसमें पत्र की ओर से किसी प्रत्याशित/अप्रत्याशित संभावना को प्रश्न-रूप में उपस्थित कर, समाचार की शुरुआत की गई हो।

—**संवादात्मक** (Dialogue Intro) : विवरणात्मक समाचारों के आमुख में कई बार दो पक्षों के संवाद से बात शुरू की जाती है।

—**रोमांचक** (Bullet Intro) : जिस आमुख को पढ़ते ही पाठक रोमांचित होकर, पूरा समाचार जानने को उत्सुक हो उठें।

आयताकार शीर्षक (Box Heading)

दो या तीन पंक्तियों का ऐसा शीर्षक जो लंबाई में प्रायः पूरा कालम घेरता है और जिसकी (ऊपर-नीचे की) चौड़ाई भी उतनी ही होती है :

सियोल एशियाड में भारत को
बीस स्वर्ण, तीस रजत
और पंद्रह कांस्य पदक

आरूप, पूर्वरूप, प्रारूप (Dummy, Format)

मुद्रणीय सामग्री की पांडुलिपियों, चित्राकृतियों आदि अथवा मुद्रायोजित सामग्री को जिस पृष्ठ पर, जिस स्थान पर, जिस रूप में दिया जाना अभीष्ट हो उसका समग्र खाका या नक्शा। उसी के अनुसार मुद्रक सामग्री छापता है।

आर्ट पेपर (Art Paper)

एक विशेष प्रकार का, अत्यंत चमकदार, चिकना और पर्याप्त मज़बूत काग़ज़ जो उत्तम कोटि की रंगीन, विशेषतया चित्रों की छपाई में प्रयुक्त होता है। इस पर छाया ब्लाक अर्थात् हाफटोन ब्लाक बहुत बढ़िया छपते हैं। स्वभावतः यह काग़ज अन्य सभी कागजों की अपेक्षा महंगा होता है।

आलेख, प्रलेख (Script)

किसी मुद्रणीय अथवा प्रसारणीय सामग्री (समाचार, लेख, वार्त्ता, चित्रपट-कथा, वक्तव्य, टिप्पणी, समीक्षा आदि) की मूल हस्तलिखित अथवा टंकित प्रतिलिपि।

आवरण (Cover C)

पुस्तक अथवा पत्रिका के सभी पृष्ठों के समुच्चित आरूप का बाहरी आच्छादन जिस पर पुस्तक अथवा पत्रिका का नाम कलात्मक अक्षरों में मुद्रित किया जाता है। पुस्तक के आवरण पर रचनाकार या संपादक का नाम भी रहता है।

आवरण चार पृष्ठीय होता है। प्रथम पृष्ठ अर्थात् मुखावरण पर पुस्तक या पत्रिका का नाम प्रायः किसी कलात्मक चित्र के साथ अथवा अन्य आकर्षक रूप में रहता है। पत्रिका के आवरण के द्वितीय और तृतीय पृष्ठ कभी अमुद्रित होते हैं, कभी उन पर विज्ञापन, सूचना या अन्य कोई सामग्री दे दी जाती

है। लेकिन पुस्तक के आवरण के दूसरे पृष्ठ, पर पुस्तक के विषय में सामग्री छपी होती है और तीसरे पृष्ठ पर लेखक का परिचय छपा होता है। पश्चावरण (देखिए संबद्ध प्रविष्टि) अर्थात् चौथे पृष्ठ पर कोई कलात्मक चित्र अथवा आकर्षक विज्ञापन या अन्य सामग्री दे देते हैं।

पत्रिका के आवरण के प्रथम और चतुर्थ पृष्ठ अधिकतर रंगीन होते हैं।

आवरण-कथा (Cover Story)
पत्रिका के आवरण पर कई बार किसी भीतरी कहानी, लेख आदि से संबद्ध चित्र, रेखाचित्र आदि दिये जाते हैं। उस आवरण की पृष्ठभूमि से संबंधित विवरण को 'आवरण-कथा' या 'कवर स्टोरी' कहा जाता है।

इ

इकहरा उद्धरण चिह्न (Single Quote)
उद्धरणीय अंश के दोनों ओर लगाया जाने वाला एक-एक उलटा अल्पविराम-चिह्न; यथा: '**सत्यमेव जयते**'।

इकहरा हाफटोन (Single Line Half Tone)
रेखादार और छाया-प्रकाशदार (अर्द्ध छायायुक्त) मिश्रित ब्लाक।

इमिटेशन आर्ट (Imitation Art)
एक विशेष प्रकार का, अपेक्षाकृत अधिक चिकना और कुछ मोटा काग़ज़ जो चित्रों (छाया ब्लाक अर्थात् हाफटोन ब्लाक) की बढ़िया छपाई के लिए बहुत उपयोगी है।

असली आर्ट पेपर (देखिए: संबद्ध प्रविष्टि) से कुछ हल्का और केवल एक ओर चिकनाई वाला होने के कारण इसे 'इमिटेशन आर्ट' कहा जाता है।

इश्तिहार (Advertisement/Poster)
'विज्ञापन' का अरबी-पर्याय जो प्राय: उर्दू तथा अन्य कुछ प्रादेशिक भाषाओं के पत्रों में प्रचलित है। पत्रों में प्रकाशित विज्ञापनों के अतिरिक्त दीवारों पर चिपकाये जाने वाले पोस्टर भी 'इश्तिहार' कहलाते हैं।

उ

उत्कर्षीरण (Play Up)
किसी साधारण समाचार को अधिक महत्वपूर्ण ढंग से प्रकाशित करना।

उत्कीर्ण मुद्रा (Intaglio)
मुद्रण की वह प्रक्रिया, जिसमें स्याही रहित मुद्राक्षर मशीन की सहायता से काग़ज़/कपड़े/धातुप्लेट पर खुदे हुए रूप में अंकित हो जाते हैं।

उत्थापन (Lift)
(1) एक संस्करण में प्रकाशित सामग्री को दूसरे संस्करण में ले जाना।
(2) किसी अन्य संवाददाता या समाचार पत्र के समाचार की चोरी करके समाचार तैयार करना।

उत्थित (उभार) अक्षर (Raised Letter)
सद्यःमुद्रित सामग्री (कार्ड/काग़ज़ आदि) पर एक रासायनिक प्रक्रिया द्वारा उभारे गये अक्षर।

उपरि केस (Upper Case)
मुद्राक्षर रखने के लिए निर्धारित मुद्राक्षरों का सबसे ऊपरी सांचा।

उपरिपंक्ति (Over Line)
मुख्य शीर्षक के ऊपर, बीच में या कोने में दी जाने वाली एक छोटी शीर्षक-पंक्ति जो मुख्य शीर्षक का ही अभिन्न अंग होती है अथवा एक अतिरिक्त शीर्षक के रूप में दी जाती है और जिसे स्थान बचाने के उद्देश्य से लघु मुद्राक्षरों में दिया जाता है :

इंदिरा गांधी हत्याकांड

अभियुक्तों को फाँसी की सजा

उपरिमुद्रण (Over Print)
मुद्रित सामग्री के अक्षरों, शब्दों/पंक्तियों आदि की छाप एक-दूसरे पर पड़ जाना

अथवा पृष्ठ के दोनों ओर की पंक्तियों की छपाई एक-दूसरे की समांतर सीध में न होना।

उपशीर्षक (Sub-Heading Or Cross Heading)
मुख्य शीर्षक के अंतर्गत दी गयी सामग्री (समाचार, लेख आदि) के विभिन्न पहलुओं को उजागर करने के उद्देश्य से बीच-बीच में एक-दो या तीन-चार अनुच्छेदों के उपरांत विषयवस्तु से संबद्ध जो शीर्षक दिये जाते हैं वे उपशीर्षक कहलाते हैं।

उपसंपादक (Sub-Editor/Desk Man)
पत्र-पत्रिका के प्रधान संपादक (चीफ एडीटर), सह-संपादक (एसिस्टेंट एडीटर) तथा संयुक्त संपादक (ज्वाइंट एडीटर) के अतिरिक्त संपादन-कार्य में नियुक्त अन्य सभी कार्मिक 'उपसंपादक' कहलाते हैं। ये अनाम योगी के रूप में पत्र की सामग्री (समाचार, लेख आदि) के संग्रह से लेकर मुद्रण तक सारी प्रक्रिया पूर्ण करते हैं; यथा :

पांडुलिपि तैयार करना, अन्य भाषा में प्राप्त सामग्री का पत्र की भाषा में अनुवाद, उसकी काट-छाँट, भाषा-शैली का परिमार्जन, शीर्षक-निर्धारण, पत्र-पत्रिका में उसके स्थान का निर्णय, सामग्री के मुद्रणाक्षर-आकार (टाइप-प्वाइंट) का निर्देश आदि।

उपसंपादक प्रायः 'पटल-संपादक' (डेस्क एडीटर) के अधीन कार्य करते हैं।

उपसंपादकी (Subing)
प्रकाशनार्थ सामग्री की पांडुलिपि तैयार करना। उसकी काट-छाँट/शीर्षक-चित्र आदि की संयोजना आदि की प्रक्रिया।

उभार मुद्रण (Embossing)
मुद्रित काग़ज़/कार्ड गीली स्याही सहित मशीन से उतारते ही उस पर रासायनिक चूर्ण डालकर सेंक दिया जाता है जिससे मुद्रित अक्षर उभर आते हैं। इसी पद्धति को उभार मुद्रण कहते हैं।

उलटा ब्लाक (Reverse Block)
रेखा-ब्लाक में सामान्यतः रेखाएँ काली और पृष्ठभूमि सफेद होती हैं; किन्तु जब यह क्रिया उलट दी जाती है अर्थात् जब रेखा-ब्लाक में रेखाएँ सफेद और पृष्ठभूमि काली रखी जाती है तब वह उलटा ब्लाक कहलाता है।

उलटा मुद्राक्षर (Turn Up)
मुद्रायोजन करते समय मुद्राक्षर का निचला तल ऊपर हो जाना।

ए

एंग्रेविंग कक्ष (Engraving Room)
मुद्रणालय से संबद्ध वह कक्ष जहाँ छायाचित्र तथा रेखाचित्र (फोटोग्राफ और लाइनग्राफ-व्यंग्यचित्र आदि) हाफटोन (ब्लाक) में परिवर्तित किये जाते हैं।

एंग्रेविंग प्रक्रिया (Engraving Process)
छायाचित्र तथा रेखाचित्र (फोटोग्राफ़ और लाइनग्राफ—व्यंग्यचित्र आदि) को हाफ़टोन (ब्लाक) में परिवर्तित करना।

एंटीक (Antique)
(1) काग़ज़-नाप के लिए प्रचलित शब्द।
(2) मुद्राक्षर (टाइप) के लिए प्रयुक्त होने वाला शब्द।

एंटीक वोव (Antique Vove)
छपाई का एक अच्छा काग़ज़ जो कुछ मोटा और वज़नी होता है। प्रकाश मे देखने पर इसमें धारियाँ दिखाई नहीं देतीं, यही 'एंटीक शेड' और इस काग़ज़ में अन्तर है।

एंटीक शेड (Antique Shade)
छपाई के लिए कुछ बढ़िया काग़ज़ जो अपेक्षाकृत मोटा और वज़नी होता है। इसकी पहचान यह है कि इसे प्रकाश में देखने पर, इसमें धारियाँ दिखाई देती हैं।

एकल मुद्रायोजन (Mono Composing)
मशीन द्वारा होने वाले मुद्रायोजन की विशिष्ट पद्धति जिसमें टंकण के समान अभीष्ट सामग्री पंच करके, कास्टिंग मशीन द्वारा ढले मुद्रणाक्षर प्राप्त कर लिए जाते हैं।

एकल रेखिका (Singal Rule)
केवल एक रेखा।

एकांतरण (Flash Left Make Up)
मुद्रणीय सामग्री के शीर्षक, चित्र आदि के स्वरूप-विन्यास में यत्किंचित् परिवर्तन या हेरफेर।

एकांतिक समाचार (Scoop (News))
किसी पत्र/संवाददाता/एजेंसी को सर्वप्रथम प्राप्त कोई ऐसा विशिष्ट/महत्वपूर्ण समाचार जो अन्य किसी पत्र/संवाददाता/एजेंसी को अभी तक न मिल पाया हो। समाचार सूँघने में कुशल कुछ पत्रकार, पूर्व संकेतों या अनुमानों के आधार पर किसी महत्वपूर्ण समाचार को उसके प्रकाश्य समय से पूर्व भी खोज निकालते हैं। उन्हें भी एकान्तिक (समाचार) या 'स्कूप' (न्यूज) कहते हैं।

एक्सोग्राफी (Exography)
एक विशेष प्रकार की विकसित मुद्रण पद्धति जिसमें न तो मुद्रणाक्षरों (टाइप) की आवश्यकता होती है और न ही दाब की।

एन (En)
मुद्रण-क्षेत्र में प्रयुक्त परिमाप का एक विशेष संकेत जो अंग्रेजी के वर्ण n जितने स्थान (अंतराल, विराम, Gap गैप, Space स्पेस) का सूचक है। इसे 'हाफ एम' (Half Em) भी कहते हैं क्योंकि यह प्रायः m से आधा स्थान लेता है।

एम (Em)
मुद्रण-क्षेत्र में प्रयुक्त परिमाप का एक विशेष संकेत जो अंग्रेजी के m वर्ण जितने स्थान (अंतराल, विराम, (Gap) गैप, (Space) स्पेस) का सूचक है। मुद्रणाक्षरों (टाइप)के 12 प्वाइंट के आकार के लिए 'एक एम' का संकेत रूढ़ है। जैसे—"20 × 30/16 आकार की पुस्तक बीस या बाईस एम में कम्पोज होती है।" या—"प्रत्येक नाम के मध्य दो एम छोड़कर कम्पोज करें।"

ओ

ओज़ोन काग़ज़ (Ozone Paper)
एक विशेष प्रकार और आकार का काग़ज़।

औद्योगिक पत्रकारिता (Industrial Journalism)
किसी एक उद्योग अथवा विभिन्न उद्योगों से सम्बन्धित समाचारों/सूचनाओं/

विचारों का संकलन, संचयन, संपादन, संयोजन, विश्लेषण, मुद्रण, प्रकाशन आदि।

और भी (More To Follow, M. F.)
प्रकाशनीय सामग्री की उस अपूर्ण पांडुलिपि पर दिया जाने वाला संकेत जिसकी सामग्री अभी और भी आनी शेष है।

क

कच्चा प्रूफ (Rough Proof)
मुद्रायोजित सामग्री/ब्लाक/मुद्रणीय सामग्री आदि का नमूने का प्रूफ जिससे मुद्रणीय सामग्री का विहगावलोकन हो सके।

कटि शीर्षक (Waist Line Heading)
तीन पंक्तियों में दिया गया ऐसा शीर्षक जिसकी पहली और तीसरी पंक्ति समान लम्बाई की और मध्य पंक्ति उन दोनों पंक्तियों की लम्बाई से बहुत छोटी दाईं या बाईं ओर सटी होती है यथा :

(1) गुजरात में गैस
और
तेल उपलब्ध

(2) विमान-अपहरण
में
पाक जासूसों का हाथ

कतरन-संग्रह (Clipping)
पत्र-संपादन में समय-समय पर विभिन्न संदर्भों से संबंधित कतरनों के प्रयोग की

आवश्यकता पड़ती है। किसी विषय/समस्या/घटना/समाचार विशेष से संबद्ध कतरनें काटकर एक स्थान पर अक्षर-क्रम से व्यवस्थित करना 'कतरन संग्रह' या 'क्लिपिंग' कहलाता है।

कतरन संचिका (Cutting Book)
हर पत्र-कार्यालय में महत्वपूर्ण प्रसंगों और संदर्भों से संबंधित कतरनें (विभिन्न पत्र-पत्रिकाओं आदि से) काटकर, उन्हें अकारात्मक अक्षर-क्रम से लगाकर जिस संग्रह या फाइल में लगाया जाता है उसे 'कतरन संचिका' कहते हैं।

'संदर्भ-सेवा' में इसका विशेष महत्व है।

कथन-वृत्त (Balloon)
व्यंग्यचित्र में रेखित पात्रों के कथन/कथनों को सूचित करने वाला रेखा-दायरा।

कथा (Story)
'समाचार-वृत्त' जिसे पत्रकारिता में 'स्टोरी' कहा जाता है।

कर्णित मुद्राक्षर (Kerned letter)
सज्जा की दृष्टि से ढाले गये विशेष आकृति वाले मुद्राक्षर। इनके सिरे कुछ गोलाई में मुड़े रहते हैं। छपाई में इनके टूटने का भय रहता है, अतः इनका उपयोग विरल ही, किसी विशेष प्रयोजन से किया जाता है।

कर्तन (Crop)
प्रकाशनीय चित्र को इधर-उधर से काटकर अभीष्ट आकार प्रदान करना।

कला (Art)
पत्र-पत्रिकाओं में मुद्रणीय चित्र/रेखाचित्र/शीर्षक/उपशीर्षक आदि की रूपसज्जा के लिए अपनायी जाने वाली प्रक्रिया।

कलाकार (Artist)
चित्र/व्यंग्यचित्र/सज्जाक्षर/मंचसज्जा आदि के अंकन में कुशल व्यक्ति। पत्र-पत्रिकाओं की कलात्मक सज्जा का दायित्व इसी पर होता है।

कलाकृति (Art Work)
पत्र-पत्रिका हेतु तैयार किया गया सुरुचिपूर्ण एवं आकर्षक चित्र/रेखाचित्र/सज्जा-शीर्षक आदि।

कलात्मक सज्जा (Artistic Lay Out)
पत्र/पत्रिका में मुद्रणीय सामग्री/शीर्षक-उपशीर्षक/ब्लाक आदि को सुरुचिपूर्ण एवं आकर्षक ढंग से प्रस्तुत करना।

कला-संपादक (Art Editor)
पत्र/पत्रिका की साजसज्जा हेतु चित्र, ब्लाक, अक्षरांकन आदि के लिए उत्तरदायी संपादक। यह उपयुक्त चित्रों का चयन, उनके ब्लाक के आकार-प्रकार और विभिन्न कलात्मक शीर्षकों के रेखांकन तथा विन्यास आदि का कार्य देखता है।

काग़ज़-माप (Antiquarian/Antique)
काग़ज़ की लम्बाई-चौड़ाई आदि का विशिष्ट आकार। जैसे—20×30, 22×36 इत्यादि।

काटछांट (Knock Down)
उपसंपादक द्वारा किसी समाचार-सामग्री की कतर-ब्योंत करके उसे छोटा करना।

काष्ठाधार (Wood Mount)
मुद्रायोजित सामग्री को मुद्रणार्थ सांचे में कसने के लिए बनाया गया लकड़ी का चौखटा।

कातिब/सुलेखक (Katib)
लिथो-मुद्रण हेतु एक विशेष प्रकार के पीले रंग के काग़ज़ पर विशेष स्याही से सामग्री को सुलेख में प्रस्तुत करने वाला। प्रायः उर्दू-पत्रों तथा भित्तिविज्ञापनों (दीवारी इश्तिहारों) में इसी प्रकार की सामग्री लिखी जाती है।

काय (Body)
देखिए : मुद्राक्षर के दस अंग

कार्य निर्देश (Assignment)
पत्र-संपादक द्वारा उपसंपादकों/संवाददाताओं आदि को समय-समय पर विभिन्न दायित्व सौंपना।

कार्य निर्देश-पुस्तिका (Assignment Book)
उपसंपादकों/संवाददाताओं आदि के लिए पत्र-संपादक द्वारा सौंपे गये दायित्वों का विवरण देने वाली पुस्तिका। इसमें प्रत्येक के लिए यह स्पष्ट निर्देश लिखा रहता है कि किसे, कब, कहाँ, किस संवाददाता सम्मेलन/सभा/गोष्ठी आदि में जाकर विवरण प्राप्त करना है।

कार्यालय प्रतिनिधि/संवाददाता (Special Correspondent)
पत्र-कार्यालय में स्थायी रूप से, विभिन्न स्रोतों से प्राप्त होने वाले समाचारों को प्राप्त/संकलित/प्रेषित करने वाला संवाददाता।

काला मुद्राक्षर (Black/Bold Face (Type))
हलकी दाब वाले मुद्राक्षरों के समांतर कुछ गहरी दाब वाले मुद्राक्षर को 'काला टाइप' कहा जाता है : **इस पंक्ति में काला मुद्राक्षर प्रयोग कीजिए।**

कृति/ग्रंथ/पुस्तक/रचना (Book)
एक ऐसा अनियत कालिक प्रकाशन जिसमें एक या अनेक विषयों की प्रस्तुति होती है।

कृतिस्वाम्य (© Copyright)
किसी रचना के प्रकाशन-संबंधी स्वत्वाधिकार, जो वैधानिक दृष्टि से सुरक्षित होते हैं। रचनाकार अपनी किसी भी कृति के प्रकाशन-संबंधी स्वामित्व का अधिकारी होता है। यह अधिकार वह किसी संपादक/प्रकाशक/संकलनकर्त्ता को कुछ शुल्क, मानदेय आदि के बदले या स्वेच्छानुसार निःशुल्क भी सौंप सकता है। तब उस रचना का कृतिस्वाम्य उसका माना जाता है, जिसे रचनाकार लिखित रूप से यह अधिकार सौंप देता है। रचनाकार के मरणोपरांत उसकी कृतियों का कृतिस्वाम्य या तो उसके कानूनी उत्तराधिकारियों अथवा उस व्यक्ति/उन व्यक्तियों के पास रहता है, जिसे/जिन्हें रचनाकार ने लिखित रूप से वह सौंपा हो। रचनाकार की मृत्यु के पचास वर्ष बाद कृतिस्वाम्य की वैधानिकता स्वतः समाप्त हो जाती है।

कृतिस्वाम्य संबंधी विधि के अंतर्गत किसी रचना को उसके मूल लेखक या स्वत्वाधिकारी की अनुमति के बिना छापना, उसका किसी अन्य विधा में रूपांतरण (नाटकीकरण, फिल्मीकरण आदि), या अनुवाद अपराध है। अपवाद-स्वरूप समीक्षा, व्याख्या, आलोचना-प्रत्यालोचना-हेतु कुछ अंश (लगभग आठ पंक्तियाँ) उद्धृत किये जा सकते हैं।

समाचारों पर भी उसके प्रस्तोता समाचार पत्रों/समाचार एजेंसियों आदि का कृतिस्वाम्य मान्य है, इसीलिए पत्र-पत्रकाओं की ओर से एजेंसियों को कुछ निश्चित शुल्क नियमित रूप से दिया जाता है।

कृतिस्वाम्य शुल्क (Royalty)
किसी लेखक/संपादक अथवा उसके द्वारा मनोनीत/नामांकित व्यक्ति या संस्था को उसकी रचना/कृति के स्वामित्व के नाते, प्रकाशक से प्राप्त होने वाला नियत शुल्क। प्रायः रचना/कृति के प्रकाशित रूप के विक्रय-मूल्य का कुछ प्रतिशत अंश 'रायल्टी' के रूप में देय होता है, जो प्रकाशक और लेखक/संपादक अथवा उसके द्वारा नामांकित/मनोनीत व्यक्ति/संस्था के मध्य किये गये अनुबंध/करार पर निर्भर करता है।

कृपया पृष्ठ उलटिये (Please Turn Over (P.T.O.))
एक पृष्ठ पर लिखित, टंकित, मुद्रित सामग्री यदि स्वतःपूर्ण न हो तो आगामी पृष्ठ पर उसका अविच्छिन्न क्रम जारी होने के 'संकेत शब्द' के रूप में इस संक्षिप्ति (कृ० पृ० उ० अथवा पी० टी० ओ०) का उपयोग पूर्व पृष्ठ के अंत में (नीचे) दाईं ओर किया जाता है जिसका अभिप्राय है—'कृपया पृष्ठ उलटिये' या 'प्लीज़ टर्न ओवर'।

केंद्रबिंदु (Focus)
पृष्ठ विन्यास के समय किसी ऐसे समाचार को प्रमुखता देना जिस पर दृष्टि सर्वप्रथम केंद्रित हो सके। अन्य समाचार, चित्र इत्यादि इसी के अनुपात से रखे जाते हैं।

कैरी ओवर/क्रमशः (Carry Over)
एक पृष्ठ पर समाप्त न होने वाली सामग्री के शेष अंश को किसी अन्य आगामी पृष्ठ पर देने का संकेत : **'शेष पृष्ठ चार के दूसरे स्तंभ पर ।'** अथवा **'क्रमशः'**।

कोण (Angle)
पत्र/पत्रिकाओं में समाचारों/विचारों के प्रस्तुतीकरण में अपनाया जाने वाला दृष्टिकोण पहलु/पक्ष/नीति।

कोल्ड टाइप सिस्टम (Cold Type System (C. T. S.))
मुद्रण-पूर्व मुद्रणीय सामग्री के संयोजन की एक अधुनातन पद्धति जो अब **'संगणकीय मुद्रायोजन'** (Computerised Composing) के नाम से ज्ञात है। इसमें धातु के मुद्राक्षरों की आवश्यकता नहीं। टंकण की भाँति संगणक द्वारा मुद्रणीय सामग्री एक विशेष प्लेट पर अंकित होकर, फोटो पद्धति से अलमूनियम की पट्टी पर उतर आती है जो छपाई की मशीन में लगा दी जाती है।

क्राउन (आकार का काग़ज़) (Crown (Size Paper))
काग़ज़ का एक निश्चित आकार जो प्रायः 30 इंच लंबा, 20 इंच चौड़ा होता है।

क्षेत्रीय पत्र (Country Paper)
विशेष अंचल से संबद्ध समाचारों/प्रश्नों/समस्याओं/चित्रों आदि को प्रमुखता देने वाला पत्र।

क्षेत्रीय प्रचार निदेशालय (Directorate Of Regional Publicity D.R.P.)
सरकार के सूचना एवं प्रचार मंत्रालय की ओर से क्षेत्र-विशेष के लिए गठित

प्रचार-संस्थान। जन-सामान्य को अपेक्षित सूचनाओं-समाचारों, जनोपयोगी गतिविधियों और कार्यकलापों आदि से अवगत कराना, सरकारी योजनाओं और कार्यक्रमों की उपयोगिता तथा महत्ता का प्रचार करना इस निदेशालय का काम होता है।

क्षैतिज/आड़ा पृष्ठविन्यास (Horizental Make Up)
शीर्षकों/चित्रों को बायें क्षितिज से दायें क्षितिज की ओर इस प्रकार फैलाकर प्रस्तुत करना कि ये दोनों कोणों को छूते प्रतीत हों।

ख

खंडन/प्रतिवाद (Contradiction)
पत्र-पत्रिका में प्रकाशित किसी समाचार/वक्तव्य/सूचना/तथ्य आँकड़े आदि के विवरण से भिन्न वस्तुस्थिति की प्रस्तुति अथवा विरोध या असहमति प्रकट करना।

ख़बर (News)
'समाचार' का अरबी-पर्याय। दे० 'समाचार'-संबंधी प्रविष्टि।

ख़बरनवीस (Correspondent)
'संवाददाता' का अरबी-पर्याय, ख़बर (समाचार) देने वाला। दे० 'संवाददाता' संबंधी प्रविष्टि।

ख़बररसाँ/संवाद (एजेंसी) (News Paper Agency)
'समाचार समिति' का अरबी-पर्याय, ख़बरें वहन करने वाली।

खाँच (Groove)
देखिए : 'मुद्राक्षर के दस अंग'।

खांचा (Slot)

(1) मुद्रायोजित सामग्री को अभीष्ट आकार में, प्रकाशनार्थ कसने का फ्रेम।

(2) मुद्राक्षर डालने के लिए प्रयुक्त होने वाला छोटा-सा फ्रेम।

खुला मुद्राक्षर (Open Face (Type))

विशेष आकृति वाला मुद्राक्षर। इसमें अक्षर के मध्यवर्ती रिक्त स्थान का अनुपात अपेक्षाकृत कुछ अधिक होता है।

खेल पत्रकारिता (Sports Journalism)

केवल खेल-कूद और उनकी प्रतियोगिताओं (मैच, क्रिकेट, हाकी, कुश्ती, बैडमिटन, फुटबाल, एशियाड, ओलम्पिक आदि) से संबंधित सूचनाएं-समाचार संकलित करना; उन पर समीक्षा, टिप्पणी, लेख आदि लिखना; खेलों के इतिहास, विकास आदि का विश्लेषण करना—यह सब कुछ 'खेल पत्रकारिता' के अंतर्गत आता है।

खेल प्रतिनिधि/संवाददाता (Sports Correspondent)

खेल-संबंधी समाचारों, आयोजनों, कार्यक्रमों आदि का विवरण संकलित करने वाला संवाददाता। खेलों की समीक्षा, खिलाड़ियों से भेंटवार्ता, खेलों पर विभिन्न प्रतिक्रियाओं आदि का संयोजन-संकलन इसी का कार्य है।

खेल-संपादक (Sports Editor)

वह उपसंपादक जो केवल खेल-कूद (हॉकी, क्रिकेट, कुश्ती, फुटबाल आदि) और उनकी विभिन्न प्रतियोगिताओं से संबंधित सामग्री का चयन, संपादन, विश्लेषण, आकलन आदि करता है।

खेल-स्तंभ (Sports Column)

क्रीड़ा-जगत् से संबंधित समाचार, विचार, सूचना आदि छापने के लिए निर्धारित स्थान।

ग

गगन रेखा (Sky Line)
समाचारपत्र के नामपट्ट से भी ऊपर दिया गया शीर्षक जो कभी किसी विशिष्ट स्थिति में ही दिया जाता है—किसी विशेष व्यक्ति के आकस्मिक निधन अथवा अकस्मात् कोई विस्फोटक घटना हो जाने पर :

'इंदिरा गांधी की सुरक्षा गार्डों द्वारा हत्या'

गति (Motion)
पत्र/पत्रिका की साजसज्जा। पृष्ठविन्यास के संदर्भ में, विशेषतया विज्ञापनों के लिए अपनायी जाने वाली विशेष प्रविधि, जिसके अंतर्गत पाठ्य-सामग्री के प्रमुख बिन्दुओं/शीर्षकों/उपशीर्षकों पर दृष्टि अनायास फिसलती जाय।

गर्हित पत्रकारिता (Gutter Journalism)
पत्र/पत्रिका में अभद्र, अश्लील, सनसनीदार आदि स्तरहीन सामग्री प्रकाशित करने की प्रवृत्ति।

गश्त (Beat)
संवाददाता का समाचार-संग्रह का क्षेत्र।

ग्रंथसूची (Bibliography)
किसी पुस्तक/शोध प्रबंध/शोधनिबंध आदि के अंत में 'परिशिष्ट' के अंतर्गत उन ग्रंथों का लेखक, संपादक, प्रकाशक, संस्करण आदि सहित पूर्ण विवरण, जिनकी सहायता उसके लेखन में ली गयी है।

गावदुम/विलोम स्तूपी (शीर्षक) (Inverted Pyramid)
दो-तीन या अधिक पंक्तियों में दिया गया ऐसा समाचार-शीर्षक जिसकी पहली पंक्ति कुछ लंबी, दूसरी उससे छोटी तथा तीसरी उससे भी छोटी हो—

राजधानी एक्सप्रेस में
दिन दहाड़े
डाका

(देखिए : विलोम स्तूपी)

ग्राहक (Subscriber)
पत्र/पत्रिका को खरीदने वाला।

गेली (Galley)
लोहे की एक आयताकार ट्रे जिसके तीन ओर के किनारे ऊपर उठे रहते हैं तथा (लंबाई की ओर से) एक ओर का किनारा खुला होता है। स्टिक पर एक-एक पंक्ति का मुद्रायोजन करके, चार-छः पंक्तियाँ उठा-उठाकर गेली में रखते जाते हैं। फिर उसी के प्रूफ उठाये जाते हैं।

गेलीप्रूफ़ (Galley Proof)
मुद्रायोजित (कम्पोज़ की गई) सामग्री के पहले प्रूफ़। इनके संशोधन के उपरांत कंपोज़ सामग्री को पृष्ठानुसार बाँटकर उसका मेकअप किया जाता है।

ग़ैर-पत्रकार (Non Journalist)
पत्र-पत्रिका के कार्यालय में, पत्रकारों के अतिरिक्त, अन्य कार्य करने वाले व्यक्ति (मुद्रक, महाप्रबंधक, लेखापाल, विज्ञापन-प्रबंधक, प्रशासन-प्रभाग के विभिन्न अधिकारी-कर्मचारी आदि)।

घ

घुमंतू संवाददाता (Legman)
इधर-उधर घूमकर समाचार संकलित करने वाला संवाददाता। जहाँ भी इसे समाचार प्राप्त होता है, उसे यह वहीं से दूरभाष द्वारा संपादकीय विभाग को लिखवा देता है।

च

चतुष्क (गुल्ली) (Quad)
मुद्रायोजन सामग्री में, निर्धारित या निर्दिष्ट रूप-विन्यास के अनुसार खाली स्थान पर लगाये जाने वाले नियत आकार के मुद्राकृति-रहित चौकोर सीसा (धातु)-खंड।

चतुष्कोण/पेटी/मंजूषा (Box)
किसी विशिष्ट (किंतु संक्षिप्त) समाचार की ओर पाठकों का विशेष ध्यान आकृष्ट करने के लिए, उसके चारों ओर बनाया गया रेखाओं का आयताकार चौखटा।

'चतुष्कोण समाचार' (वाक्स न्यूज़) का अभिप्राय है—विशिष्ट समाचार।

चमकदार परिष्कृति (Glossy Finish)
मुद्रित सामग्री को विशेष आकर्षक बनाने की प्रक्रिया।

चमकहीन काग़ज़ (Unglazed Paper)
सामान्य काग़ज़, जिसमें चमक नहीं होती।

चमकीला काग़ज़ (Glazed Paper)
कलात्मक मुद्रण के लिए प्रयुक्त होने वाला विशेष चमकदार काग़ज़।

चरखी (Reel)
समाचार पत्र/पत्रिका के आकार के न्यूजप्रिंट काग़ज़ का बहुत बड़े आकार का गोला। इसका भार कई क्विटल होता है। इसे आधुनिक मुद्रण यंत्रों के नीचे, विशेष भाग में लगा दिया जाता है, जहाँ से काग़ज़ स्वतः ही घूमता हुआ छपाई वाले स्थान पर पहुँचता रहता है।

चित्र (Pics)
मुद्रणीय सामग्री से संबद्ध परिदृश्य या व्यक्ति का चित्र अथवा व्यंग्यचित्र आदि।

चित्रकथा, चित्ररूपक (Pictorial Feature)
किसी प्रसंग, आख्यान, कथा या लेख पर आधारित चित्रों का क्रमानुसार संयोजन

कर 'चित्रकथा' या 'चित्ररूपक' प्रस्तुत किया जाता है। कभी इसे एक ही अंक में और कभी कई अंकों में धारावाही रूप से पूर्ण किया जाता है।

चित्र-प्रभाव (Pictorial Effect)
चित्र जैसा आकर्षक प्रभाव देने वाली छपाई।

चित्र-प्रूफ़ (Pull)
पुस्तक/पत्र/पत्रिका में प्रकाशनीय सामग्री से संबद्ध, चित्रों की कच्ची दाब, जिससे सामग्री की विषयवस्तु और विन्यास-सज्जा के साथ उसकी संगति देखी जा सके।

चित्रमुद्रण यंत्र (Graphotype Machine)
केवल चित्र मुद्रित करने के लिए बनाया गया विशेष प्रकार का मुद्रण यंत्र।

चित्र शीर्षक (Caption)
पत्र-पत्रिका में प्रकाशित चित्र के ऊपर बीचो-बीच दिया जाने वाला/दिये जाने वाले परिचयात्मक शब्द।

चित्र संपादक (Picture Editor)
पत्र/पत्रिका के लिए मुद्रणार्थ चित्रों का चयन, समायोजन आदि करने वाला व्यक्ति।

चित्र-संपादन (Picture Editing)
पत्र/पत्रिका में मुद्रणीय चित्र/व्यंग्यचित्र/रेखाचित्र आदि का चयन/संयोजन/स्थान-निर्धारण तथा अन्य सज्जा-विन्यास।

चौथाई पृष्ठ (Quarter page)
पत्र-पत्रिका अथवा पुस्तक के मुद्रण-क्षेत्र का चौथा अंश जिसके नाप-अनुपात का उपयोग प्रायः विज्ञापन-शुल्क के निर्धारण हेतु किया जाता है।

चौपेजी (Quarto)
चार पृष्ठों का फर्मा।

चौबीस पाइंट (Two Line Letters)
देखिए : मुद्राक्षर आकार।

चौरंगा मुद्रण (Four Colour Printing)
एक सामग्री को एक साथ या अलग-अलग चार रंगों में छापना।

छ

छँटनी (Routing)
रोटरी मशीन पर छपने वाली प्लेट में से फालतू सीसे को गोल घूमने वाली कतरनी या हाथ की नहरनी से काटना ताकि छपाई में धब्बे न पड़ें।

छठा भाग (Six MO)
अभीष्ट आकार के काग़ज़ का छठा हिस्सा।

छत्तीसवाँ भाग (Thirty Six MO)
अभीष्ट आकार के काग़ज़ का छत्तीसवाँ हिस्सा।

छद्म लेखक (Ghost Writer)
अपना वास्तविक नाम न देकर किसी अन्य कल्पित नाम से लिखने वाला।

छपते-छपते (Fudge/Late News/Stop Press)
पत्र की सम्पूर्ण सामग्री (छपने के लिए) प्रेस में जाते समय प्राप्त होने वाला कोई ऐसा समाचार जिसे कुछ स्थान निकालकर देना आवश्यक समझा जाय। ऐसे समाचार को एक चतुष्कोण में 'छपते-छपते' शीर्षक के अंतर्गत दिया जाता है। संक्षिप्त होने पर भी पाठक समझ जाते हैं कि यह समाचार रात देर से मिला होगा।

छ: ककार (5W & 1H)
समाचार के छ: तत्त्व जिनका समाधान ही समाचारत्व की कसौटी है—क्या-कब-कहाँ-कौन (किसके द्वारा)—क्यों—कैसे (हुआ) ?

सर्वप्रथम रड्यार किप्लिग ने समाचार-संकलन के अंग्रेजी के पाँच डब्ल्यू (W) और एक एच (H) आधार स्तंभ बताये थे—What-Where-Who-When-Why-How—इन्हीं का हिन्दी-रूपान्तर छ: ककार हैं।

छाप/दाब (Impression)
मुद्रायोजित सामग्री की प्रूफ़ अथवा मुद्रण के स्तर पर काग़ज़ पर ली जाने वाली छाप/दाब।

छायाकार (Photographer)
कैमरे द्वारा चित्र/चित्रों को तैयार करने वाला।

छिद्र रेखा (Perforating Rule)
मुद्रित काग़ज़ को किसी विशेष स्थान पर काटने/फाड़ने के लिए मशीन द्वारा एक सीध में बनायी गई सूराखों की पंक्ति।

छुट्टा काग़ज़ (Loose Paper)
बिना सिले या नत्थी किये हुए काग़ज़ या उनके टुकड़े।

छूट/छूटा (See Copy)
पांडुलिपि का कोई अंश जब कंपोज़ करने से रह जाए तब प्रूफ़-संशोधक इस संकेत (s/c) का उपयोग करता है।

छौना (नौसिखिया) (संवाददाता) (Cub (Reporter))
संवाद-संकलन/लेखन आदि का प्रशिक्षण लेने वाला, नया संवाददाता।

छोर विज्ञापन (Ear/Panel Advertisement)
समाचारपत्र के नामपट्ट के दोनों ओर किनारों पर छपने वाले छोटे वर्गाकार विज्ञापन।

ज

जनसंचार (Mass Communication)
विभिन्न प्रकार की सूचनाओं, समाचारों और विचारों को विविध माध्यमों (आकाशवाणी, दूरदर्शन, पत्र, पत्रक, दूरभाष, तार आदि) से जन-साधारण तक पहुँचाना।

जनसंचार माध्यम (Mass Media)
विभिन्न समाचारों, सूचनाओं और विचारों आदि को जन-साधारण तक पहुँचाने

में सहायक माध्यम (पत्र-पत्रिकाएँ, आकाशवाणी, दूरदर्शन, दूरभाष, तार, पत्रक, दूर संचार उपग्रह आदि)।

जनसंपर्क (Public Relations)
किसी संगठन (सरकार, पत्र, दल, व्यावसायिक संस्थान आदि) द्वारा जन-सामान्य में अपने प्रति रुचि, सद्भावना जगाने/अपनी विशिष्ट गतिविधियों का संप्रेषण करने/विभिन्न जिज्ञासाओं, शंकाओं, प्रश्नों आदि का समाधान करने/अपने कार्यक्रमों/योजनाओं/प्रकल्पों की जानकारी देने तथा उनसे संबद्ध सुझाव प्राप्त करने की प्रक्रिया 'जनसंपर्क' कहलाती है। प्रत्येक बड़े पत्र/संस्थान/संगठन कार्यालय आदि में **'जन संपर्क विभाग'** होता है। समाचार पत्र, आकाशवाणी, दूरदर्शन, चलचित्र, विज्ञापन, प्रपत्र, प्रचार पुस्तिकाएँ आदि अनेक **'जनसंपर्क माध्यम'** हो सकते हैं।

जनसंपर्क निदेशक (Director Of Public Relations DPR)
सरकारी, अर्द्ध सरकारी या ग़ैर सरकारी स्तर पर सुनियोजित ढंग से जनमत को प्रभावित करने, विभिन्न प्रकार की गतिविधियों से जनसामान्य को अवगत कराते रहने तथा संबद्ध संस्थान के प्रति जनता में सद्भावना और रुचि जाग्रत करने आदि के लिए गठित जनसंपर्क निदेशालय का सर्वप्रमुख पदाधिकारी।

जनसंपर्क निदेशालय (Directorate Of Public Relations DPR)
सरकारी, अर्द्ध सरकारी या ग़ैर सरकारी स्तर पर सुनियोजित ढंग से जनमत को प्रभावित करने, विभिन्न प्रकार की गतिविधियों से जनसामान्य को अवगत कराते रहने तथा संबद्ध संस्थान के प्रति जनता में सद्भावना और रुचि जाग्रत करने आदि के लिए गठित जनसंपर्क निदेशालय।

जर्नल (Journal)
किसी संस्था/दल/संगठन-विशेष का विशिष्ट विषय या उद्देश्य से संबद्ध मुखपत्र/पत्रिका/दैनंदिनी/विवरणिका आदि।

जिल्दसाज़ी (Binding)
पत्र/पत्रिका/पुस्तक की सभी पृष्ठ-इकाइयों को नत्थी करके, उन पर काग़ज़, कपड़े या गत्ते का आवरण चढ़ाना।

झ

झलकियाँ (Visual Layout)
दूरदर्शन में प्रसारित करने योग्य, चुने हुए दृश्यों की झलक ।

झिलमिल (हाफ़टोन) कागज़ (Half Tone Paper)
छायाप्रकाश की झिलमिलाहट वाला चमकदार कागज़, जो प्राय: चित्रों के मुद्रण में प्रयुक्त होता है ।

झूलेदार शीर्षक (Hanging Indention)
दो से अधिक पंक्तियों में दिया गया ऐसा शीर्षक जिसकी प्रथम पंक्ति बायीं ओर सटी होती है तथा नीचे की अन्य पंक्तियाँ समान स्थान छोड़कर दायीं ओर सटाई जाती हैं :

बंगाल की खाड़ी में
तूफान से
बीस मरे
सौ घायल

ट

टाइप केस/मुद्राक्षर खाना (Type Case)
प्रत्येक लिपि के हर वर्ण के मुद्राक्षरों को रखने के लिए बनाया गया खानेदार सांचा ।

टाइपराइटर (अक्षर-योजन मशीन)
(Typewriter Composing Machine)
टंकण यंत्र की पद्धति से मुद्राक्षरों का संयोजन करने वाली मशीन ।

टीका-टिप्पणी (Comment)
किसी विशेष विषय/घटना/समाचार/वक्तव्य आदि के संबंध में पक्ष-विपक्षपरक विचार-प्रस्तुति ।

टेलेक्स (Telex)
'टेलिप्रिंटर एक्सचेंज' (देखिए : दूरमुद्रक एक्सचेंज) का संक्षिप्त रूप; वह स्वचालित इलैक्ट्रॉनिक उपकरण जो एक स्थान से दूसरे स्थान को संप्रेषित सूचना/संदेश/समाचार का अल्पावधि में दूरदर्शन-फलक पर, अक्षराकार मुद्रित रूप में प्रत्यक्ष साक्षात्कार करा देता है ।

ठ

ठप्पा (डाई) (Dye)
बहुत अधिक संख्या में अथवा बहुत बार अनेक संस्करणों में छपने वाली सामग्री का धातु-निर्मित ब्लाक । प्रायः लेवल और पैकिंग आवरण छापने के लिए इन्हीं का उपयोग होता है ।

ठप्पा-मुद्रण (डाई मुद्रण) (Dye Stamping (Printing))
धातु-निर्मित ब्लाकों से की जाने वाली छपाई ।

ड

डबल क्राउन (Double Crown)

20 × 30″ के काग़ज़-आकार से दुगना ।

16

डाक-समाचार (Postal News)

दूरस्थ गाँवों, कस्बों और नगरों से पत्र के केंद्रीय कार्यालय में सामान्य डाक द्वारा प्राप्त समाचार ।

डिमाई (आकार) (Demy)

23 × 36″ के आकार का मुद्रणीय काग़ज़ ।

डैश (Dash)

एक छोटी-सी सीधी रेखा, जो शीर्षक के विभिन्न खंडों को एक-दूसरे से अलग रखने के लिए प्रयुक्त की जाती है ।

ढ

ढलाई कारखाना (Foundry)

विभिन्न प्रकार के मुद्राक्षर ढालने वाला कारखाना ।

ढलाई प्रूफ़ (Foundry Proof)

ढलाई कारखाने में ढले मुद्राक्षरों की बनावट जाँचने के लिए लिया गया प्रूफ़ ।

त

तड़ित् प्रेस-तार (Press Telegram Flash)
पत्र/पत्रिका, आकाशवाणी, दूरदर्शन आदि द्वारा या इनके लिए प्रेषित विशिष्ट तार जिसमें किसी महत्त्वपूर्ण घटना/समाचार की प्रथम सूचना अत्यंत संक्षेप में दी जाती है। विस्तृत विवरण बाद में दिये जाने का संकेत स्वतःसिद्ध होता है।

तड़ित् समाचार (Flash News)
आकस्मिक रूप से प्राप्त किसी अत्यंत महत्त्वपूर्ण समाचार की झलक-रूप प्रथम सूचना।

तथ्यात्मक शीर्षक (Factual (Heading))
समाचार के तथ्यों को सामान्य शब्दों में प्रस्तुत करने वाला शीर्षक :

'आरक्षण विरोधी आंदोलन ने ज़ोर पकड़ा'

तल (Bed)
मुद्रण यंत्र के जिस समतल ठोस भाग पर मुद्रायोजित पृष्ठों का फर्मा रखकर कसा जाता है।

तलगति रूला (Bed Motion Roller)
सिलेंडर आदि बड़ी मशीनों में, मुद्रायोजित सामग्री का कसा फर्मा रखने के लिए बनाये गये समतल ठोस लौहपट की चालन-क्रिया।

तल पृष्ठांक (Drop Folio)
पत्रिका/पुस्तक के प्रति पृष्ठ पर सबसे नीचे पृष्ठसंख्या तथा पुस्तक/अध्याय/खंड आदि का शीर्षक देना।

तार फोटो (Wire Photo)
तार-प्रक्रिया द्वारा भेजा गया चित्र।

तालिका (समाचार) ((News) Schedule)
विभिन्न स्रोतों से प्राप्त समाचारों की क्रम-सूची अथवा अनुक्रमणिका। इससे समाचारों के चयन और उनकी वरीयता के निर्धारण में सुविधा रहती है।

तिथि रेखा (Date Line)
समाचार के शीर्षक के उपरांत, आमुख से पूर्व, समाचार-स्रोत के साथ उस दिन की तिथि, जिस दिन का समाचार है।

तिरंगा पुनर्मुद्रण (Three Colour Reproduction)
तीनों रंगों में दोबारा छापना।

तिरछा (मुद्राक्षर) (Italics)
सामान्य आकार से कुछ भिन्न, प्रायः बायीं ओर झुकाव वाले मुद्राक्षर 'तिरछे' या 'इटैलिक्स' कहलाते हैं।

तीन एक्स (Thirty, XXX)
पांडुलिपि की समाप्ति का सूचक संकेत।

तुरत (Rush)
किसी प्रकाशनीय सामग्री को अति शीघ्र प्रकाशित करने के निर्देश का संकेत-सूचक शब्द।

तुरत समाचार-लेखन (Knock Up)
अल्प सूचना पर किसी समाचार को शीघ्रता एवं दक्षतापूर्वक लिख देना।

त्रिस्तम्भीय शीर्षक (Three Column Heading)
एक साथ तीन स्तंभों में फैला हुआ शीर्षक।

त्रैमासिक पत्रिका (Quarterly Journal)
तीन मास के अंतराल से नियमित निकलने वाली पत्रिका।

त्रैमासिक (प्रकाशन/पत्रिका) (Qurterly Q)
हर तीन मास अर्थात् चौथाई वर्ष के अंतराल से नियमित रूप से प्रकाशित होने वाला प्रकाशन/वाली पत्रिका। भाषा, संस्कृति, कला, विज्ञान, प्रौद्योगिकी आदि विशिष्ट विषयों से संबद्ध खोजपूर्ण सामग्री उपलब्ध कराने वाली पत्रिकाएँ प्रायः त्रैमासिक होती हैं।

द

दलीय मुखपत्र (Party Organ)
किसी दल (राजनैतिक, धार्मिक, साहित्यिक आदि) विशेष के उद्देश्य, दृष्टि-कोण, कार्यकलाप आदि का संप्रेषक/प्रचारक पत्र ।

दाहिना पृष्ठ (Recto)
पत्र/पत्रिका/पुस्तक खोलने पर जो पृष्ठ हमारे दायीं ओर रहता है ।

दि प्रेस गिल्ड आफ इंडिया (The press Guild of India; PGI)
सन् 1954 ई० में स्थापित पत्रकारों और गैर पत्रकार विद्वानों, लेखकों, कवियों, कलाकारों तथा वैज्ञानिकों आदि की सांस्कृतिक कोटि की संस्था । इसके तत्त्वावधान में अनेक क्लब, पुस्तकालय एवं वाचनालय कार्यरत हैं । सामाजिक महत्त्व के विभिन्न विषयों पर इस संस्था द्वारा महत्त्वपूर्ण संगोष्ठियाँ, सम्मेलन एवं विचार-विमर्श आयोजित किये जाते हैं ।

दीर्घाक्षर/अवरोहाक्षर शैली (Upstyle)
दो से अधिक पंक्तियों के शीर्षक/विज्ञापन आदि में नीचे से ऊपर की ओर क्रमशः मोटे मुद्राक्षरों का प्रयोग ।

दीर्घ बिन्दुमय हाफटोन (Elliptical Dot Halftone)
छायाप्रकाशमय ब्लाक में सजावट की दृष्टि से बिन्दु उभारने की पद्धति ।

दुरंगा हाफटोन (Duotone)
एक साथ दो रंगों में छप सकने वाला सम छायाप्रकाशमय ब्लाक ।

दुर्लभ समाचार (Hard (News))
अप्रत्याशित रूप से प्राप्त विलक्षणतायुक्त समाचार । प्रायः भीषण दुर्घटना, आकस्मिक प्राकृतिक प्रकोप, राजनैतिक क्रान्ति आदि के समाचार इसी कोटि के होते हैं ।

दुहरा अंतराल (Double Space)
दो शब्दों, पंक्तियों अथवा स्तम्भों के मध्य सामान्यतः निर्धारित अंतराल से दुगुना स्थान छोड़ना ।

दूरचित्र (Telephoto)
बेतार के तार द्वारा भेजा जाने वाला छायाचित्र ।

दूरदर्शन केन्द्र (Television Centre TVC)
भारत सरकार के सूचना एवं प्रसार-मंत्रालय के अधीन स्थापित वे केन्द्र जहाँ दूरदर्शन के कार्यक्रम तैयार होते हैं, उनकी वीडियो रिकार्डिंग की जाती है तथा उन्हें प्रसारित किया जाता है ।

दूरदर्शन-पत्रकारिता (Television Journalism)
दूरदर्शन से प्रसारणीय समाचार/विचार/विश्लेषण आदि से सम्बद्ध दृश्य-श्रव्य सामग्री का संचयन/संकलन/संपादन आदि ।

दूरदर्शन समाचार फीचर्स (Television News Features-TNF)
दूरदर्शन से नियमित अथवा प्रासंगिक रूप से प्रसारित होने वाले वे कार्यक्रम जिनमें समाचार, समाचार-समीक्षा, समाचार पत्रों की राय(पत्रों के सम्पादकीयों का आकलन और विवेचन), सामयिक चर्चा आदि समाचार-आधारित सामग्री रहती है ।

दूरमुद्रक (Teleprinter)
दूरसंचार का एक आधुनिक वैज्ञानिक उपकरण जिसमें संप्रेषित या संप्रेषणीय अथवा संप्राप्त संदेश (समाचार आदि) स्वतः ही टंकित होते रहते हैं। विश्व के किसी भी स्थान पर बैठा दूरमुद्रक संचालक जो कुछ टंकित करता है वह . नगरों में स्थित (उससे संबद्ध) दूरमुद्रकों पर अपने-आप काग़ज़ पर टंकित हो जाता है । प्रत्येक समाचार-एजेंसी, बड़े समाचार पत्र आदि की अपनी दूरमुद्रक-व्यवस्था है । इसकी प्रक्रिया बहुत-कुछ दूरभाष या बेतार के तार की भांति है ।

आजकल संगणक (कम्प्यूटर)—प्रणाली की सहायता से इनकी संचार और प्रसार-क्षमता और गति बहुत बढ़ गई है ।

दूरमुद्रक एक्सचेंज (Teleprinter Exchange, Telex)
वह स्वचालित इलैक्ट्रॉनिक उपकरण जो एक स्थान से दूसरे स्थान को संप्रेषित सूचना/संदेश/समाचार का अल्पावधि में, दूरदर्शन फलक पर अक्षराकार (मुद्रित) रूप में प्रत्यक्ष साक्षात्कार करा देता है ।

दूर संचार (Tele Communication)
सुदूरस्थ स्थलों तक संवाद-संप्रेषण और उसके लिए उपयोगी उपकरण (तार, दूरभाष आदि) ।

दैनिक (समाचार पत्र) (Daily (News Paper))
नियमित रूप से प्रतिदिन प्रकाशित होने वाला समाचारपत्र : **'नवभारत टाइम्स'** **'प्रदीप'**, **'आज'**, **'पंजाब केसरी'** आदि।

दोषपूर्ण (XXX-Retree)
पांडुलिपि/मुद्रायोजित सामग्री के प्रूफ़/मुद्रित सामग्री में विभिन्न त्रुटियाँ या दोष रह जाना।

द्रुत समाचार (Rush Story)
समाचार पत्र की छपाई ठीक शुरू होने के समय, अर्थात् अन्तिम क्षणों में दिया गया समाचार।

द्वितीय आवरण पृष्ठ (Second Cover page 2C)
मुखावरण का पश्च भाग। सजिल्द पुस्तकों में प्राय: पुस्तकों के विषय में छपा होता है और अजिल्द होने पर उस पर (विशेषतया पत्रिकाओं में) कोई विज्ञापन अथवा सूचना-संबंधी सामग्री दे दी जाती है।

द्वितीय मुद्रण (Second Impression)
पूर्व मुद्रित सामग्री को ज्यों का त्यों दोबारा छापना।

द्विस्तम्भीय/दोहरा स्तम्भ (Double Column DC)
समाचार पत्र के किसी पृष्ठ के (प्राय: निर्धारित आठ स्तंभों में से) दो स्तंभों में एक साथ फैला हुआ शीर्षक/फैली हुई सामग्री।

ध

धातु पट्टी (Lead)
मुद्रायोजन के समय पंक्तियों के बीच नियत अन्तराल बनाये रखने के लिए निश्चित आकार की धातु-पत्तियाँ।

धातु पट्टी ढलाई (Lead Moulding)
मुद्रायोजन के समय पंक्तियों के बीच नियत अंतराल बनाये रखने के लिए निश्चित आकार की धातु-पत्तियाँ ढालने की प्रक्रिया।

धातु-स्याही (Metalic Ink)
टीन आदि धातु-निर्मित चादर पर छपाई के लिए प्रयुक्त होने वाली स्याही।

धारावाही/खंडश: (समाचार) (Running/Sectional Story)
कई किश्तों में छपने वाला समाचार या विवरण।

ध्वन्यन्तरण, रूपान्तरण, लिप्यन्तरण (Dub, Dubbing)
किसी एक भाषा की ध्वनि या लिपि में संरचित रचना (कहानी, एकांकी, लेख, फिल्म आदि) को किसी अन्य भाषा की ध्वनि या लिपि में रूपान्तरित करना।

न

नमदा (Felt)
जमाया हुआ ऊनी कपड़ा। इस पर प्राय: छपाई के काम आने वाली गाढ़ी स्याही गाकर समय-समय पर प्रूफ़ उठाने के लिए प्रयुक्त की जाती है।

नद॰ ार-संग्रह (Digest)
श्रेष्ठ रचनाओं/कृतियों के सार-संग्रह का सुव्यवस्थित और आकर्षक रूप में एकत्र संयोजन/मुद्रण-प्रकाशन।

नवीनतम (अद्यतन) समाचार (Spot News)
एकदम ताज़ा, अप्रत्याशित और महत्त्वपूर्ण समाचार जो अभी-अभी मिला हो तथा जिसमें जनरुचि अथवा सनसनी का पर्याप्त तत्त्व हो।

नामपट्ट (Name Plate)
पत्र-पत्रिका का पंजीकृत नाम, जो मुखपृष्ठ के शीर्ष पर मुद्रित रहता है।

नाम: निगार (Correspondent)
'संवाददाता' का फारसी-पर्याय ।

नामोल्लेख (By Line)
समाचार के साथ उसके प्रेषक संवाददाता के नाम का प्रकाशन ।

निदेशक (Director Dir)
प्रचार/जनसंपर्क/विज्ञापन एवं दृश्य प्रचार आदि निदेशालयों अथवा निदेशालय-स्तर के विभिन्न संस्थानों का सर्वोच्च पदाधिकारी ।

नियतकालिक (पत्र/पत्रिका) (Periodical (Paper/Magazine))
एक निश्चित अवधि (अर्द्ध सप्ताह, सप्ताह, पखवाड़ा, मास, द्विमास, त्रिमास, अर्द्धवर्ष अथवा वर्ष) के अंतराल पर नियमित रूप से प्रकाशित होने वाला पत्र/पत्रिका : **'भारत में हिन्दी के लगभग पाँच हजार नियतकालिक पत्रों/पत्रिकाओं का प्रकाशन होता है जो सभी भाषाओं में प्रकाशित होने वाली नियतकालिक पत्र-पत्रिाओं का लगभग तीन-चौथाई भाग है ।'**

निर्देश्य संवाददाता (Assignment Man)
पत्र-संपादक के निर्देशानुसार अभीष्ट कार्य के लिए उपलब्ध संवाददाता ।

निविदा (Tender)
प्रस्तावित कार्य की सम्पन्नता (जैसे सड़क, पुल, भवन-निर्माण आदि) अथवा अपेक्षित सामग्री की सम्पूर्ति (सप्लाई)—हेतु अनुमानित व्यय, धनराशि, शुल्क के वदले न्यूनतम दरों पर पंजीकृत संस्थानों से प्रस्ताव आमंत्रित करने का अनुबन्ध पत्र (करारनामा) ।

नीरस शीर्षक (Label Head)
शुष्क, अरोचक और अनाकर्षक शीर्षक ।

नील पत्रकारिता (Blue Journalism)
हिंसा, हत्याकांड, चोरी-डकैती, धोखा-धड़ी, जालसाज़ी, ठगी, तस्करी आदि जैसे सनसनीदार अपराध-समाचारों को महत्त्व देने की प्रवृत्ति । इसका उद्देश्य प्राय: सामान्य पाठकों में उत्तेजना फैलाकर अपने पत्र/अपनी पत्रिका की प्रसार-संख्या/बिक्री बढ़ाना होता है ।

प

पंक्ति-प्रणाली (Lineage)

(1) संवाददाताओं को प्रकाशित समाचार की पंक्ति-संख्या के आधार पर पारिश्रमिक देने की प्रणाली।

(2) किसी अवधि-विशेष में प्रकाशित विज्ञापन की पंक्तियों का परिमाण।

पंक्ति मुद्रायोजन (Lino Composing)

मशीन द्वारा मुद्रायोजन (कंपोजिंग) की एक अभिनव विकसित प्रणाली जिसमें टंकण-पद्धति से पूरी पंक्ति पंच करके, कास्टिंग मशीन द्वारा धातु-ढले मुद्राक्षरों की परस्पर जुड़ी शृंखलाबद्ध-सी पूरी पंक्ति दूसरी ओर प्राप्त कर ली जाती है।

इस प्रणाली के अन्तर्गत, कोई त्रुटि रह जाने पर पूरी पंक्ति ही पुनः ढालनी पड़ती है।

पताका (शीर्षक)/पृष्ठशीर्षक/महाशीर्षक (Banner, Steamer, Ribbon)

समाचार पत्र के पूरे पृष्ठ पर फैला हुआ, मुख्य समाचार का शीर्षक।

पत्र (Paper)

(1) 'समाचारपत्र' का संक्षिप्त रूढ़ रूप, (2) संपादक के नाम पाठकों द्वारा लिखित पत्र, (3) पन्ना, (4) लिखित काग़ज़।

पत्रक, परचा (Pamphlet)

सामयिक विषयों अथवा व्यावसायिक विज्ञापन से सम्बद्ध वह मुद्रित लघु पत्र जिसका आकार (फुलस्केप) काग़ज़ से आधा अथवा कुछ कम-अधिक होता है। इसकी भाषा प्रायः सपाट, सूचनात्मक और पाठकों की दृष्टि से व्यावहारिक होती है। मात्र जानकारी देना इसका उद्देश्य होता है।

कुछ स्थितियों में (किसी संगोष्ठी, सम्मेलन, अधिवेशन आदि से सम्बद्ध) पत्रक बड़े आकर्षक तथा दो पृष्ठीय या चार पृष्ठीय भी छापे जाते हैं। उनकी साज-सज्जा और रंगीन छपाई का उद्देश्य पाठकों को आकृष्ट करना होता है।

संक्षेप में : पत्रक वह लघु सूचनात्मक विज्ञापन-पत्र है जिस पर आकार, स्वरूप और विषयवस्तु संबंधी कोई निश्चित नियम या बन्धन लागू नहीं।

पत्रकार (Journalist/Pressman)
पत्रकारिता से सम्बद्ध वे सभी व्यक्ति जो समाचार-संकलन, संपादन, अनुवाद, प्रूफ़-संशोधन, विवेचन-विश्लेषण, सम्पादकीय लेखन, मुद्रण-प्रकाशन आदि के कार्य में संलग्न है। पत्रों में प्रकाशनार्थ फीचर, समीक्षा, विशिष्ट स्तम्भीय (खेल, व्यवसाय, फिल्म आदि से संबंधित) सामग्री प्रस्तुत करने वाले लेखक और छायाकार, व्यंग्यचित्रकार आदि भी 'पत्रकार' कहलाते हैं।

पत्रकार कक्ष (Press Box)
संसद, विधानसभा, निगम-सदन, सभा-सम्मेलन, अधिवेशन आदि में पत्रकारों (संवाददाताओं, छायाकारों आदि) के बैठने का निश्चित स्थान जहाँ वे समाचार-लेखन और छायाचित्र लेने आदि का कार्य सुविधापूर्वक कर सकते हैं।

पत्रकार-दीर्घा (Press Gallery)
संसद, विधान सभा, निगम, नगरपालिका आदि के भवनों एवं विशेष सम्मेलनों, अधिवेशनों आदि में पत्रकारों के लिए सुरक्षित स्थान, कक्ष, प्रकोष्ठ आदि। यहाँ पत्रकारों के लिए समाचार-संकलन, लेखन आदि की सुविधाएं उपलब्ध होती हैं।

पत्रकार सम्मेलन (Press Conference/Meet The Press)
विशिष्ट व्यक्तियों/दलों/संस्थाओं द्वारा विशिष्ट अवसर पर, विषय-विशेष के संबंध में अपना दृष्टिकोण प्रस्तुत करने के उद्देश्य से आमंत्रित पत्रकारों का सम्मेलन।

यह समाचार प्राप्त करने का महत्त्वपूर्ण स्रोत है। राष्ट्राध्यक्ष, प्रधानमंत्री, मंत्री, नेता, उच्च अधिकारी, किसी संस्था का पदाधिकारी आदि कोई भी पत्रकार-सम्मेलन आयोजित कर सकता है।

(1) कई बार पत्रकार-सम्मेलन में आमंत्रणकर्त्ता विशिष्ट व्यक्ति का वक्तव्य मुद्रित या टंकित रूप में सम्मेलन आरम्भ होने से पूर्व आमंत्रित पत्रकारों को उपलब्ध करा दिया जाता है ताकि वे उसके आधार पर प्रमुख वक्ता से स्पष्टीकरण ले सकें या प्रश्नों द्वारा अपनी जिज्ञासाओं/शंकाओं का समाधान कर सकें।

(2) कई बार आमंत्रणकर्त्ता विशिष्ट व्यक्ति किसी विषय-विशेष के संबंध में पत्रकारों से सीधे अपने प्रश्न प्रस्तुत करने को कहकर, अपनी ओर से उनके उत्तर देता है। इन उत्तरों में ही उसका दृष्टिकोण, मत-अभिमत स्पष्ट हो जाता है।

पत्रकार किसी भी प्रकार का प्रश्न कर सकते हैं किन्तु प्रमुख वक्ता हर प्रश्न का उत्तर देने के लिए बाध्य नहीं होता। ऐसी स्थिति में प्रायः वह हास्य-

विनोद में प्रश्न को टाल सकता है या 'कोई उत्तर (टिप्पणी) नहीं' (No Answer (Comment)) कहकर प्रश्नकर्त्ता को शांत कर सकता है।

पत्रकारिता (Journalism)

जन-सूचना, जनसंचार, जन-रंजन अथवा जन-साधारण तक समाचार-विचार-सम्प्रेषण हेतु संचालित माध्यमों (समाचार पत्र/पत्रिका/आकाशवाणी/दूरदर्शन आदि) के संपादन, मुद्रण, प्रकाशन, संयोजन, प्रसारण आदि की विद्या या कला 'पत्रकारिता' है। पत्र-पत्रिकाओं से सम्बद्ध पत्रकारिता के अतिरिक्त 'रेडियो पत्रकारिता' या 'दूरदर्शन-पत्रकारिता' आदि का भी अपना विशेष महत्त्व है। संक्षेप में—पत्रकारों के आदर्श, कार्य आदि की सामूहिक संज्ञा 'पत्रकारिता' है।

पत्रकारिता डिप्लोमा (Diploma in Journalism D.J.)

पत्रकारिता-सम्बन्धी प्रारम्भिक प्रशिक्षण का विभिन्न विश्वविद्यालयों द्वारा मान्य डिप्लोमा।

पत्रकारिता-तकनीक (Journalism Technique)

समाचार-लेखन/प्रूफ़पठन/प्रकाशन/संयोजन आदि से संबंधित विशिष्ट प्रविधि/प्रक्रिया।

पत्रकारिता नीति-सिद्धांत (Ethics of Journalism)

देखिए : 'आचार संहिता'।

पत्रकारिता-प्रतिमान (Canon Of Journalism)

पत्र/पत्रिका की नीति; संपादकीय दृष्टिकोण, समाचारों की निष्पक्षता, तथ्यात्मकता और विश्वसनीयता एवं पत्रकार-गरिमा, आचार-संहिता आदि से संबद्ध आत्मस्वीकृत नियम-सिद्धांत आदि।

पत्रकारिता स्नातक (Bachelor of Journalism B. J.)

पत्रकारिता पाठ्यक्रम की उपाधि परीक्षा जो स्नातक स्तर के समान्तर मानी जाती है।

पत्र-विज्ञप्ति (Press Release, Press Note)

(1) पत्र-पत्रिका में प्रकाशनार्थ जारी की गई विज्ञप्ति।

(2) समाचार-रूप में प्रकाशित सूचना।

विभिन्न सरकारी और ग़ैर-सरकारी संगठनों, संस्थाओं और संस्थानों आदि द्वारा समय-समय पर अपनी नीतियों, गतिविधियों, अपने उद्देश्यों, कार्य-कलापों, कार्यक्रमों आदि की जानकारी देने के लिए जारी की गई सूचनाएँ आदि 'पत्र-विज्ञप्ति' या 'प्रेस रिलीज़' कहलाती हैं।

पत्र-संयोजक मंडल (Back Bench)
समाचार-संकलन/संयोजन एवं पृष्ठ विन्यास/साजसज्जा आदि की योजना तैयार करने वाली, संपादकीय विभाग के वरिष्ठ अधिकारियों की समिति।

पत्रसूचना कार्यालय (Press Information Bureau, P.I.B.)
सरकार, किसी संगठन, दल अथवा बड़े संस्थान-विशेष द्वारा समाचारपत्रों के लिए सूचनाएँ, समाचार, विज्ञप्तियाँ आदि उपलब्ध कराने के उद्देश्य से स्थापित एक विभाग/कार्यालय विशेष। इसके द्वारा मान्यताप्राप्त पत्रों, उनके प्रतिनिधियों, संवाददाताओं, छायाचित्रकारों (फोटोग्राफरों) आदि को नियमित रूप से सूचना-पत्र, विज्ञप्तियाँ, समाचार आदि मिलते रहते हैं। सरकारी क्षेत्र में, विभिन्न मामलों के संबंध में, समाचारपत्र आदि संचार-माध्यमों द्वारा जनता की राय की जानकारी उपलब्ध कराना भी इसका दायित्व है। मुख्य रूप से सरकारी नीतियों, कार्यक्रमों, योजनाओं, उपलब्धियों आदि का प्रचार इसका कार्य है।

परिकर्तित ब्लाक (Cutout Block)
पूरे चित्र/रेखाचित्र अथवा फोटो की ब्लाक-प्लेट में से काटकर अलग किया गया अभीष्ट भाग।

पत्रिका (Magazine)
एक निश्चित अवधि (सप्ताह, मास आदि) के अन्तराल पर प्रकाशित होने वाला साहित्यिक या अन्य विविध विषयक पत्र : **धर्मयुग, सरिता, कादम्बिनी, सारिका, चंदा मामा, गृहशोभा** आदि।

पत्रिका-लेख (Magazine Article)
विशेष रूप से नियतकालिक/अनियतकालिक पत्र-पत्रिकाओं के लिए लिखित सामयिक विषय/संदर्भ से सम्बद्ध रचना।

पत्रिका संपादन (Magazine Editing)
दैनिक समाचारपत्रों से भिन्न, अन्य पत्र-पत्रिकाओं के लिए सामग्री-संचयन/संकलन/संपादन/संशोधन/संयोजन/मुद्रण/प्रकाशन आदि।

परिचर्चा (Symposium)
किसी सामयिक विषय पर, सम्बद्ध/विशेषज्ञ व्यक्तियों की संवाद-गोष्ठी।

परिवहन-अनुभाग/एकांक (Transport Section/Unit)
बड़े (अधिक प्रसार संख्या वाले) पत्रों की अपनी परिवहन-व्यवस्था होती है जिसका उपयोग प्रधान सम्पादक/महाप्रबंधक अथवा रात्रि-सेवा में नियुक्त विशिष्ट कार्मिकों को लाने-ले जाने के अतिरिक्त, अभिकर्त्ताओं को भेजे जाने

वाले पत्र-बंडलों को निकटवर्ती नगरों अथवा गंतव्य स्थान को जाने वाली बस/रेल/विमान सेवा के संचलन-स्थान तक नियमित रूप से नियत समय पर पहुँचाने के उद्देश्य से किया जाता है। विशेष स्थितियों में विशिष्ट संवाददाताओं/छायाचित्रकारों (फोटोग्राफरों) को नियत समय पर निश्चित स्थान तक ले जाने और वहाँ से लाने के लिए भी वाहन उपलब्ध कराना इसी अनुभाग का कार्य है।

परिशिष्ट (Appendix)

(1) किसी विषय-विशेष की पुस्तक के अन्त में दिया गया वह अतिरिक्त (शेष) अंश जो किसी कारण मूल सामग्री में न दिया जा सका हो/रह गया हो/देना समीचीन न हो।

(2) दैनिक समाचारपत्र के नियमित समाचार-पृष्ठों के अतिरिक्त विषय-विशेष (फिल्म, उद्योग, साहित्य, कला, स्वास्थ्य आदि) से सम्बद्ध सामग्री-युक्त अलग पृष्ठ।

परिशोधित-प्रूफ (Revised Proof)

प्रूफरीडर/लेखक/संपादक द्वारा निर्दिष्ट संशोधनों के अनुसार मुद्रायोजक (कंपोजीटर), अधिकर्मी (फोरमैन) द्वारा त्रुटियों को सुधार कर पुनः उठाया गया प्रूफ।

पश्च हाशिया (Back)

पांडुलिपि अथवा मुद्रित सामग्री के पृष्ठ के पीछे छोड़ा गया अमुद्रित स्थान।

पश्चावरण (Back Cover B. C.)

पुस्तक या पत्रिका के आवरण का चौथा पृष्ठ।

पांडुलिपि (Copy, Manuscript)

प्रकाशनीय सामग्री का मूल हस्तलिखित या टंकित मसौदा।

पांडुलिपिधारक (Copy Holder)

प्रूफ़-संशोधक का सहायक कार्मिक जो प्रूफ-पठन के समय मूल पांडुलिपि से मिलान कराता है। वह पांडुलिपि पढ़ता है और संशोधक तदनुसार संशोधन करता है या संशोधक प्रूफ़ पढ़ता है और पांडुलिपि-धारक देखता है कि वह पांडुलिपि के अनुसार है या नहीं।

पांडुलिपि-परीक्षण (Copy Tasting)

पत्र-कार्यालय में प्राप्त मूल सूचना-समाचारों की पांडुलिपियों की इस दृष्टि से जाँच कि वह या उसका कितना अंश किस रूप में प्रकाशनीय है।

पांडुलिपि-पर्यवेक्षक (Copy Taster)
समाचार की पांडुलिपियों को देखकर, उनके प्रकाशनीय/अप्रकाशनीय होने का निर्णय लेने वाला समाचार-संपादक अथवा प्रधान उपसंपादक।

पाइका (Pika)
बारह पाइंट मुद्राक्षर (टाइप) के लिए रूढ़ शब्द।

पाठक-रुचि (Reader's Interest)
मुद्रित सामग्री को पढ़ने वालों की पसन्द।

पारर्दाशता (Transparency)
(1) काग़ज़, चित्र, मुद्रण या स्लाइड आदि के आर-पार सुस्पष्ट दिखाई देना।
(2) लिखित सामग्री की सुस्पष्टता।

पाररेखा (शीर्षक) (Cross Line (Heading))
एक पंक्ति में दिया गया ऐसा शीर्षक जो एक से अधिक स्तम्भों (कॉलमों) में फैला होता है और जिसके दोनों सिरे या तो ओर-छोर तक फैले हों या दोनों किनारों की स्तम्भ-रेखाओं को छूते हों :

निर्गुट सम्मेलन में दक्षिणी अफ्रीका को निन्दा

पार्चमेंट काग़ज़ (Parchment Paper)
चमड़े से बनाया गया काग़ज़।

पार्श्वशीर्षक (Marginal Heading)
किसी रचना में प्रतिपादित भिन्न-भिन्न पहलुओं को दर्शाने वाले वे उपशीर्षक जो सामग्री की बाईं ओर, अनुच्छेदारम्भ के साथ अलग रूप से उभरे रहते हैं। एक पहलू (पार्श्व/साइड) में होने के कारण ये पार्श्वशीर्षक कहलाते हैं।

पीत पत्रकारिता (Yellow Journalism)
यौन, बलात्कार, अपहरण, चरित्रहनन जैसे अश्लील कहे जा सकने वाले सनसनीदार समाचारों को महत्त्व देने की प्रवृत्ति। इसका उद्देश्य किशोर और युवावय के पाठकों को आकृष्ट करना, किसी वर्ग विशेष में सनसनी पैदा करना और इन सबके माध्यम से अपने पत्र/पत्रिका की बिक्री बढ़ानी होती है।

पुनरावृत्त (Doublet)
एक ही संस्करण में असावधानीवश एक से अधिक बार मुद्रित समाचार।

पुनः पृष्ठ-योजन (Reimposition)
एक बार पृष्ठ-योजन हो जाने के बाद, लेखक/संपादक द्वारा सामग्री-परिवर्धन,

अध्याय, शीर्षक, उपशीर्षक/परिच्छेद, अनुच्छेद में परिवर्तन अथवा सज्जा की दृष्टि से नया निर्देश मिलने पर, पूर्वनियोजित पृष्ठों को बदलकर फिर से पृष्ठ-विन्यास करना।

पुन: प्रेषण (Re-Punch)
किसी कूट समाचार (कोड न्यूज़) को प्रेषित करने वाले केन्द्र से उसे दोबारा भेजना।

पुनर्प्लेटन (Re-Plate)
किसी ताज़े समाचार को सम्मिलित करने, अशुद्धि ठीक करने के लिए या किसी अन्य कारण-वश पृष्ठ की प्लेट या स्टीरियो को दोबारा बनाना।

पुनर्मुद्रण (Re-Print/Reprinting)
एक बार छप चुकी रचना/कृति को दोबारा छापना। अथवा मुद्रित पत्र/पत्रिका/पुस्तक/पत्रक आदि के कम पड़ जाने, समाप्त हो जाने अथवा त्रुटियाँ रह जाने की स्थिति में उसे दोबारा छापना।

पुनर्योजन (Reset)
मुद्रायोजित सामग्री में से, किसी कारण, कोई अक्षर, शब्द, पंक्ति या गेली अथवा पृष्ठ का कोई अंश कहीं से टूट या हट जाने पर अथवा लेखक/संपादक द्वारा निर्दिष्ट परिवर्तन के कारण मुद्राक्षरों को फिर से यथाक्रम लगाना।

पुनर्लेखक (Re-Writeman)
किसी समाचार को परिष्कृत रूप में अथवा दूरभाष/दूरमुद्रक द्वारा प्राप्त समाचार को व्यवस्थित और प्रकाशनीय रूप में दोबारा लिखने वाला व्यक्ति।

पुनर्लेखन (Re-Write)
(1) किसी समाचार को परिष्कृत रूप में दोबारा लिखना।
(2) दूरभाष/दूरमुद्रक द्वारा प्राप्त समाचार को व्यवस्थित और प्रकाशनीय रूप में फिर से लिखना।

पुस्तिका या पत्रकपुस्तिका (Booklet)
(1) पूरे आकार के छपे एक कागज को एक-दो या तीन मोड़ देकर बनाई गई चार-छः छोटे पृष्ठों की पुस्तिका जिसे आसानी से हाथ में लिया जा सकता है।

(2) सीमित पृष्ठों वाली, छोटे आकार की पुस्तक, इसमें प्राय: किसी पुस्तक का सार संक्षेप, सभा-समारोह का सूचनात्मक विवरण, विशिष्ट विज्ञापन, तथ्यात्मक आँकड़ों का विवरण आदि होता है।

पूरक रंग (Complimentary Colour)
रंगीन चित्र/रेखाचित्र/फोटो आदि के मुद्रण में प्रयुक्त आधारिक रंग को मुखरित करने के लिए, सीमित अंशों में प्रयुक्त किया जाने वाला गौण रंग।

पूर्ण निष्पादित (All Up)
मुद्रण विभाग द्वारा पत्र के किसी एक संस्करण की समस्त पांडुलिपियाँ मुद्रायोजित हो चुकना।

पूर्ण पृष्ठ (Full Page)
पत्र-पत्रिका के आकार का पूरा पृष्ठ जिसकी लंबाई-चौड़ाई संबद्ध पत्र-पत्रिका के मान्य आकार के अनुरूप निर्धारित होती है। इस माप की आवश्यकता प्रायः विज्ञापन आदि के संदर्भ में होती है।

पूर्ण प्रेषित (All in Hand)
संपादकीय विभाग द्वारा समाचारपत्र के किसी एक संस्करण के लिए अभीष्ट, संपूर्ण पांडुलिपि मुद्रण विभाग को भेज चुकना।

पूर्णमाप (स्तंभ-माप) (Full Measure)
पत्र-पत्रिका के एक स्तंभ में मुद्रित सामग्री की निर्धारित लंबाई-चौड़ाई।

पृष्ठतल (Bottom of Page)
पृष्ठ का सबसे निचला भाग।

पृष्ठभूमि-लेख (BackGrounder)
किसी महत्त्वपूर्ण घटना/समाचार/समस्या आदि की अज्ञात पृष्ठभूमि को स्पष्ट करने के लिए लिखा गया जानकारीपूर्ण तथ्यात्मक लेख।

पृष्ठ प्रूफ (Page Proof)
गेली प्रूफ (दे० संबद्ध प्रविष्टि) के संशोधन के उपरांत मुद्रणीय सामग्री को पृष्ठों के आकार में काटकर, दोबारा जो प्रूफ उठाये जाते हैं उन्हें 'पृष्ठ प्रूफ' (पेज प्रूफ) कहते हैं।

पृष्ठमाप (Page Gauge)
पत्र/पत्रिका/पुस्तक के प्रतिपृष्ठ की लंबाई-चौड़ाई का अनुपात।

पृष्ठांक/पृष्ठशीर्ष (Folio)
पत्र-पत्रिका अथवा पुस्तक के प्रति पृष्ठ के ऊपरी सिरे पर पृष्टसंख्या तथा पत्र/पत्रिका/पुस्तक का नाम अथवा रचना-शीर्षक, अध्याय-शीर्षक आदि देना।

कभी केवल पृष्टसंख्या ही दी जाती है और कभी एक ओर पृष्ठसंख्या तथा दूसरी ओर पुस्तक, अध्याय आदि का शीर्षक रहता है।

पृष्ठ-योजन (Imposition)
चार, आठ, सोलह या अधिक पृष्ठों को एक फर्मे में कसते समय पृष्ठों का क्रम इस प्रकार लगाना कि मुद्रित फर्मा मोड़ने पर पृष्ठसंख्या क्रमानुसार आ जाय। यथा, अठपेजी फर्मे का पृष्ठ-योजन इस प्रकार होगा :

1—8
2—7
3—6
4—5

पृष्ठविन्यास/पृष्ठसज्जा/साजसज्जा (Make-Up)
मुद्रणीय सामग्री की मुद्रायोजित (कंपोज) गेली को प्रूफ-संशोधन के उपरांत अभीष्ट आकार के पृष्ठों में बाँटकर, पृष्ठशीर्ष (फोलियो), शीर्षक-उपशीर्षक आदि सजाकर, छपने-योग्य स्थिति में तैयार करना।

पृष्ठ-सज्जाकार (Make-Up Man)
मुद्रणीय सामग्री की मुद्रायोजित (कंपोज) गेली को अभीष्ट आकार के पृष्ठों में बाँटकर, पृष्ठशीर्ष (फोलियो), शीर्षक-उपशीर्षक आदि से सजाकर, छपने योग्य स्थिति में तैयार करने वाला वरिष्ठमुद्रायोजक (कंपोजीटर)।

इसे 'अधिकर्मी' या 'फ़ोरमैन' भी कहते हैं।

पृष्ठांकन (Paging/Pagination)
पांडुलिपि/मुद्रणीय सामग्री के प्रति पृष्ठ पर क्रमसंख्या अंकित करना।

प्रकाशक (Publisher)
पत्र-पत्रिका, पुस्तक आदि के मुद्रण-हेतु सभी प्रकार की व्यवस्था करने वाला व्यक्ति/संस्थान/करने वाली संस्था आदि। पांडुलिपि प्राप्त करने से लेकर उसे अभीष्ट आकार में छपवाना, जिल्द-बंदी कराना और उसके विक्रय-वितरण की व्यवस्था—यह सब-कुछ 'प्रकाशक' का कार्य है।

प्रकाशन (Publication)
अभीष्ट रूपाकार (पत्र-पत्रिका, पुस्तक आदि) में अभीष्ट सामग्री को छपवा कर उपलब्ध कराना।

प्रकाशन-अनुमति (Release)
किसी सूचना, समाचार, मुद्रणीय पृष्ठ अथवा पत्र आदि को प्रकाशित करने की अनुमति प्रदान करना। यथा : (1) वायुसेना के विमान की दुर्घटना के समा-

चार की 'प्रकाशन-अनुमति' चार दिन बाद दी गयी। (यह समाचार चार दिन बाद 'रिलीज' किया गया।) (2) मैंने तो उस संपादकीय के प्रूफ पढ़ दिये थे किंतु प्रधान संपादक ने उसे 'प्रकाशन-अनुमति' प्रदान नहीं की (उसे 'रिलीज' नहीं किया)।

प्रकाशन विभाग (Publication Division)
सरकार का वह विभाग जो अभीष्ट रूपाकार में पत्र-पत्रिकाएँ, पुस्तकें, चित्र, मानचित्र आदि छपवाने और उनके विक्रय-वितरण आदि की व्यवस्था करता है। यह विभाग प्रायः सूचना एवं प्रसार मंत्रालय के अंतर्गत कार्य करता है।

कई बड़े औद्योगिक संस्थानों, धार्मिक, राजनैतिक या सामाजिक-सांस्कृतिक संगठनों के भी अपने 'प्रकाशन-विभाग' होते हैं।

प्रकाशन स्थान (Publication Place)
जिस नगर से पत्र-पत्रिका, पुस्तक आदि छपवाकर प्रकट की जाये। हर पत्र-पत्रिका में प्रकाशन-स्थान देना कानूनी तौर पर अनिवार्य है।

प्रकाशित (Published)
जिसका प्रकाशन हो चुका हो।

प्रकाशनीय, प्रकाश्य (Worth Publishing)
प्रकाशित करने योग्य।

प्रकीर्ण (Miscellaneous)
विविध विषयों से संबंधित फुटकर लेख-सामग्री।

प्रकीर्ण पत्र/पत्रिकाएँ (Miscellaneous Papers)
सर्व सामान्य की रुचि की पत्र-पत्रिकाओं के अतिरिक्त, किसी विशिष्ट उद्देश्य से निकलने वाले विशिष्ट विषय से संबद्ध पत्र/निकलने वाली पत्रिकाएँ। यथा : शोध पत्रिका, समीक्षा पत्र, राजनैतिक स्तरीय पत्रिका, किसी औद्योगिक संस्थान की पत्रिका आदि।

प्रकृत फोटो (Candid Photograph)
अति सुस्पष्ट फोटो जिसमें किसी व्यक्ति/वस्तु/परिदृश्य की सूक्ष्मतर रेखाएं भी यथावत् दृष्टिगत हों।

प्रचार (Publicity)
अभीष्ट तथ्यों, वस्तुओं, मुद्दों की सर्वसामान्य या वर्ग-विशेष को ज्ञानकारी कराने की प्रभावी प्रक्रिया। मुनादी, पत्रक, विज्ञापन, लेख, भाषण, पोस्टर

आदि कोई भी साधन प्रचार के लिए अपनाया जा सकता है। अभीष्ट दृष्टिकोण या कथ्य से जनता को अवगत कराना इसका उद्देश्य है।

प्रचार अधिकारी (Publicity Officer, P. O.)
सरकारी, अर्द्ध-सरकारी या गैर-सरकारी संस्थाओं/संस्थानों अथवा पत्र-पत्रिकाओं के कार्यालयों में संबद्ध, संस्था/संस्थान/पत्र-पत्रिका में रुचि व आकर्षण पैदा करने के उद्देश्य से चल रहे प्रचार-कार्य की योजना/देखभाल/सुचारु कार्य-प्रक्रिया के लिए उत्तरदायी प्रमुख पदाधिकारी।

प्रचार-अभिकर्त्ता (Publicity Agent)
किसी (संस्था, संगठन, दल, संस्थान आदि) की ओर से (शुल्क लेकर या नि:शुल्क) उसके अभीष्ट तथ्यों का प्रचार करने वाला।

प्रचारक (Publiciser)
प्रचार-कार्य में संलग्न व्यक्ति।

प्रचार प्रबंधक (Publicity Manager, P. M.)
सरकारी, अर्द्ध-सरकारी या गैर-सरकारी संस्थाओं/संस्थानों अथवा पत्र-पत्रिका के कार्यालयों में संबद्ध संस्था/पत्र-पत्रिका की गतिविधियों/विशेषताओं के प्रति जनसामान्य/ग्राहकों में रुचि व आकर्षण पैदा करने के उद्देश्य से चलने वाले प्रचार-कार्यों की योजना/देखभाल/सुचारु कार्य-प्रक्रिया के लिए उत्तरदायी अधिकारी। प्रचार-संबंधी सभी मामलों की देखभाल/व्यवस्था इसका कार्य है।

प्रचारित (Publicised)
सर्वसामान्य की जानकारी के लिए जिसे फैलाया गया हो/प्रस्तुत किया गया हो/अवगत कराया गया हो।

प्रतिशीर्षक (Cross Heading)
मुख्य शीर्षक के अंतर्गत दी गयी सामग्री के विभिन्न पहलुओं को उजागर करने वाले, बीच-बीच में दिये गये अन्य सहशीर्षक या उपशीर्षक। (देखिए : संबद्ध प्रविष्टियाँ)

प्रतिषेध (Embargo)
प्रकाशनार्थ दिये समाचार को एक निश्चित तिथि/समय से पूर्व प्रकाशित न करने का आदेश।

प्रतिसंदर्भ (Cross Reference)
किसी कथन/तथ्य की प्रामाणिकता के लिए अन्यान्य उल्लिखित संदर्भ।

प्रतीकात्मक रेखायन (Symbolic Drawing)
पूर्णाकृति-रहित, केवल आभासी बिंदुओं या रेखिकाओं द्वारा किसी वस्तु/व्यक्ति/परिदृश्य का संकेतक रेखायन।

प्रत्याशित समाचार (Expected News)
जिस समाचार/घटना की पहले से आशा और प्रतीक्षा हो। संसद की कार्रवाई, विभिन्न संगठनों के पूर्व घोषित सम्मेलनों-अधिवेशनों, खेल-प्रतियोगिताओं, सांस्कृतिक कार्यक्रमों, पत्रकार-सम्मेलनों आदि से संबंधित समाचार इसी (प्रत्याशित) कोटि के होते हैं।

प्रदर्शन वातायन (Show Window)
(1) समाचार पत्रों के प्रथम पृष्ठ का प्रदर्शन स्थान; पत्र-कार्यालय के प्रांगण में अथवा बाहर लकड़ी और शीशे के बड़े साँचे में मुख्य-पत्र और सहायक प्रकाशनों के मुखपृष्ठ पाठकों को आकृष्ट करने के लिए लगा दिये जाते हैं।

(2) प्रायः समाचार-पत्रों के कार्यालय के बाहर, काफी ऊँचाई पर ऐसे विशाल पट्ट लगा दिये जाते हैं जहाँ नवीनतम समाचारों की तड़ित् झलक प्रस्तुत की जाती रहती है। उन्हें भी प्रदर्शन वातायन कहते हैं। कहीं-कहीं नियोन लाइट द्वारा नवीनतम समाचारों की झलक प्रस्तुत की जाती है।

प्रधान उपसंपादक (Chief Sub-Editor)
पत्र के विभिन्न उपसंपादकों में वरिष्ठ। यही पत्र-पत्रिका का वास्तविक सर्जक, निर्माता या वास्तुकार होता है। सभी प्रकार के समाचारों/लेखों आदि की प्राप्ति, उनमें से प्रकाशनीय अंश का चयन, उनकी काट-छाँट, भाषा-शैली-संबंधी परिमार्जन, स्थान-निर्धारण, चित्र निर्णय, शीर्षक-सज्जा आदि कार्य इसके दायित्व हैं।

प्रधान संपादक (Chief Editor, Editor-In-Chief)
बड़े (अधिक प्रसार संख्या वाले) पत्रों या पत्रिकाओं के संपादकीय विभाग में सर्वप्रमुख। अन्य सहसंपादक, उपसंपादक आदि इसी के निर्देशानुसार कार्य करते हैं। संपादकीय नीति का निर्धारण, पत्र के अन्य विभागों का निरीक्षण भी इसी के जिम्मे रहता है। पत्र-पत्रिका में प्रकाशित सामग्री के लिए यही उत्तर-दायी होता है। इसी का नाम मुद्रण-रेखा में छपता है।

प्रबंधक/व्यवस्थापक (Manager)
पत्र-पत्रिका संबंधी संपूर्ण कार्य-कलाप का निरीक्षण और संपादन, मुद्रण, प्रकाशन आदि के लिए अपेक्षित सभी प्रकार की सामग्री का प्रबंध करने वाला

वरिष्ठ कार्मिक। संपादन, मुद्रण और विज्ञापन आदि विभागों की समग्र रूप से देखभाल इसी के जिम्मे होती है।

प्रबंध निदेशक (Managing Director, M. D.)
बड़े पत्र-समूह-संस्थानों तथा अन्य निदेशालयों/कंपनियों/बैंकों/बड़े औद्योगिक संस्थानों की सभी प्रकार की व्यवस्था का समग्र निरीक्षण, निर्देशन आदि करने वाला सर्वोच्च पदाधिकारी।

प्रबंध विभाग (Management Department)
पत्र-कार्यालय से संबद्ध एक प्रमुख और महत्त्वपूर्ण विभाग जो संपादन के सिवा अन्य संपूर्ण व्यवस्था का उत्तरदायी होता है। पत्र-पत्रिका के प्रसार, विज्ञापन, वित्त-संबंधी विभिन्न व्यवस्थाएँ, कागज़ आदि की व्यवस्था यही करता है। इसका सर्वोच्च पदाधिकारी महाप्रबंधक होता है जिसके अधीनस्थ विज्ञापन प्रबंधक, प्रसार प्रबंधक और कार्यालय प्रबंधक आदि कार्य करते हैं। (देखिए: संबद्ध प्रविष्टियाँ)

प्रबंध संपादक (Managing Editor)
बड़े (अधिक प्रसार संख्या वाले) पत्र-पत्रिकाओं में संपादन, मुद्रण और व्यवस्था नामक तीनों विभागों में समन्वय रखने वाला वरिष्ठ व्यक्ति। पत्र के लिए कागज, मुद्रण आदि की व्यवस्था के अतिरिक्त अन्य कर्मचारियों के कार्य की समीक्षा भी इसी का दायित्व है। यह विज्ञापन एवं वितरण-प्रभाग की देख-भाल भी करता है।

प्रभाववादी लेखन (Impressionist Writing)
पक्ष विशेष के अनुकूल किये जाने वाला लेखन।

प्रमुख/वरिष्ठ/संवाददाता (Senior (Correspondent/Reporter) S. C.)
सामान्य संवाददाताओं की अपेक्षा कुछ वरिष्ठ एवं प्रधान (मुख्य) संवाद-दाता।

प्रसार (Circulation)
वितरण-विक्रय आदि की दृष्टि से पत्र-पत्रिका का विस्तार।

प्रसारण (Broadcasting)
अभीष्ट सामग्री का ध्वनि-विस्तार के माध्यम से दूरस्थ श्रोताओं तक संप्रेषण। आकाशवाणी और दूरदर्शन इसके प्रमुख एवं सबल साधन हैं।

प्रसार प्रबंधक, प्रसार व्यवस्थापक (Circulation Manager)
प्रसार-विभाग का प्रभारी वरिष्ठ अधिकारी। पत्र-पत्रिका के विक्रय और

वितरण आदि की समुचित व्यवस्था, प्रसार-संख्या बढ़ाने के उपाय, पत्र-विक्रेताओं (हॉकरों) और अभिकर्ताओं (एजेंटों) की नियुक्ति आदि की देखभाल यही करता है।

प्रसार-प्रभाग (Circulation Division)
वितरण और विक्रय की दृष्टि से पत्र-पत्रिका के विस्तार का प्रयत्न, निरीक्षण और प्रबंध करने वाला विभाग। पत्र-अभिकर्त्ताओं (एजेंटों) की नियुक्ति, उनसे संपर्क और उनकी सुविधाओं का ध्यान रखना इस प्रभाग का कार्य है। पत्र-पत्रिका की प्रसार-संख्या बढ़ाने के लिए यह प्रभाग सदा प्रयत्नशील रहता है।

प्रसार संख्या (Circulation Number)
विक्रय और वितरण के रूप में लगने वाली पत्र-पत्रिकाओं की कुल संख्या। किसी पत्र-पत्रिका की मुद्रित संख्या अधिक हो सकती है, किंतु प्रसार-संख्या केवल उसकी उन प्रतियों की गिनती की सूचक है जो वास्तव में बिकती या वितरित होती हैं।

प्रसारसंख्या गणन संस्थान (A. B. C., Audit Bureau of Circulation)
सन् 1949 ई० में स्थापित वह मानक संस्थान जो भारत भर में प्रकाशित होने वाले पत्रों/पत्रिकाओं की प्रसार संख्या की विश्वसनीय सूचनाएँ संकलित करता है। वर्ष में दो बार इसका प्रतिवेदन सर्वसाधारण के सूचनार्थ प्रस्तुत किया जाता है।

प्रसारित (Broadcast)
(1) आकाशवाणी या दूरदर्शन से प्रस्तुत, (2) मौखिक भाषण, ध्वनि-विस्तारक अथवा मुद्रित पत्रक, पत्र-पत्रिकाओं, पुस्तकों आदि द्वारा दूर-दूर तक संप्रेषित-संचारित।

प्रस्तुतीकरण (समाचार) (Display (News))
विभिन्न स्रोतों और माध्यमों से प्राप्त सूचनाओं, समाचारों, घटनाओं और विचारों आदि को सर्वसामान्य-हेतु ज्ञातव्य रूप में मुद्रणार्थ और प्रकाशनार्थ संकलित, संयोजित, लिपिबद्ध, संशोधित तथा व्यवस्थित करके पत्र-पत्रिका में प्रस्तुत करना। इसके अंतर्गत समाचार-संकलन से लेकर मुद्रण-प्रकाशन तक की समग्र प्रक्रिया समाहित है जिसमें चयन, अनुवाद, काट-छाँट, शीर्षक-उपशीर्षक निर्धारण, आमुख-व्याख्यादि लेखन, स्थान-निर्धारण, पृष्ठसज्जा, मुद्रण-सज्जा आदि सब कुछ समाविष्ट है।

प्रायोजित परिशिष्ट विज्ञापन (Sponsered Appendix Advertisement)
विभिन्न संगठनों (सरकारी, गैर-सरकारी, औद्योगिक, राजनैतिक आदि) द्वारा निजी प्रचार-हेतु पत्र-पत्रिकाओं में (शुल्क देकर) प्रकाशित ऐसी रोचक एवं पठनीय सामग्री जो अपने-आप में स्वतंत्र साहित्यिक रचना होती है और जिसके प्रायोजक केवल उसके प्रायोजन के श्रेय के रूप में अपनी ख्याति का उद्देश्य सिद्ध करते हैं।

प्रायोजित कार्यक्रम (Sponsered Programme)
आकाशवाणी या दूरदर्शन से प्रसारित ऐसे कार्यक्रम जिनके लिए इच्छुक संस्थान शुल्क देते हैं। ये कार्यक्रम अपने-आपमें स्वतंत्र और रोचक साहित्यिक कोटि के होते हैं और इनके प्रायोजक केवल इनके प्रायोजन के श्रेय के रूप में अपना विज्ञापन करते हैं। कुछ प्रायोजित कार्यक्रमों के आरंभ, मध्य और अंत में प्रायोजक के उत्पाद, विचार अथवा उसकी अभीष्ट विज्ञापित सामग्री के प्रसारण का प्रावधान भी होता है।

प्रारूप, पूर्वरूप, आरूप (Dummy/Lay Out)
पत्र-पत्रिका या पुस्तक के प्रकाशनीय पृष्ठ या भाग-विशेष का वह खाका जिसमें शीर्षक, स्तंभानुसार सामग्री, चित्र, विज्ञापन आदि व्यवस्थित रूप से यथास्थान संयोजित कर दिये जाते हैं। इसी के अनुसार प्रति पृष्ठ छापा जाता है। इस प्रकार की पूरी रूपरेखा को 'ले आउट' (Lay Out) भी कहते हैं। इसकी दो विधियाँ हैं: (1) कागज़ पर पहले ही खाका बनाकर तदनुसार सामग्री मुद्रणालय में दी जाती है; (2) कंपोज़ की गयी सामग्री को यथेष्ट क्रम एवं स्थान के अनुसार लगाकर, पृष्ठानुकूल प्रारूप तैयार किया जाता है।

प्रूफ़ (Proof)
मुद्रणीय सामग्री के मुद्रायोजित (कंपोज किये गये) प्रारूप की पहली (कच्ची) छाप, जिसे देखकर अशुद्धियों का निर्देश किया जाता है।

प्रूफ-संशोधक (Proof Reader)
प्रकाशनीय सामग्री के मुद्रायोजित (कंपोज किये गये) प्रारूप की पहली (कच्ची) छाप को देखकर अशुद्धियों का निर्देश करने वाला व्यक्ति। यह मूल पांडुलिपि से मुद्रायोजित प्रारूप का अक्षरश: मिलान करके देखता है कि कहीं कोई त्रुटि या असंगति तो नहीं। ऐसा होने पर वह त्रुटियों और असंगतियों को चिह्नित कर, यथोचित संशोधन का निर्देश देता है और पुन: प्रूफ़ मँगवा कर देखता है कि निर्देशानुसार संशोधन हुए हैं या नहीं। उसकी संतुष्टि होने पर ही लेखक/संपादक/प्रकाशक द्वारा सामग्री का मुद्रणादेश (प्रिंट आर्डर) दिया जाता है।

प्रूफ़-संशोधन (Proof Reading)
मुद्रणीय सामग्री के मुद्रायोजित (कंपोज़ किये गये) प्रारूप की पहली (कच्ची) छाप को मूल पांडुलिपि से मिलाकर भासित होने वाली त्रुटियों, असंगतियों, या अशुद्धियों को सुधार हेतु चिह्नित करना। (विस्तृत विवरण के लिए देखिए : परिशिष्ट-4)

प्रेत लेखक (Ghost Writer)
किसी अन्य के लिए लिखने वाला अनाम व्यक्ति।

प्रेस (Press)
(1) मुद्रणालय (देखिए : संबद्ध प्रविष्टि)
(2) समाचार पत्र : 'भारत में **प्रेस** को पूर्णत: अभिव्यक्ति-स्वातंत्र्य प्राप्त है।'
(3) समग्र पत्र-जगत् : 'जन-जागरण में **प्रेस** का योगदान उपेक्षणीय नहीं।'
(4) पत्रकारिता से संबंधित प्रक्रिया-चक्र :

(क) प्रेसमैन (पत्रकार) कहीं भी जा-आ सकते हैं। (ख) प्रेस-कानूनों की जानकारी हर पत्रकार के लिए आवश्यक है।

प्रेस अधीक्षक (Press Superintendent, P. S.)
मुद्रणालय और उससे संबद्ध अन्य संभागों के समस्त कार्य-कलाप की निगहबानी करने वाला पदाधिकारी।

प्रेस आयोग (Press Commission)
सन् 1952 में भारत सरकार द्वारा स्थापित आयोग, जिसने 1954 में प्रस्तुत अपने प्रतिवेदन में एक स्थायी प्रेस परिषद् (देखिए : संबद्ध प्रविष्टि) की स्थापना के अतिरिक्त 17 सूत्री आचार-संहिता की सिफारिश की। (देखिए : आचार संहिता)

प्रेस-तार (Press Telegram)
पत्र-पत्रिकाओं, समाचार-एजेंसियों, आकाशवाणी, दूरदर्शन आदि द्वारा या इनके लिए प्रेषित तार। इन्हें विशेष वरीयता दी जाती है और इनके लिए शुल्क-संबंधी कुछ सुविधाएँ भी प्राप्त हैं।

प्रेस परिषद् (Press Council)
सन् 1952 में स्थापित प्रेस आयोग के सुझाव पर 1965 में गठित एक स्वायत्त अधिकार संपन्न संस्था, जिसमें अध्यक्ष के अतिरिक्त 28 सदस्य होते हैं। संपादक एवं कार्यरत पत्रकार 13; प्रेस के व्यवस्थापक 6; समाचार

समिति 1; शिक्षा, विज्ञान, विधि से मनोनीत 3; संसद-सदस्य 5=28।

यह पत्रजगत् से संबंधित सभी मामलों की सुनवाई करके अपना निर्णय देती है जो संबद्ध व्यक्तियों/पत्रों तथा सरकार—दोनों के लिए मान्य होता है। इसे दीवानी अदालत के अधिकार प्राप्त होते हैं, जैसे—समन जारी करना, साक्ष्य के लिए बुलवाना, तलाशी का आदेश आदि।

इसे प्रतिवर्ष अथवा छमाही अपना प्रतिवेदन संसद के सामने प्रस्तुत करना होता है।

प्रेस रजिस्ट्रार रिपोर्ट/प्रेस पंजीयक प्रतिवेदन
(Press Registrar Report, P. R. R.)
सरकार की ओर से नियुक्त समाचारपत्र एवं पुस्तक पंजीयक द्वारा प्रस्तुत वह नियमित वार्षिक अथवा अर्द्धवार्षिक प्रतिवेदन, जिसमें उस अवधि में मुद्रित-प्रकाशित पत्र-पत्रिकाओं/पुस्तकों का भाषावार और क्षेत्रानुसार विवरण रहता है। इस प्रतिवेदन में हर भाषा और हर क्षेत्र के पत्रों/पत्रिकाओं की वर्गीकृत (दैनिक, साप्ताहिक, पाक्षिक, मासिक आदि) जानकारी भी रहती है।

प्रोसेस डिपार्टमेंट (Process Department)
जहाँ छायाचित्रों, रेखाचित्रों आदि को एचिंग और हाफटोन (ब्लाकों) में परिवर्तित करने की प्रक्रिया चलती रहती है।

प्लेट (Plate)
धातु-निर्मित वह अर्द्धगोलाकार ढाँचा जिस पर रोटरी प्रेस की छपाई के लिए तैयार मुद्रणीय सामग्री का मुद्रायोजित प्रारूप फ्लांग के माध्यम से अंकित कर लिया जाता है।

प्लेटन, ट्रेडल (मशीन) (Platen, Tradel (Machine))
वह मुद्रण-यंत्र जिसमें मुद्रायोजित (कंपोज) सामग्री का फर्मा (लोहे का फ्रेम) इस प्रकार कस दिया जाता है कि ऊपर लगे स्याही के बेलन उसे गीला कर देते हैं और आगे-पीछे/ऊपर-नीचे होता ट्रेडल उस सामग्री की छाप कागज पर लेता रहता है।

फ

फर्मा (Form)
मुद्रायोजन और प्रूफ-संशोधन के उपरांत, अभीष्ट आकार के साँचे (चेस) में मुद्रणार्थ कसी हुई सामग्री। मुद्रणयंत्र की क्षमता अथवा मुद्रणीय सामग्री के अनुपात के अनुसार चार, आठ, सोलह आदि पृष्ठों का एक फर्मा कसा जाता है। जॉब प्रेस में केवल एक या दो पृष्ठ का फर्मा भी हो सकता है।

फर्मा-पटल (Stone)
मुद्रायोजित सामग्री के पृष्ठों को फर्मा-बंधन के लिए निर्धारित समतल और ठोस शिला अथवा धातुनिर्मित मेज।

फॉण्ट (Font)
किसी वर्णमाला के एक ही रूपाकार के धातु-ढले मुद्राक्षरों का समग्र समुच्चय, यथा: हिंदी (देवनागरी)-वर्णमाला के एक पूरे फॉण्ट में 450 मुद्रणाक्षर होते हैं।

फिल्म पत्रकारिता (Cine Journalism)
केवल चलचित्रों और उनसे संबद्ध विषयों/व्यक्तियों पर आधारित सामग्री का संकलन, संपादन, प्रकाशन, समीक्षा, समालोचन, विवेचन-विश्लेषण आदि।

फिल्म प्रभाग (Film Division, F. D.)
भारत सरकार के सूचना एवं प्रसार मंत्रालय के अंतर्गत वृत्तचित्र, सूचना-चित्र आदि फिल्म-निर्माण करने तथा निजी क्षेत्र में निर्मित कथाचित्रों तथा वृत्तचित्रों आदि को प्रसारण-हेतु प्रमाणपत्र जारी करने में सक्षम प्रभाग।

फिल्म संवाददाता (Cine Correspondent)
केवल चलचित्रों या उनसे संबद्ध विषयों या व्यक्तियों पर आधारित सामग्री का संकलन, विवेचन करने वाला संवाददाता। चलचित्रों की समीक्षा और सिने-कलाकारों, निर्माताओं, संगीतकारों, निर्देशकों आदि से भेंट-वार्त्ता आदि भी इसी का कार्य है।

फिल्म संपादक (Cine-Editor)
केवल चलचित्रों और उनसे संबद्ध विषयों या व्यक्तियों पर आधारित सामग्री प्रकाशित करने वाले पत्र/वाली पत्रिका का संपादक।

फिल्म-सैटिंग (Film Setting)
मुद्रणीय सामग्री का मुद्रणार्थ प्रारूप समायोजित करने की एक अभिनव वैज्ञानिक प्रणाली। इसमें धातु-ढले मुद्रणाक्षरों का प्रयोग किये बिना, टंकण द्वारा फिल्म-रील (सेलूलॉइड-पट्टी) पर अक्षर कंपोज (अंकित) करके छपाई की जाती है।

इस कंपोजिंग-प्रणाली के दो रूप हैं :

(1) मोनो फोटो और इंटरटाइप सैटिंग, (2) लाइनो फिल्म और फोटेन लूमी टाइप।

('मोनो' और 'लाइनो' कंपोजिंग के लिए देखिए : संबद्ध प्रविष्टियाँ।)

फीचर, वृत्त (Feature)
किसी रोचक विषय पर लालित्यपूर्ण शैली में लिखा गया ऐसा लेख जिसका आधार कोई व्यक्ति विशेष, समाचार विशेष, सामयिक मुद्दा विशेष अथवा मौसम भी हो सकता है : (1) **आज जिनकी चर्चा है,** (2) Man Who Matters, (3) **पंजाब : किधर और क्यों ?** (4) **निर्गुट शिखर सम्मेलन और उसके बाद** (5) **वर्षा : वरदान भी अभिशाप भी,** इत्यादि।

फीचर सिंडीकेट (Feature Syndicate)
समाचार एजेंसियों अथवा पत्रकारिता से संबद्ध संस्थाओं द्वारा पत्र-पत्रिकाओं, आकाशवाणी, दूरदर्शन आदि को नियमित रूप से सामयिक विषयों, मुद्दों और विशिष्ट व्यक्तियों आदि से संबंधित रोचक-ललित लेखमाला या चित्रमाला (फीचर) भेजते रहने के लिए गठित विशेष प्रभाग या प्रकोष्ठ। इसके द्वारा समयानुसार और प्रसंगानुसार लेख, चित्र, मानचित्र, व्यंग्यचित्र आदि सस्ती दर पर नियमित रूप से सुलभ कराये जाते हैं। पत्र-पत्रिकाएँ, आकाशवाणी, दूरदर्शन आदि से इसका सर्वाधिक अनुबंध रहता है।

फेसीमाइल/अनुलिपि (Fascimile)
संदेश-प्रेषण का एक आधुनिक संचार-माध्यम जिसके द्वारा एक छोर से प्रेषित संदेश रेडियो-तरंगों की सहायता से दूसरे छोर तक पहुँचकर स्वत: मुद्रित हो जाते हैं।

फेदरवेट (कागज़) (Feather Weight)
छपाई का एक विशेष कागज जो फूला हुआ होने के कारण पुस्तक आदि की मोटाई बढ़ा देता है किन्तु यह वज़न में बहुत हल्का होता है।

फोटो अक्षर-मुद्रण (Photo Typography)
मुद्रायोजित अक्षरों को फोटोस्टेट प्रणाली से छापना।

फोटो अक्षर-मुद्रण-यंत्र (Alphatype Printer)
मुद्रायोजित अक्षरों की फोटो के समान छपाई करने वाली मशीन।

फोटो अक्षरयोजन पद्धति (Alphatype)
टंकण पद्धति द्वारा अक्षरों का फोटो के समान अंकन।

फोटो ग्रेव्युर (Photo Gravure)
मुद्रण की नई पद्धति। इसकी मुद्रणप्लेट हाफटोन की तरह उभरी हुई न होकर, गड्ढेदार होती है, अर्थात् मुद्रण-तल खुदा हुआ या नीचा होता है। इस खुदे हुए भाग में स्याही भरती है और बाद में कागज पर इसकी छाप (इंप्रेशन) उठा ली जाती है। इस प्रकार निचले भागों में भरी हुई स्याही के अक्षर ही छपते हैं। इसमें फोटोग्राफी तथा (उत्कीर्ण) इंटेग्लियो मुद्रण-प्रणाली—दोनों का मिश्रण होने के कारण यह प्रणाली 'फोटो ग्रेव्युर' कहलाती है।

फोटो पत्रकारिता (Photo Journalism)
पत्रकारिता से संबंधित फोटोग्राफी करने की वृत्ति। विभिन्न समाचारों, लेखों एवं अन्य रचनाओं से संबंधित सही कोण से, सही अवसर पर फोटो लेना, उनसे अभीष्ट आकार के ब्लॉक तैयार करना, पत्र-पत्रिकाओं में तदनुसार साज-सज्जा करना आदि इसके अंतर्गत आते हैं।

फोटो प्रभाग (Photo Division)
आकाशवाणी, दूरदर्शन, विभिन्न पत्र-पत्रिकाओं तथा कुछ अन्य सरकारी, गैर-सरकारी, अर्द्धसरकारी संस्थानों द्वारा गठित एक विशिष्ट प्रभाग, जो अभीष्ट फोटो खींचने, उनकी प्रतिलिपियाँ तैयार करने तथा उन्हें संबद्ध संचार-माध्यमों के लिए प्रकाशनार्थ प्रसारित करने का दायित्व निभाता है।

फोटो लिथोग्राफी (Photo Lithography)
फोटोग्राफी और लिथोग्राफी—दोनों के समन्वित संयोजन से विकसित मुद्रण-पद्धति। इसी का एक रूप आफसेट-मुद्रण कहा जा सकता है। इसमें छपाई के लिए रोटरी मशीनों का प्रयोग होता है। इसमें मुद्रण-तल उठा हुआ रहता है।

ब

बगली सिलाई (Side Stitching)
मुद्रित कागज़ों को एक किनारे पर सीना।

बड़े पत्र (Big Newspapers)
जिन पत्रों/पत्रिकाओं की प्रसार-संख्या 50 हजार से अधिक हो।

बत्तीसवाँ भाग (Thirty Two Mo)
अभीष्ट आकार के कागज का बत्तीसवाँ भाग।

बांड कागज (Bond Paper)
कागज का एक विशेष प्रकार, जो वजन में हल्का होते हुए भी बहुत मजबूत, चिकना तथा उजला होता है।

बायाँ पृष्ठ (Verso)
पत्र/पत्रिका/पुस्तक खोलने पर जो पृष्ठ हमारे बायीं ओर रहता है।

बासी समाचार (Stale News)
वह समाचार जो अपेक्षित समय पर, अपेक्षित संस्करण में मुद्रणार्थ सम्मिलित न किया जा सकने के कारण महत्त्वहीन हो गया हो।

बिंदु रेखिका (Dotted Rule)
मुद्रित सामग्री के मध्य रिक्त छोड़े गये पूरणीय अथवा कर्तनीय स्थान की सूचक बिंदु-रेखा। जैसे—

(क) नाम..............................आयु..........
पता..
....
....

(ख)......................यहाँ से काटिए............

बेलन सिलिंडर (Cylinder)
मुद्रायोजित सामग्री के साँचे पर एक-सी स्याही लगाने तथा मुद्रणीय कागज पर दाब देने के लिए मुद्रण-यंत्र में लगा ठोस रबड़ का बेलन।

बेलन मुद्रण-यंत्र/सिलिंडर मशीन (Cylinder Press)
मुद्रयोजित सामग्री पर रखे कागजों पर दाब देने वाले बेलन से युक्त छपाई-मशीन। इससे बेलन के दोनों सिरों पर छाप को नियंत्रित करने वाले (इम्प्रेशन बीयर) लगे रहते हैं। बेलन के हर चक्कर के साथ, स्वचालित यंत्रों द्वारा कागज छपता और हटता रहता है।

बेहाशिया मुद्रण (Flush Printing)
मुद्रणीय कागज पर ऊपर-नीचे, दायें-बायें अथवा बीच में कोई भी अमुद्रित स्थान न छोड़ना।

बैंक (Bank)
किसी समाचार पर एक से अधिक लगाये गये शीर्षकों में प्रत्येक शीर्षक को बैंक कहते हैं।

ब्रेल पत्रकारिता (Brail Journalism)
दृष्टिहीनों के लिए विशेष रूप से बनायी गयी, उभरे हुए अक्षरों वाली, ब्रेल लिपि में समाचार-सूचनाएँ प्रस्तुत करना, लेख-कहानी आदि छापना, अन्य सभी प्रकार का संपादन-कार्य करना।

ब्लॉक (Block)
चित्र, छायाचित्र, रेखाचित्र आदि में अंकित आकृति को रासायनिक प्रक्रिया द्वारा ताम्रपत्र (ताँबे की प्लेट) पर उभारकर मुद्रणार्थ बनाया गया साँचा जिसे मुद्रणाक्षरों की ऊँचाई के आकार के काष्ठखंडों पर बारीक कीलों से मढ़ दिया जाता है। जिस आकार का चित्र/फोटो आदि छापना हो उसी आकार का ब्लॉक बनाकर मुद्रायोजित (कंपोज़ की गयी) सामग्री के बीच उसी आकार का ब्लॉक बनाकर लगा दिया जाता है।

ब्लॉक तीन प्रकार के बनाये जाते हैं : (1) **लाइन ब्लॉक**— जिसमें मुद्रणीय रेखाएँ उभरी रहती है। इसमें छाया-प्रकाश के स्तर एक साथ नहीं दिखाये जा सकते। (2) **हाफटोन ब्लॉक**—जिसमें फोटो में अंकित संपूर्ण आकृति-तल उभार कर जाली (स्क्रीन) की सहायता से मुद्रण-योग्य बना दिया जाता है। इसमें छाया-प्रकाश-तल (हल्के गहरे शेड्स) सामान्यतः मुद्रित हो सकते हैं। (3) **लाइन हाफटोन ब्लॉक**—जिसमें कुछ भाग लाइन ब्लॉक की पद्धति पर, उभरी हुई रेखाओं वाला और कुछ भाग फोटो के छाया-प्रकाश-तलों को समान रूप से

अंकित करने वाला होता है। इनका निर्माण विशेष रूप से बनाये गये चित्रों से ही होता है।

ब्लॉक-मुद्रण (Block Printing)
जिस छपाई में सारी सामग्री (अक्षर, चित्र, शीर्षक आदि) के ब्लॉक (देखिए, संबद्ध प्रविष्टि) बनवाकर प्रयोग में लाये जाते हैं। प्रायः विज्ञापन, लेबल, डिब्बे-डिब्बियों आदि के आवरण ब्लॉक-मुद्रण द्वारा ही तैयार किये जाते हैं।

भ

भंगिमा (Slant)
किसी समाचार को किसी विशेष नीति, मत या उद्देश्य के अनुसार ढालना।

भरक रूला (Feeder Roller)
मुद्रण-यंत्र में लगा हुआ बड़े आकार का बेलन, जो मशीनतल के नीचे भरी हुई स्याही को लपेटकर मुद्रायोजित फर्मे के अक्षरों पर लगाता रहता है।

भारतीय समाचार पत्र पंजीयक
(Registrar For Newspaper Of India, R. N. I.)
सरकार की ओर से, सभी प्रकार के पत्रों और पत्रिकाओं का पंजीकरण करने और उनका विवरण रखने वाला उत्तरदायी पदाधिकारी।

भावात्मक शीर्षक (Emotional Heading)
समाचार में निहित संवेदनशील पहलू को मार्मिक रूप से उभारने वाला शीर्षक :

चिली में भूकंप से हाहाकार
दस हजार मौत के मुंह में
कई नगर खंडहर बने

भित्तिविज्ञापन, दीवारी इश्तिहार (Poster)
प्राय: समाचारपत्र के आकार का वह लिथोमुद्रित विज्ञापन जो मोटे आकार के अक्षरों में छपा होता है तथा सर्वसामान्य की जानकारी हेतु दीवारों आदि पर चिपकाया जाता है।

भेंटवार्त्ता (Interview)
विशिष्ट व्यक्ति (मंत्री, नेता, अभिनेता, खिलाड़ी, साहित्यकार आदि) से भेंट करके, संबद्ध क्षेत्र या अभीष्ट विषय के संबंध में की गयी बातचीत।

यह समाचार-प्राप्ति का महत्त्वपूर्ण स्रोत या माध्यम है। विभिन्न क्षेत्रों (सरकार, राजनीति, समाज, संस्कृति, साहित्य, कला, विज्ञान, क्रीड़ा आदि) में प्रतिष्ठित या कार्यरत विशिष्ट व्यक्तियों से मिलकर तत्संबंधी उनके दृष्टिकोण, कार्यक्रम, मत-अभिमत-विमत, प्रतिक्रिया आदि की जानकारी प्राप्त करके, जनसामान्य को उससे अवगत कराना इसका उद्देश्य होता है।

भेंटवार्त्ताकार (Interviewer)
किसी क्षेत्र-विशेष (राजनीति, समाज, संस्कृति, कला, विज्ञान, क्रीड़ा, साहित्य आदि) से संबद्ध विशिष्ट व्यक्ति से मिलकर, उससे अभीष्ट विषय के संबंध में बातचीत करने वाला।

म

मँझोले पत्र (Medium News Papers)
जिन पत्रों/पत्रिकाओं की प्रसार-संख्या 15 हजार और 50 हजार के बीच हो।

मध्यपृष्ठीय सज्जा (Centre Spread)
पत्र/पत्रिका के मध्यवर्ती दो पृष्ठों में फैला हुआ चित्र/लेख।

मनपसंद स्थान (Preferred Position)
विज्ञापन के लिए, पत्र/पत्रिका में अपेक्षाकृत अधिक महत्त्वपूर्ण प्रतीत होने वाला

मनचाहा स्थान, जिसके लिए विज्ञापनदाता को सामान्य दर से अतिरिक्त शुल्क देना पड़ता है ।

मशीन चेस (Machine Chase)
मुद्रायोजित सामग्री के अभीष्ट आकार वाले पृष्ठों को मुद्रणार्थ कसने के लिए निर्धारित साँचा ।

मशीन प्रूफ (Machine Proof)
गेली प्रूफों के पृष्ठ बन जाने और उनका संशोधन हो जाने के बाद मुद्रणीय सामग्री के वे अंतिम प्रूफ जिन्हें मुद्रणयंत्र (प्रिंटिंग मशीन) पर फर्मा कसकर उठाया जाता है ।

मशीन फिनिश (Machine Finish)
अच्छी कोटि का सफेद कागज जो अधिकतर पुस्तकों की छपाई में प्रयुक्त होता है । इस पर रेखा ब्लॉक (लाइन ब्लॉक) तो अच्छे छपते हैं किंतु छाया-प्रकाश वाले (हाफटोन) ब्लॉकों की छपाई के लिए यह कागज उपयुक्त नहीं ।

मस्तूल-शिखर/मुद्रण-रेखा (Mast Head/print Line)
पत्र-पत्रिका के स्वामित्व, प्रकाशन आदि का विवरण जो प्राय: संपादकीय पृष्ठ पर दिया जाता है । बहुत पहले, कुछ पत्रों में यह मुखपृष्ठ पर दिया जाता था, इस कारण इसका यह नाम प्रचलित हुआ । आजकल कई पत्र इसे अंतिम पृष्ठ पर नीचे किसी स्तंभ के अंत में दे देते हैं ।

महाकक्ष (Big Room)
वह बड़ा कमरा, जिसमें उपसंपादक/पांडुलिपि संपादक/प्रूफ-संशोधक आदि साथ-साथ बैठते हैं ।

महाप्रबंधक (General Manager, G. M.)
पत्र/पत्रिका-कार्यालय के प्रबंध विभाग का प्रमुख । मुद्रण, प्रकाशन-संबंधी अभीष्ट सामग्री उपलब्ध कराने, कार्यालय के सभी कार्यकलापों में समन्वय रखने तथा सभी प्रकार की अभीष्ट व्यवस्था का दायित्व इसी का होता है । प्रसार, विज्ञापन, लेखा (आय-व्यय) आदि अन्य विभिन्न संभागों के प्रबंधक इसी के निर्देशानुसार कार्य करते हैं ।

मानक रिम (Standard Ream)
अभीष्ट आकार में कटे हुए कागज की, मानक संस्थान द्वारा निर्धारित संख्या में बँधा हुआ बंडल ।

मानहानि (Defamation)
किसी व्यक्ति, संगठन, संख्या के प्रति मौखिक अथवा लिखित रूप से ऐसे कथन

का प्रयोग, जिससे उसके सम्मान,चरित्र अथवा उसकी मर्यादामयी गरिमा को ठेस पहुँचती हो। अपमानजनक कथन, अपमान-लेख, मिथ्या लांछन आदि इसी के अंतर्गत सम्मिलित हैं। किसी के कथनों या कार्यों को गलत रूप से (तोड़-मरोड़कर) प्रस्तुत करना भी मानहानि का ही रूप है। भारतीय दंडसंहिता की धारा 499 के अंतर्गत मानहानि करने वाले के विरुद्ध कानूनी कार्यवाही की जा सकती है, इसके लिए छ: मास के कारावास और दो हजार रुपये तक के जुर्माने का प्रावधान है।

कथित अभियुक्त द्वारा क्षमा-याचना करने और उससे अभियोगकर्त्ता अथवा न्यायालय के संतुष्ट हो जाने पर मामला समाप्त हो सकता है।

मान्यता (Accreditation)
मुद्रणार्थ प्राप्त सामग्री की अधिकृत सूत्रों द्वारा पुष्टि।

मास्टर ऑफ जर्नलिज्म (Master Of Journalism, M. J.)
पत्रकारिता में स्नातकोत्तर उपाधि, जो भारत के अनेक विश्वविद्यालयों में मान्य है। यह उपाधि डिप्लोमा इन जर्नलिज्म और पत्रकारिता स्नातक (बैचलर ऑफ जर्नलिज्म) से उच्च है।

माप (Measure)
मुद्रण-कागज अथवा उस पर मुद्रणीय मुद्रायोजित सामग्री की लंबाई-चौड़ाई आदि का अनुपात।

मापक (Gauge)
मुद्रणीय सामग्री के माप (लंबाई-चौड़ाई) का अनुपात।

मासिक (पत्र/पत्रिका) (Monthly (Paper/Magazine))
एक महीने के अंतराल से, नियमित रूप से प्रकाशित होने वाला पत्र/वाली पत्रिका।

माहनामा (Monthly)
'मासिक' (पत्रिका) के लिए फारसी पर्याय।

मिलान (Register)
मुद्रायोजित/टंकित/मुद्रित सामग्री को पांडुलिपि से मिलाकर यह देखना कि सामग्री यथावत् है कि नहीं।

मिलान दोष (Out Of Register)
मुद्रण में पृष्ठाकार, पंक्ति-अनुपात, अंतराल, हल्की-गाढ़ी स्याही, हाशिया आदि

से संबंधित असावधानी । एक पन्ने के दोनों पृष्ठों पर पंक्तियों का एक-दूसरी की सीध में न होना भी मिलान-दोष है ।

मुखपत्र (Organ)
किसी सरकारी या गैर-सरकारी संगठन/दल/संस्था/संस्थान आदि की ओर से मुद्रित-प्रकाशित केवल उसके निजी सूचनापरक समाचारों/विचारों का संवाहक पत्र । यह प्राय: (दैनिक न होकर) नियतकालिक (साप्ताहिक-पाक्षिक-मासिक आदि) होता है । दलीय या संस्थागत सामग्री के अतिरिक्त इसमें प्रासंगिक/आनुषंगिक रूप से सर्वसामान्य के लिए रोचक एवं पठनीय साहित्यिक सामग्री भी रहती है ।

मुखपृष्ठ (Front Page)
पत्र-पत्रिका अथवा पुस्तक का पहला पृष्ठ । समाचार के मुखपृष्ठ पर नामपट्ट, छोर विज्ञापन, प्रकाशन-स्थान, दिनांक, संस्करण आदि की संकेत-सूचक ऊपरी पट्टी के पश्चात् प्रमुख सामयिक समाचार रहते हैं । पत्रिका एवं पुस्तक के मुखपृष्ठ पर नाम-शीर्षक कलात्मक अक्षरों में भी रहता है । पुस्तक के मुखपृष्ठ पर लेखक, प्रकाशक आदि का नामोल्लेख भी कलात्मक अक्षरों में रहता है ।

मुख्य प्रूफसंशोधक (Chief Proof Reader)
पत्र-कार्यालय अथवा मुद्रणालय में कार्यरत विभिन्न प्रूफ-संशोधकों के कार्य-कलाप का निरीक्षण, परीक्षण, समीक्षण करने तथा उनमें समन्वय रखने वाला वरिष्ठ प्रूफ-संशोधक ।

मुख्य समाचार छायाकार (Chief News Photographer)
पत्र-कार्यालय में नियुक्त वह वरिष्ठ छायाकार जो अन्य छायाकारों में कार्य-वितरण कर, समन्वय स्थापित करता है । उनके कार्य-कलाप का निरीक्षण, परीक्षण एवं समीक्षण करना भी इसी का कार्य है ।

मुखावरण (Front Cover, F. C.)
पुस्तक अथवा पत्रिका के समुच्चित आरूप के आच्छादन/आवेष्टन/रूप-आवरण का सर्वप्रथम ऊपरी पृष्ठ जिस पर पुस्तक या पत्रिका का नाम कलात्मक रूप में दिया जाता है । पुस्तक के मुखावरण पर प्राय: लेखक/संपादक का नाम भी मुद्रित किया जाता है ।

मुखावरण की छपाई प्राय: रंगीन होती है ।

मुख्य समाचार (Lead Story)
समाचारपत्र के मुखपृष्ठ पर सबसे ऊपर दिये जाने योग्य सर्वाधिक महत्त्वपूर्ण समाचार ।

मुद्रक (Printer)
मुद्रणालय का स्वामी जो प्रकाशकों के लिए पत्र-पत्रिका, पुस्तक आदि को मुद्रित करता है ।

मुद्रक एवं प्रकाशक (Printer And Publisher, P. P.)
मुद्रणालय का स्वत्वाधिकारी 'मुद्रक' तथा मुद्रणीय सामग्री प्राप्त कर, उसे मुद्रणालय से मुद्रित कराकर, उसके विक्रयार्थ या वितरणार्थ प्रसार की व्यवस्था करने वाला 'प्रकाशक' कहलाता है । यह 'मुद्रक' को पांडुलिपि, अभीष्ट काग़ज़, और मुद्रायोजन-मुद्रण का श्रमव्यय देकर, उससे अभीष्ट सामग्री मुद्रित रूप में प्राप्त करता है । कई बार 'मुद्रक' और 'प्रकाशक' एक ही व्यक्ति/संस्था/संस्थान हो सकता है । उसकी अपनी मुद्रण-व्यवस्था होती है । प्रायः पुस्तकों के मुद्रक-प्रकाशक अलग-अलग होते हैं जबकि पत्र-पत्रिकाओं के अधिकांश प्रकाशक उनके मुद्रक भी होते हैं ।

प्रत्येक मुद्रित पत्र-पत्रिका, पुस्तक, पत्रक आदि पर मुद्रक एवं प्रकाशक का नाम-पता छापना कानूनी रूप से अनिवार्य है ।

मुद्रक प्रेत (Printer's Devil)
मुद्रण-संबंधी अशुद्धियाँ । प्रायः प्रूफ-संशोधन में छूटी हुई त्रुटियाँ किसी मुद्रित सामग्री को एक विलक्षण हास्यास्पद रूप दे देती हैं। ऐसी स्थिति में 'छपाई के भूत' या 'मुद्रण-प्रेत' (प्रिंटर्स डेविल) का अस्तित्व प्रमाणित हो जाता है ।

मुद्रण (Printing)
(1) कागज़, कपड़े या सेलूलाइड अथवा अन्य किसी उपयुक्त वस्तु पर अभीष्ट सामग्री की प्रतिलिपि का अंकन तथा स्याही और दाब की सहायता से उसका अधिक संख्या में पुनरंकन ।

(2) कागज़, कपड़े या अन्य उपयुक्त वस्तु पर की जाने वाली किसी भी प्रकार की छपाई ।

मुद्रण-आदेश (Print Order)
मुद्रायोजित सामग्री के प्रूफ-संशोधन, पृष्ठविन्यास और उसके प्रथम, द्वितीय पृष्ठ-प्रूफ देखकर, यथासंभव कोई त्रुटि अथवा असंगति न होने का संतोष होने पर उसे छापने के लिए आवश्यक निर्देशों के साथ दी गयी लिखित अनुमति ।

मुद्रण कक्ष (Printing Room)
पत्र-कार्यालय का वह संभाग जहाँ मुद्रणीय सामग्री का मुद्रायोजन, मुद्रण आदि होता है । इसमें एक ओर विभिन्न मुद्रणाक्षरों के साँचे, दूसरी ओर कटाई-

छपाई की मशीनें, तीसरी ओर जिल्दबंदी के उपकरण आदि होते हैं। यहीं से समाचारपत्र छपकर, मुड़कर, वितरण के लिए प्राप्त होता है।

मुद्रण क्षेत्र (Print Area, P. A.)
पत्र-पत्रिका अथवा पुस्तक के पूरे पृष्ठ पर (ऊपर-नीचे-दायें-बायें) आद्योपांत छपाई नहीं होती। ऊपर-नीचे तथा बायें-दायें एक विशेष अनुपात से स्थान (हाशिया, अमुद्रित स्थान) छोड़कर शेष जितने स्थान में मुद्रायोजन (कंपोजिंग) की जाती है उसे 'मुद्रणक्षेत्र' अथवा 'प्रिंट एरिया' कहा जाता है। मुद्रणक्षेत्र का मानक माप 'एम' संख्या के अनुपात से देखा जाता है : **'इस पुस्तक की कंपोजिंग 20 एम (चौड़ाई) से अधिक नहीं होनी चाहिए।'**

मुद्रण-कार्यक्रम (Schedule of Printing)
विभिन्न मुद्रणीय सामग्रियों को अभीष्ट क्रम, मुद्रण-संख्या, आकार, प्रयुक्त होने वाली स्याही, कागज के निर्देश सहित तैयार की गयी योजना।

मुद्रण-दोष (Misprint)
प्रूफ अथवा छपाई के स्तर पर रह जाने वाली त्रुटियाँ।

मुद्रणफलक (Stereo)
मुद्रणीय सामग्री के मुद्रायोजित आरूप/ब्लॉक आदि को साँचे में कसकर जिस स्वचल खाँचे में फिट किया जाता है, उसी पर स्वचालित मुद्रण-यंत्र में अभीष्ट रंग की स्याही स्वतः लगती जाती है और स्वतः ही कागज़ क्रमशः छपते रहते हैं।

मुद्रण-रूप (Typography)
विभिन्न आकार के मुद्रणाक्षरों का सम्मिलित रूप। इसमें विविध पाइंट और आकृतियों वाले मुद्रणाक्षर समाविष्ट होते हैं।

मुद्रण-रेखा/मस्तूल शिखर (Print Line/Head)
किसी भी मुद्रित/प्रकाशित सामग्री के आथ (आरंभ या अंत में) दिया जाने वाला मुद्रक-प्रकाशक आदि का पूरा नाम-पता। पत्र-पत्रिकाओं में आरंभिक या अंतिम पृष्ठ के अंत में एक अपेक्षाकृत मोटी रेखा के नीचे संपादक, मुद्रक एवं प्रकाशक का नाम-पता दिया जाता है। पुस्तकों में यह विवरण प्रायः मुखपृष्ठ (शीर्षक-पृष्ठ) की पिछली तरफ, दूसरे पृष्ठ पर दिया जाता है।

मुद्रण-रेखा देना एक कानूनी अनिवार्यता है। इसमें उल्लिखित व्यक्ति (संपादक/मुद्रक/प्रकाशक) ही मुद्रित/प्रकाशित सामग्री के उत्तरदायी माने जाते हैं। किसी आपत्तिजनक प्रकाशन की स्थिति में इन्हीं से पूछताछ की जाती है और यही (आवश्यकता पड़ने पर) अभियुक्त माने जाते हैं।

मुद्रण-व्यवस्थापक (Press Manager)
मुद्रणालय की सभी प्रकार की व्यवस्था के लिए उत्तरदायी वरिष्ठ अधिकारी। मुद्रणीय सामग्री को मुद्रायोजन (कंपोजिंग) हेतु मुद्रायोजकों में वितरित करना, प्रूफ संशोधन की व्यवस्था करना, अभीष्ट परिमाण में कागज की व्यवस्था, मुद्रण-यंत्रों के सम्यक् संचालन और बाद में मुद्रित सामग्री को अभीष्ट आकार में मोड़ने तथा जिल्दबंदी आदि की व्यवस्था—इन सभी कार्यों की देखभाल इसी का कार्य है।

मुद्रणार्थ तैयार (Put To Bed)
मुद्रणीय सामग्री के अंतिम प्रूफ पढ़ लेने के बाद, मुद्रायोजित पृष्ठों को फर्मा-बंधन के लिए निर्धारित मेज/शिलापटल पर रखना।

मुद्राणार्थ प्रस्तुत (Make Ready)
मुद्रणीय सामग्री को, मुद्रायोजन, संशोधन, फर्माबंधन, आदि के पश्चात् मुद्रण यंत्र पर चढ़ाने के लिए तैयार रखना।

मुद्रणालय (Printing Press)
वह यंत्रालय जहाँ मशीनों द्वारा छपाई का कार्य होता है। मुद्रायोजन (कंपोजिंग) की व्यवस्था भी इसी से संबद्ध होती है।

मुद्रा (Stamp/Type)
(1) मुहर, (2) मुद्रण हेतु धातु-ढले अक्षर (3) छपाई की विभिन्न लिपियों में से एक।

मुद्राक्षर, मुद्रणाक्षर (Type)
धातु में ढले विभिन्न आकारों के अक्षर, जिन्हें समायोजित (कंपोज़) करके छपाई की जाती है।

मुद्राक्षर ऊँचाई (Type Height)
मुद्राक्षर की नीचे से ऊपर की ओर लंबाई का अनुपात।

मुद्राक्षर-आकार (Type Point)
मुद्रण हेतु धातु-ढले मुद्राक्षर विभिन्न आकार के हो सकते हैं। एक निश्चित अनुपात में मुद्राक्षरों के परिमाप की समरूपता के लिए इन्हें विभिन्न संख्याएँ दी गयी हैं जिन्हें 'प्वाइंट' या 'पॉइंट' कहा जाता है। ('पॉइंट' शब्द का प्रयोग ही अधिक प्रचलित है।) जैसे—10 पॉइंट, 12 पॉइंट, 14 पॉइंट, 16 पॉइंट, 18 पॉइंट, 20 पॉइंट, 24 पॉइंट, 36 पॉइंट, 48 पॉइंट और 72 पॉइंट।

सामान्यतः 8 पॉइंट से 72 पॉइट तक के मुद्राक्षर ढाले जाते हैं। ये 'हल्के'

(Light) या 'सफ़ेद' (White) चेहरे (Face फेस) वाले अथवा 'मोटे' (Bold बोल्ड) या 'काले' (Black) चेहरे (Face फेस) वाले हो सकते हैं—

सफेद (हल्के) मुद्राक्षर—अ, क, च, ट, त, प, ह।

काले (मोटे)—अ, क, च, ट, त, प, ह।

पुनः इनके सामान्य (Simple सिम्पल) और तिरछे (Italic इटैलिक) रूप हो सकते हैं।

मुद्राक्षर कक्ष (Case Room)
मुद्रणालय से जुड़ा वह विशेष कक्ष, जिसमें विभिन्न आकार वाले मुद्राक्षरों से भरे साँचे रखे रहते हैं।

मुद्राक्षर ढलाई मशीन (Typecasting Machine)
जिस मशीन में धातु (सीसा आदि) डालकर अभीष्ट मुद्राक्षर ढाले जाते हैं।

मुद्राक्षर ढलाई यंत्र (Caster)
सीसे से विभिन्न आकार के मुद्राक्षर ढालने वाली स्वचल मशीन।

मुद्राक्षर धातु (Type Metal)
जिस धातु (सीसा, राँगा आदि) से मुद्राक्षर ढाले जाते हैं।

मुद्राक्षर-भार (Weight of Type)
फाउंड्री से धातु (सीसा)-ढले मुद्राक्षर तोल के अनुपात से खरीदे जाते हैं। ऐसी स्थिति में यह शब्द प्रयुक्त होता है।

मुद्राक्षर-रूप (Type Face)
देखिए : मुद्राक्षर के दस अंग।

मुद्राक्षर-वितरण (Distribution)
मुद्रायोजित (कंपोज़) मुद्रण-कार्य समाप्त हो जाने के उपरांत, मुद्राक्षरों को उनके लिए निर्धारित साँचे (केस) के अलग-अलग खानों में डालना।

मुद्रायोजक (Compositer)
प्रकाशनीय सामग्री की पांडुलिपि के अनुसार मुद्रणाक्षरों को संयोजित करने वाला कार्मिक मुद्रायोजक (कंपोज़ीटर) कहलाता है। इसके लिए मुद्रणाक्षरों

(टाइप) के विभिन्न आकारों (पॉइंट) और उनके रखने के निश्चित साँचों के स्थान की जानकारी आवश्यक है। प्रूफ-संशोधन के लिए निर्धारित निर्देश-चिह्नों का ज्ञान भी इसे अवश्य होना चाहिए।

मुद्रायोजन (Composing)

प्रकाशनीय सामग्री की पांडुलिपि के अनुसार एक-एक मुद्रणाक्षर (टाइप) को क्रमानुसार संयोजित करना 'मुद्रायोजन' (कंपोजिंग) कहलाता है। पहले मुद्रणाक्षरों से एक-एक पंक्ति स्टिक में कंपोज की जाती है, फिर कुछ-कुछ पंक्तियाँ गेली में संजोयी जाती हैं।

मुद्रायोजन सामान्यतः (1) हाथ से और (2) मशीन से होता है।

मुद्रायोजन कक्ष (Composing Room)

मुद्रणालय से संबद्ध वह विशेष कक्ष जिसमें विभिन्न आकार (प्वॉइंट) के मुद्राक्षर (टाइप) लकड़ी के साँचों में रहते हैं। यहीं हर प्रकार की सामग्री का मुद्रायोजन (कंपोजिंग) होता है, फिर संशोधन तथा छपाई के साँचों (फ्रेम) में संग्रंथन होता है।

मुद्रायोजन करके रोकें (Set and Hold)

मुद्रणीय सामग्री को मुद्रायोजन, पृष्ठ विन्यास आदि सहित तैयार करके रखने और मुद्रणादेश की प्रतीक्षा का निर्देश।

मुद्रावयव, मुद्राक्षर के दस भाग (Ten Parts of Type)

धातु-ढले मुद्राक्षरों की बनावट विशेष प्रकार से तैयार की जाती है। पहले एक सामान्य खड़ा स्तंभ-सा होता है जिसकी ऊँचाई लगभग पौन इंच होती है। विश्वभर में सभी भाषाओं/लिपियों के मुद्राक्षर इसी मानक ऊँचाई में ढाले जाते हैं। यह पतला-सा स्तंभ मुद्राक्षर का शरीर (बॉडी) कहलाता है। इसके ऊपर उस अक्षर की बनावट बीचोबीच उभरी रहती है जिसका वह मुद्राक्षर है। यही मुद्राक्षर का वास्तविक चेहरा (फेस) है। जैसे रबड़ की मुहर पर नामाक्षरों की पट्टी के दायें-बायें थोड़ा स्थान छूटा रहता है उसी प्रकार मुद्राक्षर के मुद्रणीय रूप (फेस) के दायें-बायें के निकले हुए भाग को 'सेरिफ' कहा जाता है। मुख और शरीर के मध्य के दोनों ओर के भाग मुद्राक्षर के कंधे (शोल्डर) कहलाते हैं। मुख और कंधों के बीच का तिरछा भाग मानो उसकी दाढ़ी (बियर्ड) है। इसी प्रकार मुद्राक्षर का सबसे निचला वह भाग उसका पैर (फुट) 'काउंटर' कहलाता है, क्योंकि उसी पर टाइप खड़ा होता है। 'पिन', 'निक' और 'ग्रूव'—मुद्राक्षर के अन्य तीन अंग हैं।

मुद्राक्षर (टाइप) के सभी दस अंगों का संक्षिप्त परिचय इस प्रकार है :

(1) **काउंटर (पटल)** : कंपोज करने पर दो अक्षरों के मध्य का वह स्थान 'काउंटर' कहलाता है जिस पर कोई मुद्रणीय अंश नहीं बना होता। यह भाग सभी मुद्राक्षरों में समानुपात का होता है।

(2) **बॉडी (शरीर)** : मुद्राक्षर के मुख और कंधों से नीचे पैर तक का वह भाग, जिस पर मुद्राक्षर खड़ा होता है।

(3) **सेरिफ** : मुद्राक्षर की मुखाकृति (फेस) के दायें-बायें निकला हुआ भाग।

(4) **मुखाकृति (फेस)** : मुद्राक्षर की ऊपरी सतह, जिसके छपने से कागज़ पर अक्षर उभरता है।

(5) **बियर्ड (दाढ़ी)** : मुखाकृति (फेस) और शोल्डर (कंधे) के मध्य का तिरछा भाग।

(6) **शोल्डर (कंधा)** : शरीर (बॉडी) के ऊपर और बियर्ड (दाढ़ी) के नीचे का भाग, जो कुछ अंदर धँसा होता है।

(7) **पिन** : मुद्राक्षर के बगल में बना चिह्न।

(8) **निक** : मुद्राक्षर के एक ओर बना गहरा निशान, जिससे मुद्राक्षर के सीधा/उल्टा होने का पता चलता है।

(9) **ग्रूव** : मुद्राक्षर के नीचे का वह भाग, जिसे घिसकर साफ़ कर लिया जाता है।

(10) **फुट (पैर)** : मुद्राक्षर की निचली सतह, जिसके सहारे मुद्राक्षर खड़ा होता है।

मुद्रायोजन पट्टी (Composing Stick)
लोहे या पीतल की बनी एक विशेष आकार/प्रकार की आधारी, जिसकी चौड़ाई कम और लंबाई अधिक होती है तथा जिसका बायाँ और नीचे का किनारा आड़दार होता है। मुद्रायोजक इसे एक हाथ में लेकर, दूसरे हाथ से इसमें क्रमशः मुद्राक्षर लगाता जाता है।

मुफ़स्सिल (नगरेतर) संवाददाता (Mufassil (Rural) Correspondent)
नगर से बाहर की बस्तियों, गाँवों, कस्बों आदि से पत्र-कार्यालय को समाचार भेजने वाले संवाददाता।

मूल्य-पृष्ठ-अनुसूची (Price Page Schedule)
पत्र-पत्रिकाओं के पृष्ठाकार तथा उनकी पृष्ठसंख्या के अनुसार निर्धारित या निश्चित मूल्य।

मैकेनिकल एंटीक (Mechanical Antique)
एक ऐसा खुरदरा-सा कागज, जो अपेक्षाकृत कम मजबूत होता है। सस्ते स्तर के उपन्यासों, पत्रों आदि के लिए प्राय: इस कागज का प्रयोग होता है।

मैकेनिकल ग्लेज्ड (Mechanical Glazed)
कृत्रिम चमक वाला एक ऐसा कागज़, जो अपेक्षाकृत कम मजबूत होता है। जिन पत्र-पत्रिकाओं में चित्रों की अधिकता होती है उनमें प्राय: इसी सस्ते किस्म के चिकने कागज़ का उपयोग होता है।

मैट्रिक्स/अधात्री (Matrix)
वह मोटा गत्ता जिस पर लौह-साँचे (चेस) में कसे मुद्रायोजित (कंपोज़) पृष्ठ की छाप उभारकर उससे सीसे की पट्टी (प्लेट, चादर) ढाली जाती है।

मैसी कागज़ (Massey)
एक विशेष प्रकार का मोटा कागज़।

मोटा टाइप (Bigger/Bold Type)
मुद्रणीय सामग्री में सामान्यत: प्रयुक्त होने वाले मुद्राक्षर-आकार से अपेक्षाकृत बड़े आकार का टाइप। जैसे—12 पॉइंट की सामग्री में 16 अथवा 20 पॉइंट आदि के टाइप का प्रयोग। (देखिए : संबद्ध प्रविष्टियाँ)

मोड़ (Fold)
समाचारपत्र के पृष्ठ का वह स्थान, जहाँ से उसे बीचोबीच मोड़ा जाता है। साजसज्जा की दृष्टि से इस मोड़ पर या निकट कोई शीर्षक अथवा चित्र नहीं होना चाहिए, अन्यथा वह भी मुड़ जाने के कारण भद्दा लगेगा।

मोड़न (Folder)
(1) समाचारपत्र को छोटे आकार की तहों में लगाने के लिए दिया गया मोड़। इससे पत्र को आसानी से हाथों में लिया जा सकता है।

(2) किसी पत्र-पत्रिका या पुस्तक के कई (चार, आठ, सोलह या बत्तीस) पृष्ठ एक-साथ बड़े आकार के कागज पर छपते हैं तब उन कागजों को पृष्ठ के अनुसार मोड़ना भी 'फोल्ड' या 'फोल्डर' कहलाता है।

(3) पत्रक या पुस्तिका या विज्ञप्ति, किसी विषय-विशेष (प्रचार, सम्मेलन, अधिवेशन, संगोष्ठी आदि) से संबद्ध वक्तव्य, कार्यक्रम विषय-तालिका अथवा मुख्य संकेत-बिंदुओं को सार-संक्षेप के रूप में दो, चार या छ: छोटे पृष्ठाकार

में प्रस्तुत करने वाला ऐसा लघु पत्रक जिसमें एक-दो या तीन मोड़ देकर हाथ में लेने योग्य बना लिया जाता है।

र

रंग-अनुक्रम (Colour Sequence)
रंगीन छपाई में प्रयुक्त होने वाले विभिन्न रंगों का क्रम-निर्धारण।

रंग-पारदर्शिता (Colour Transperancy)
स्वच्छ, सुस्पष्ट, सूक्ष्म, सामंजस्ययुक्त रंगीन छपाई की विशेषता।

रंग-योजना/रंग संयोजन (Colour Scheme)
मुद्रणीय सामग्री/चित्र/शीर्षक आदि के रंगों का साम्य/वैषम्य/संगति/संतुलन आदि की दृष्टि से निर्धारण।

रंग-रेखा फीचर्ज़ (Rang Rekha Features, R. R. F.)
रंगीन चित्रों/रेखाचित्रों आदि से अलंकृत धारावाही ललित लेख, कथा-वृत्त जीवनी, यात्रा-वृत्त, रिपोर्ताज आदि।

रंग-वियोजन (Colour Separation)
रंगीन छपाई में प्रयुक्त बिभिन्न रंगों की अपनी अलग विशिष्टता का ध्यान रखना।

रंगांतरण (Alteration of Colours)
पत्र/पत्रिका में साज-सज्जा की दृष्टि से पृष्ठानुसार रंग-परिवर्तन अथवा एक ही पृष्ठ पर शीर्षक, चित्र, रेखाचित्र, विज्ञापन और पाठ्यसामग्री को अलग-अलग रंगों में देना।

रंगीन हास्य-चित्रपट्टी (Coloured Comics)
(1) स्वतः संपूर्ण अथवा धारावाही, हास्यव्यंग्य मंच अथवा प्रेरक/मनोरंजक/ज्ञानवर्धक कथात्मक चित्रमाला।

(2) चित्र-कथा-युक्त, मनोरंजक, हास्य व्यंग्यपूर्ण पत्रिका।

रंगीय प्रूफ (Colour Proof)
एक से अधिक रंगों में मुद्रणीय सामग्री की पहली (कच्ची) दाब। प्रत्येक रंग का अलग-अलग मिलान करके, उसके समन्वित आकार की संगति देखी जाती है।

रंगीय ब्लॉक (Colour Block)
एक से अधिक रंगों में छापा जाने वाला ब्लॉक, जो प्रायः दो-तीन अथवा अधिक भागों में बनाया जाता है। हर भाग अलग रंगों में छपकर एक पूर्ण रंगीन चित्र को आकार देता है।

रंगीय मुद्रण (Colour Printing)
एक ही पृष्ठ/अंक/संस्करण में विविध रंगों की छपाई।

रद्द/नष्ट (Kill)
पांडुलिपि या कंपोज की गयी सामग्री के किसी अंश-विशेष या समग्र प्रारूप को काटना, हटा देना, छापने से रोकना 'रद्द' या 'किल' कहलाता है। ऐसी स्थिति प्रायः किसी सूचना-समाचार की विश्वसनीयता पर संदेह होने अथवा तत्संबंधी आपात् आदेश मिलने पर आती है।

रद्द मुद्राक्षर/मुद्रण-ढेर (Dead Type/Pie)
बहुत प्रयोग अथवा अन्य कारणों से घिसे हुए मुद्राक्षर, जो मुद्रण के लिए उपयोगी नहीं रह जाते।

रद्द मुद्राक्षर पेटिका (Hell Box)
टूटे, घिसे, अनुपयोगी मुद्राक्षर (पाई Pie) फेंकने के लिए रखा गया डिब्बा।

रपट (Report)
अंग्रेजी के 'रिपोर्ट' शब्द का हिंदी में बहुप्रचलित परिवर्तित रूप 'रपट' है जिसका अभिप्राय है—किसी घटना-प्रसंग, क्षेत्र-विशेष से संबद्ध सूचनात्मक/तथ्यात्मक विवरण। इसमें तथ्यपरक इतिवृत्त के साथ उसका विवेचन-विश्लेषण, उसके कारणों और संभाव्य परिणामों (प्रभावों) आदि का आकलन भी रहता है।

रविवारीय/रविवासरीय परिशिष्ट/अंक/संस्करण/पत्र (Sunday Magazine)
दैनिक पत्रों के साथ हर रविवार को जोड़ी जाने वाली चार, छः या आठ पृष्ठों की विशेष सामग्री जो प्रायः साहित्यिक, सांस्कृतिक और कलात्मक स्तर

की होती है। इसमें स्थायी महत्त्व के लेख, कहानी, कविता, पुस्तक-समीक्षा, बाल और महिला वर्ग के लिए उपयोगी फीचर आदि का समावेश रहता है।

राजनीतिक समाचार-पत्र(Political News Paper)
केवल राजनीतिक गतिविधियों से संबंधित समाचार/विचार प्रस्तुत करने वाला पत्र।

राजपत्र (Gazette)
वह पत्र जिसमें राजकीय निर्णयों, सूचनाओं आदि का प्रकाशन होता है।

रॉयल (कागज़ आकार) (Royal)
20 × 26 का कागज़।

रासायनिक उत्कीर्णन (Etching)
रासायनिक प्रक्रिया द्वारा अक्षरों को काग़ज़/कपड़े/धातु-पट्टी आदि पर उभारना। ब्लॉक बनाने में यही प्रक्रिया अपनायी जाती है।

रासायनिक लुगदी (Chemical Pulp)
रासायनिक प्रक्रिया द्वारा कच्ची धातु (अयस्क, सीसा, राँगा आदि) को तैयार किया गया पंक (लुगदी) जो प्रायः मुद्राक्षर ढालने के लिए काम में लाया जाता है।

रिपोर्ताज (Reportage)
'रिपोर्ट' का साहित्यिक रूप। किसी सभा-सम्मेलन, अधिवेशन, खेल, सांस्कृतिक समारोह अथवा युद्ध, दैवी विपत्ति आदि किसी अन्य वास्तविक घटना का रोचक और भावात्मक विवरण। किसी सत्य घटना का यथातथ्य वर्णन करते हुए भी, उसमें कथात्मक सरसता और रोचकता का समावेश कर देना।

रिम (Ream)
अभीष्ट आकार में कटे हुए पाँच सौ कागजों का समुच्चय।

रिसाला (Magazine)
'पत्रिका' का उर्दू-पर्याय।

रेखाचित्र (Sketch)
(1) केवल रेखाओं से बना चित्र।

(2) गद्य-साहित्य की एक विधा जिसके अंतर्गत किसी व्यक्ति, चरित्र अथवा प्राकृतिक दृश्य आदि के स्वरूप को रेखा-बिंदुवत् उभारने वाले हृदय-स्पर्शी शब्द प्रयुक्त होते हैं। इसमें अभीष्ट अथवा वर्ण्य वस्तु-पात्र आदि का

समग्र परिचयांकन न होकर, झलक-रूप में स्थूल, किंतु मार्मिक शब्दचित्र प्रस्तुत किया जाता है।

'रेखाचित्र' किसी व्यक्ति, वस्तु, घटना या भाव का कम-से-कम शब्दों में मर्मस्पर्शी, भावपूर्ण एवं सजीव अंकन है।

रेखिका/रूल (Rule)
धातु की वह पट्टी जिसकी ऊँचाई मुद्राक्षर की ऊँचाई जितनी होती है और किनारे लकीर की तरह के पतले होते हैं। इसे मुद्राक्षरों की पंक्तियों के मध्य अथवा नीचे 'रेखा' डालने के लिए लगाया जाता है।

रेडियो-चित्र (Radio Photo)
रेडियो-तरंगों के माध्यम से प्राप्त एवं प्रेषित चित्र। (देखिए : फेसिमाइल-संबंधी प्रविष्टि)

रेडियो-पत्रकारिता (Radio Journalism)
रेडियो से प्रसारणीय समाचार/विचार आदि का संचयन, संयोजन, संपादन आदि।

रेलवे (Railway)
समाचार की छपी हुई प्रतियों को, मशीन से उठाकर दपतरी तक पहुँचाने के काम आने वाला, रेलवे लाइन की पटरियों जैसा मुद्रणयंत्र से जुड़ा आधुनिक उपकरण।

रोटरी (मशीन) (Rotary (Machine))
एक विशेष प्रकार का विकसित मुद्रण-यंत्र (प्रिंटिंग मशीन) जिसमें कागज़-तल तथा मुद्रण-तल दोनों बेलनाकार होते हैं। ये विपरीत दिशा में घूमते हुए एक-दूसरे को इस प्रकार छूते हैं कि मुद्रणीय सामग्री कागज़ पर छपती जाती है।

रोटरी-मुद्रण-प्रक्रिया के अंतर्गत, मुद्रणीय सामग्री के मुद्रायोजित (कंपोज़) प्रारूप को एक विशेष प्रकार के मोटे गत्ते पर अंकित कर उसे एक धातु प्लेट पर उतार लिया जाता है जिसे घुमावदार मशीन के बेलन पर कस दिया जाता है। दूसरी ओर लिपटे कागज़ के सुदीर्घ गोल बंडल से, यंत्रचालन के समय, एक निश्चित गति से कागज अपने-आप घूमता हुआ उस मुद्रणीय सामग्री के साँचे से छूकर मुद्रित होता जाता है।

रोटरी मशीन में लगभग चालीस पृष्ठ तक के समाचारपत्र की पचास हजार प्रतियाँ एक घंटे में छपकर, कटकर, मुड़कर, पूर्णत: तैयार रूप में दूसरी ओर निकल आती हैं।

अब दोमंजिली रोटरी मशीनें भी प्रयुक्त होने लगी हैं जिससे मुद्रण-गति और बढ़ गयी है। इनमें बहुरंगी छपाई भी हो सकती है।

रोमन/मुद्राक्षर (Roman Type)
असज्जित, सीधे-सादे मुद्राक्षर, जो तिरछे मुद्राक्षर (इटैलिक्स टाइप) से भिन्न होते हैं।

ल

लक्ष्मण रेखा (Dead Line)
पत्र/पत्रिका के प्रत्येक पृष्ठ की प्रकाशनीय सामग्री को मुद्रणकक्ष में भेजने तथा पृष्ठसज्जा आदि के लिए निर्धारित अंतिम समय-सीमा।

लघु-अक्षर शैली (Down Style)
दो या अधिक पंक्तियों में क्रमशः ऊपर से नीचे की ओर उत्तरोत्तर छोटे आकार के मुद्राक्षरों का प्रयोग।

लघु (छोटे) पत्र (Small Newspapers)
15 हजार से कम प्रसार-संख्या वाली पत्र-पत्रिकाएँ।

लघु पत्रिका (Small Magazine)
छोटे आकार की, सीमित प्रसार वाली ऐसी छोटी पत्रिका जिसका क्षेत्र एवं प्रतिपाद्य विषय सीमित होता है। ऐसी लघु पत्रिकाओं का प्रकाशन प्रायः किसी विशेष साहित्यिक प्रवृत्ति के प्रोत्साहन अथवा विशिष्ट दृष्टिकोण या विचार-धारा के प्रचार हेतु किया जाता है।

लघु मुद्राक्षर (Lower Case)
मुद्राक्षर रखने के खानेदार साँचों में सबसे नीचे रखे जाने वाले मुद्राक्षर।

लघु समाचार-पत्रिका (Tabliod Newspaper)
सीमित विषयवस्तु, आकार, प्रसार अथवा क्षेत्र के लिए छपने वाला समाचार-पत्र।

लंबी दाब (Long Run)
बहुत अधिक संख्या में की जाने वाली छपाई।

लॉक अप (Lock Up)
(1) मुद्रणीय सामग्री को अभीष्ट आकार के मुद्रायोजित (कंपोज़) पृष्ठों में तैयार करके छपाई-हेतु लौह-साँचों (फर्मों) में कसना। (2) मुद्रणीय पृष्ठ की अंतिम सँभार। (3) वह पृष्ठ जो किसी संस्करण में नया नहीं बनाना पड़ता (जैसे किसी अनुबंधित विज्ञापन का पृष्ठ)।

लिथोग्राफर (Lithographer)
लिथोग्राफी-पद्धति (देखिए : संबद्ध प्रविष्टि) से मुद्रण-कार्य करने वाला।

मुखड़ा/लीड (Lead)
(1) वरीयता की दृष्टि से प्रथम कोटि का समाचार। ऐसे एक से अधिक समाचार भी हो सकते हैं जिन्हें 'प्रथम', 'द्वितीय', 'तृतीय' लीड के रूप में यथास्थान दिया जाता है। 'प्रथम लीड' वह समाचार है जो पृष्ठ के बायीं ओर, ऊपर की तरफ़, सबसे मोटे शीर्षक में दिया जाता है। 'द्वितीय लीड' का समाचार, अपेक्षाकृत कुछ कम महत्त्व का होने के कारण, दायीं ओर अथवा मध्य में दिया जाता है। 'तृतीय' और 'चतुर्थ' आदि कोटि के लीड-समाचार क्रमशः कुछ नीचे बायीं-दायीं ओर या मध्य में दे दिये जाते हैं। उनमें से भी किसी समाचार का महत्त्व जतलाना हो तो उसका शीर्षक कई स्तंभों में फैला दिया जाता है या इसमें मोटे मुद्राक्षरों का प्रयोग किया जाता है। कोई समाचार छोटा, किंतु विशेष महत्त्वपूर्ण होने पर, चतुष्कोण (बॉक्स) में दे दिया जाता है। (देखिए : संबद्ध प्रविष्टि)

(2) समाचार के आमुख (इंट्रो) की वह पहली पंक्ति भी 'लीड' कहलाती है जो एक ही वाक्य में समाचार की विशिष्टता उजागर करते हुए तड़ित्-प्रकाश की भाँति एकबारगी उसके स्वरूप की झलक प्रस्तुत कर देती है।

लुडलो (Ludlow)
शीर्षकों/उपशीर्षकों/सजावटी विज्ञापनों आदि के लिए हाथ से संयोजित मुद्राक्षरों की पट्टियाँ ढालने वाली मशीन। इसके आविष्कारक लुडलो महोदय के नाम पर इस मशीन का यह नाम रूढ़ है।

लेख (Article/Write Up)

1. समाचारेतर कोई भी निबंध/संपादकीय/टिप्पणी/फीचर/समीक्षा आदि।

2. पत्रिका के अंतर्गत प्राय: विचारात्मक निबंध।

लेखक (Writer, Author)

किसी रचना/कृति का सर्जक, रचयिता।

लेखकीय परिवर्तन (Author's Alteration (A. A.))

मुद्रणीय पांडुलिपि अथवा उसके प्रूफों में लेखक के द्वारा यथावश्यक किया गया संशोधन, परिवर्धन आदि।

इस प्रयुक्ति का उपयोग तब किया जाता है, जब संपादक/मुद्रक/प्रकाशक को किसी परिवर्तन,संशोधन पर आपत्ति होती है। तब प्रूफ-संशोधक इस प्रयुक्ति से स्वयं दायित्व-मुक्त हो जाता है।

लेखन (Writing)

(1) पत्र/पत्रिका/पुस्तक आदि के लिए किसी भी प्रकार की मौलिक सामग्री प्रस्तुत करना।

(2) सर्जन-कला, रचना-शिल्प।

लेखा अनुभाग (Accounts Section)

पत्र-कार्यालय में पृथक् रूप से गठित, वित्त-संबंधी सभी मामलों के लिए उत्तर-दायी अनुभाग, जो सभी तरह की आय-व्यय, लेनदारियों-देनदारियों की देख-भाल करता है। वार्षिक लेखा-जोखा तैयार करना, बिलों का भुगतान और वसूली आदि इसी अनुभाग के कार्य हैं।

लेड (Lead)

सीसे की वे पतली पत्तियाँ जो मुद्रायोजित (कंपोज) पंक्तियों के बीच यथेष्ट अंतराल बनाये रखने के लिए डाली जाती हैं।

लेडमोल्ड (Lead Mould)

लेड ढालने का साँचा।

लोकप्रिय पत्रकारिता (Popular Journalism)

लोकरुचि को ध्यान में रखकर उत्सुकतावर्धक, सनसनीखेज, विचारोत्तेजक जानकारीपूर्ण सामग्री को प्रमुखता देनेवाली पत्रकारिता।

लोकमत (Public Opinion)

जनता या जनता के बहुत बड़े वर्ग की किसी विषय, मामले, प्रसंग के संबंध में बहुमान्य धारणा, चिंतनदृष्टि, राय आदि। "समाज के हितों से संबद्ध व उस

पर प्रभाव डालने वाले मामलों में मनुष्य की जो धारणाएँ हैं उन्हीं का सर्वयोग लोकमत कहलाता है।" (लार्ड ब्राइस)

लोकमत के साधन : समाचार पत्र, आकाशवाणी, दूरदर्शन, चलचित्र, विज्ञापन, प्रचार-साहित्य, सार्वजनिक सभा-सम्मेलन, भाषण, प्रदर्शन, जुलूस, सार्वजनिक (सामाजिक-राजनैतिक) कार्यकर्ता आदि।

व

वक्तव्य (Statement)
किसी सामयिक/विशिष्ट विषय/मामले आदि के संबंध में नीति-कथन, स्पष्टीकरण, विवरण।

वर्गीकृत विज्ञापन (Classified Advertisement)
पत्र-पत्रिकाओं में प्रकाशनीय/प्रकाशित ऐसे विशिष्ट विज्ञापन, जिन्हें किसी वर्ग-विशेष के अंतर्गत रखा जाता/जा सकता है, जैसे—मृत्यु-सूचना, नाम-परिवर्तन, पता-परिवर्तन, वैवाहिक, रिक्तस्थान, शिक्षा-संबंधी, क्रय-विक्रय, खोया-पाया, किराये पर, निविदा-सूचना, जायदाद-संबंधी, अदालती सूचना, वाहन-संबंधी आदि वर्ग निश्चित रहते हैं। वर्गीकृत विज्ञापनों के प्रकाशन हेतु शुल्क की एक विशेष रियायती दर निर्धारित होती है।

वर्णनात्मक वृत्त (Descriptive Bed)
समाचार/संपादकीय आदि को इतिवृत्तात्मक शैली में प्रस्तुत करना।

वर्णनात्मक समाचार (Narrative News)
इतिवृत्तात्मक विस्तृत समाचार जो प्रायः घटना-प्रधान होते हैं। युद्ध, सभा-समारोह, सम्मेलन; खेल-प्रतियोगिता (मैच) आदि से संबंधित समाचार प्रायः वर्णनात्मक होते हैं। इनमें संवाददाता प्रायः 'आँखों देखा' और 'कानों सुना' विवरण यथावत् प्रस्तुत कर देता है।

वस्तुनिष्ठ समाचार-लेखन (Objective Reporting)
केवल तथ्यों/आँकड़ों और अधिकृत सूचनाओं पर आधारित समाचारों की यथा-तथ्य, तटस्थ, निष्पक्ष विश्लेषणरहित और निर्वैयक्तिक प्रस्तुति।

वाकिआनवीस (Correspondent)
'संवाददाता' का फ़ारसी-पर्याय। 'वाकिआ'—घटना, प्रसंग, वृत्तांत; 'नवीस'—लिखने वाला, मध्ययुग के मुगल शासकों द्वारा विभिन्न राज्यों में वहाँ के समाचार लिख भेजने के लिए 'वाक़िआ नवीस' नियुक्त होते थे। बाद में ईस्ट इंडिया कंपनी द्वारा भी इनकी सेवाएँ प्राप्त की गयीं।

वाणिज्य पत्रकारिता (Commercial Journalism)
केवल व्यापार-वाणिज्य, वित्त-उद्योग आदि से संबंधित समाचारों, गतिविधियों, प्रतिक्रियाओं का संकलन-संपादन व पत्र-पत्रिका में प्रकाशन। बाजार-भाव, कर-निर्धारण, शेयर-बाजार, बजट आदि की नियमित सूचना एवं समीक्षा इस पत्रकारिता का अनिवार्य अंग है।

वाणिज्य संपादक (Commercial Editor)
केवल व्यापार-वाणिज्य, वित्त-उद्योग आदि से संबंधित प्रकाशनीय सामग्री का संकलन, चयन, संपादन, विवेचन-विश्लेषण आदि करने वाला।

वाणिज्य प्रतिनिधि/वाणिज्य संवाददाता (Commercial Correspondent)
केवल व्यापार-वाणिज्य, वित्त-व्यवसाय, उद्योग आदि से संबंधित, पत्र-पत्रिका में प्रकाशनीय सामग्री (समाचार, बाजार-भाव, कर-निर्धारण आदि) का संकलन कर प्रकाशनार्थ प्रेषित करने वाला संवाददाता।

वातरुद्ध कागज (Airproof Paper)
एक विशेष कागज, जो हवा के प्रभाव से मुक्त होता है।

वार्षिक/वार्षिकी (Yearly)
बारह मास के अंतराल से प्रकाशित होने वाला नियमित प्रकाशन (पत्रिका आदि)।

वार्निशिंग (Varnishing)
सादा या रंगीन मुद्रण-युक्त कागज (प्राय: आवरण पृष्ठ) को रासायनिक पद्धति से चमकदार बनाना।

वार्त्ता (Talk)
(1) विभिन्न सामयिक अथवा स्थानीय महत्त्व के विषयों पर तैयार किया गया संक्षिप्त, सारगर्भित और जानकारीपूर्ण लेख जो एक निश्चित (दस, पंद्रह

या बीस मिनट की) अवधि में आकाशवाणी से प्रसारित किया जाता है। इसमें वार्त्ताकार (लेखक, विषयविशेष का जानकार व्यक्ति) मानो श्रोताओं को प्रत्यक्ष संबोधित करता हुआ, संलाप-शैली में अपना कथ्य प्रस्तुत करता है।

(2) भारत की राष्ट्रीय स्तर की प्रमुख संवाद समिति (सन् 1961 ई० में स्थापित) 'यूनाइटेड न्यूज ऑफ इंडिया' (यू० एन० आई०) की हिंदी-सेवा जो सन् 1982 ई० में आरंभ हुई।

यह 'यूनीवार्त्ता' अथवा 'वार्त्ता' दोनों नामों से ज्ञात एवं ख्यात है।

विज्ञप्ति (Notification)
(1) विशिष्ट सूचना, समाचार या वक्तव्य की घोषणा, (2) विज्ञापन, इश्तिहार।

विज्ञापक, विज्ञापनदाता (Advertiser)
विज्ञापन देने वाला।

विज्ञापन (Advertisement, AD.)
अपनी बात, वस्तु, उत्पाद और उसकी विशेषताओं को, लाभार्जन के उद्देश्य से, सर्वसामान्य की जानकारी में लाने का साधन/माध्यम। विज्ञापन का उद्देश्य प्राय: क्रय-विक्रय की वस्तुओं, उत्पादों आदि की सूचना ऐसे रोचक और आकर्षक ढंग से देना होता है जिससे उपभोक्ता समुत्सुक और प्रेरित हों। इसके अतिरिक्त अन्य आवश्यकताओं की पूर्ति के लिए भी विज्ञापन एक सशक्त माध्यम है। नौकरी के लिए रिक्त स्थान, अच्छे कार्मिकों की खोज, विवाह-संबंध, नाम-पता-परिवर्तन आदि की सूचना, मृत्यु-सूचना, निविदा-आमंत्रण, सभा-समारोह-संगोष्ठी आदि की सूचना, प्रवेश-सूचना, परिणाम आदि बहुत-कुछ विज्ञापनों का विषय बन चुका है।

पत्र-पत्रिकाओं में प्रकाशित होने वाले विज्ञापन कई प्रकार के होते हैं: (1) वर्गीकृत विज्ञापन, (2) अनुबंधित विज्ञापन, (3) आकस्मिक विज्ञापन आदि। इनका शुल्क, प्रकाशन-स्थान, पृष्ठ और विज्ञापन के स्वरूप आदि के अनुसार भिन्न-भिन्न होता है।

आकाशवाणी से प्रसारित विज्ञापन पूर्णत: ध्वनि-संयोजन पर आधारित होते हैं, जबकि दूरदर्शन में दृश्य-श्रव्य दोनों माध्यम अपनाये जाते हैं। इनका शुल्क प्रसारण-अवधि के अनुपात के अनुसार निर्धारित होता है।

विज्ञापन-एजेंसी (Advertisement Agency)
विज्ञापनदाताओं और विज्ञापन-प्रकाशकों के मध्य समन्वय रखने वाला अभिकरण (व्यक्ति या संस्था)। इसका काम एक ओर विज्ञापनदाताओं से संपर्क

कर उनसे विज्ञापन प्राप्त करना, उन्हें अच्छा लाभ देने वाली विज्ञापन-सामग्री तैयार कराने में सहायता देना, चित्र, ब्लॉक आदि बनवाना, उनके विज्ञापन अधिक प्रसार-संख्या वाले पत्रों/पत्रिकाओं में दिलाना आदि है, दूसरी ओर विज्ञापन प्रकाशित करने वाले पत्रों/वाली पत्रिकाओं से संपर्क रखना, उन्हें अधिकाधिक विज्ञापन दिलाना आदि भी है। इसके लिए उसे दोनों ओर से एक निश्चित प्रतिशत दर पर शुल्क (कमीशन) प्राप्त होता है।

विज्ञापन एवं दृश्य प्रचार निदेशालय
(Directorate of Advertising and Visual Publicity, D. A. V. P.)
भारत सरकार की ओर से प्रचार-हेतु संचालित महत्त्वपूर्ण संस्था। पत्र-पत्रिकाओं, फिल्मों आदि को विभिन्न प्रकार के सरकारी विज्ञापन इसी संस्था द्वारा प्रकाशनार्थ/प्रसारणार्थ दिये जाते हैं।

विज्ञापन-प्रबंध (Advertisement Manager)
पत्र-कार्यालय में पृथक् रूप से गठित विज्ञापन-विभाग का प्रमुख। विज्ञापन-संबंधी सभी कार्य-कलापों, व्यवस्थाओं आदि का समन्वय, निरीक्षण, मूल्यांकन आदि इसी का काम है।

विज्ञापन प्रतिनिधि (Advertisement Agent)
बड़े (अधिक प्रसार संख्या वाले) पत्र और बड़ी पत्रिकाओं द्वारा अपने प्रकाशन/प्रकाशनों के लिए अधिकाधिक विज्ञापन प्राप्त करने के लिए निर्धारित वेतन-मान या प्रतिशत-दर (कमीशन) के आधार पर नियुक्त विशिष्ट कार्मिक, जो सरकारी/गैरसरकारी कार्यालयों, संस्थाओं, संस्थानों, उत्पादकों, विक्रेताओं आदि से निरंतर संपर्क रखकर, उनसे संबद्ध पत्र/पत्रिका के लिए विज्ञापन प्राप्त करता है।

विज्ञापन-प्रतिलाभ (Advertising Return)
पत्र/पत्रिका को विज्ञापन-प्रकाशन से होने वाला अर्थलाभ।

विज्ञापन-रहित पत्र/पत्रिका (Adless Paper)
वह पत्र/पत्रिका, जिसकी नीति विज्ञापन न छापने की हो। जैसे—हरिजन सेवक, कल्याण आदि।

विज्ञापन-पृष्ठ (Advertising Page)
पत्र/पत्रिका का वह पृष्ठ, जो विभिन्न प्रकार के विज्ञापनों के लिए ही नियत रहता है। समाचारपत्रों का प्रायः दूसरा पृष्ठ विज्ञापन पृष्ठ कहलाता है।

विज्ञापन-माध्यम (Advertisement Media)
विचारों, आवश्यकताओं, माँगों, वस्तुओं, उत्पादों आदि के सार्वजनिक प्रचार-

हेतु प्रयुक्त साधन, उपकरण या माध्यम। यथा: समाचार पत्र, नियतकालिक पत्रिकाएँ, आकाशवाणी, दूरदर्शन, प्रचार-पुस्तिका (बुकलेट), पत्रक, हस्तपत्रक, भित्तिपत्रक (पोस्टर), सिनेमा स्लाइड, नियोन साइन इत्यादि।

विज्ञापन-लेखक (Copy Writer)
पत्र/पत्रिकाओं/व्यावसायिक प्रतिष्ठानों/विज्ञापन समितियों आदि के लिए विभिन्न प्रकार की विज्ञापन-सामग्री तैयार करने वाला।

विज्ञापन विभाग (Advertisement Division)
पत्र-कार्यालय का एक महत्त्वपूर्ण संभाग जो पत्र-पत्रिका की प्रसार-संख्या और आय बढ़ाने में सहायक होता है। विज्ञापनदाताओं को अधिकाधिक सुविधाओं का आकर्षण देकर उनसे विज्ञापन लेना (बुक करना), उनके लिए विज्ञापन तैयार कराना, प्रकाशित विज्ञापनों की सूचना/कतरन विज्ञापकों को भेजना, उनसे शुल्क/भुगतान लेना आदि कार्य इस विभाग द्वारा संपन्न होते हैं।

विज्ञापित (Advertised)
जिसका विज्ञापन किया गया हो।

विचार पत्र (Opinion Press)
सामयिक अथवा स्थायी महत्त्व की घटनाओं, स्थितियों, समस्याओं आदि पर केवल विचारोत्तेजक सामग्री प्रस्तुत करने वाला नियमित पत्र।

वितरक (Distributor)
मुद्रण के उपरांत खाली हो चुके मुद्राक्षरों को उनके निर्धारित खानों में रखने वाला व्यक्ति।

वितरण (Distribution)
मुद्रण के उपरांत खाली हो चुके मुद्राक्षरों को उनके निर्धारित खानों में रखना।

विदेश संवाददाता (Foreign Correspondent)
पत्र/पत्रिका की ओर से विदेश में नियुक्त, वहाँ की अपने पत्र में प्रकाशनीय, गतिविधियों, सूचनाओं, खबरों आदि को नियमित रूप से भेजने वाला संवाददाता। बड़े (अधिक प्रसार संख्या वाले) पत्रों द्वारा प्रायः प्रत्येक देश की राजधानी तथा अंतर्राष्ट्रीय महत्त्व के नगरों में ऐसे संवाददाता स्थायी रूप से नियुक्त होते हैं।

विधि-विभाग (Legal Department)
प्रायः बड़े (अधिक प्रसार-संख्या वाले) पत्रों के कार्यालय में विशेषतः गठित वह विभाग जो पत्र के लिए कानूनी सलाहकार का काम करता है। इसमें

नियुक्त विधि-विशेषज्ञ इस बात की सतर्कता रखते हैं कि पत्र-संपादन, मुद्रण तथा व्यवस्थापन-संबंधी कार्य-कलाप विधि-सम्मत ढंग से हों तथा यदि कोई कानूनी व्यवधान (मुद्रित सामग्री पर किसी प्रकार की वैधानिक आपत्ति, कर्मचारियों की नियुक्ति, पदोन्नति या वेतन आदि संबंधी कानूनी कार्रवाई की स्थिति) आ जाये, तो अभियोग आदि की पैरवी, बचाव आदि कानूनी पहलुओं की व्यवस्था की देखभाल यही विभाग करता है।

विमोचन (Release)
किसी सद्यःप्रकाशित (नवप्रकाशित) पुस्तक, पत्र-पत्रिका आदि को जन-प्रसार-हेतु या विक्रयार्थ जारी करना।

विराम (Period)
पत्रकारिता-क्षेत्र में पूर्णविराम (Full Stop) के लिए प्रचलित शब्द।

विलोम स्तूपी (शीर्षक) (Inverted Pyramid, I. P.)
ऐसा शीर्षक जो ऊपर से बड़ा और नीचे क्रमशः छोटा होता चला जाय। दे० गावदुम (शीर्षक)—

ईरान-इराक में युद्ध
दस भारतीय
घायल

विवरण पंजिका (Log Book)
संपादकीय विभाग में रखी रहने वाली वह पंजिका (रजिस्टर) जिसमें दैनिक कार्य-कलाप/सूचनाओं आदि का विवरण लिखा जाता है।

विवरणिका/लघुपुस्तिका (Brochure)
विषय-विशेष के मुख्य संकेत-बिंदुओं को उभारने अथवा किसी विशिष्ट अवसर (अधिवेशन, सम्मेलन, समारोह आदि) से संबंधित अभीष्ट जानकारी सार-रूप में देने के लिए प्रस्तुत की जाने वाली छोटी-सी पुस्तिका। इसके लिए फ्रेंच शब्द 'ब्रोशर' विशेषतः प्रचलित है।

विशिष्ट (Exclusive)
किसी पत्र को उपलब्ध ऐसा महत्त्वपूर्ण समाचार, जिसके किसी अन्य पत्र में प्रकाशित होने की संभावना न हो।

विशिष्ट पत्रकार (Ace Newsman)
पत्रकारिता के क्षेत्र में अपेक्षाकृत विशिष्ट संपादन-कौशल का परिचायक पत्रकार।

विशेषांक (Special Number)
किसी पत्र-पत्रिका का केवल किसी विशेष दिन, अवसर, उपलक्ष्य, विषय, सामयिक समस्या, घटना आदि से संबंधित सामग्री से युक्त विशेष संस्करण।

विशेष संवाददाता (Special Correspondent)
कतिपय विशिष्ट कोटि और विशिष्ट स्तर के समाचारों के लिए नियुक्त संवाददाता, यथा: क्रीड़ा-जगत्, संसद, विधानसभा, फिल्म, रंगमंच, सामाजिक-धार्मिक, सांस्कृतिक गतिविधियों, बड़े अपराधों के समाचारों के संकलन-विवेचन-विश्लेषण करने वाले संवाददाता। विशिष्ट संगठनों, कार्यालयों, दलों, उद्योग-केन्द्रों से संबद्ध समाचारों के लिए भी कुछ पत्रों के विशेष संवाददाता होते हैं। कुछ बड़े पत्र बड़े-बड़े नगरों में, वहाँ के हर प्रकार के समाचारों के संकलन और प्रेषण के लिए विशेष संवाददाता नियुक्त करते हैं।

विशेषीकृत समाचार (Specialised News)
सामान्य रुचि के समाचारों से इतर, वे विशिष्ट समाचार, जो तकनीकी, कलात्मक अथवा वैधानिक जानकारी की अपेक्षा करते हैं। जैसे खेलकूद, वाणिज्य-उद्योग, वित्त-व्यवसाय, विधि, कला, संगीत, विज्ञान, सिनेमा, स्वास्थ्य आदि से संबंधित समाचार।

विषयिगत समाचार लेखन (Subjective Reporting)
किसी विशेष व्यक्ति/वर्ग/संस्था/दल/संप्रदाय आदि को आधार बनाकर प्रस्तुत की गयी समाचार-सामग्री।

विसंगत (बेमेल) मुद्राक्षर (Wrong Font)
एक विशेष रूपाकार के मुद्राक्षरों के समायोजन में भूल से लग जाने वाला, भिन्न रूपाकार वाला (गलत या बेमेल) मुद्राक्षर। ऐसी स्थिति में प्रूफ-संशोधक 'डब्ल्यू० एफ०' (W.F.) से उसे चिह्नित कर, उसके स्थान पर सही मुद्राक्षर लगाने का संकेत करता है।

विस्तार/प्रस्तार (Blow Up)
किसी चित्र अथवा मुद्रित सामग्री का आकार बढ़ाना।

वृत्तचित्र (Feature Film)
किसी घटना/समाचार/समस्या-विशेष पर आधारित लघु चलचित्र। यह प्रायः तथ्यात्मक, सूचनात्मक और वृत्तात्मक अथवा वर्णनात्मक होता है।

वेष्टन कागज़ (Wrapping Paper)
हल्के बादामी अथवा हल्के हरे-आसमानी रंग का बहुत मोटा और मज़बूत कागज जो पार्सल आदि बाँधने के लिए प्रयुक्त होता है ।

वैषम्य (Contrast)
पृष्ठ-विन्यास के समय दो समान महत्त्व के समाचारों/चित्रों/शीर्षकों को एक दूसरे के आमने-सामने इस प्रकार रखना कि वे पाठक को आकृष्ट कर सकें। परस्पर विरोधी दिशाओं अथवा विषम दूरी का अनुपात ही इसकी सज्जा का आधार होता है ।

वृत्त (Story)
समाचार का विस्तृत विवरण : "इस समाचार का वृत्त मनगढ़ंत प्रतीत होता है ।"

व्यक्तिनिरपेक्ष पत्रकारिता (Impersonal Journalism)
(1) तटस्थ, निष्पक्ष, विषयनिष्ठ समाचार/विचार-सामग्री का संकलन, संपादन, संयोजन, प्रकाशन ।

व्यथा-स्तंभ (Agony Column)
व्यक्तिगत हानि, शोक-सूचना आदि के लिए निर्धारित स्तंभ ।

व्याख्यात्मक समाचार (Explanatry News)
अभीष्ट घटना या प्रसंग के सभी पहलुओं की यथासंभव पूरी जानकारी प्रस्तुत करने वाला ऐसा समाचार जिसमें छ: ककारों (क्या, कब, कहाँ, किसके द्वारा, क्यों, कैसे हुआ ?) के सम्यक् समाधान के अतिरिक्त, उसकी पृष्ठभूमि में निहित कारणों और संभावित प्रभावों तथा परिणामों की भी व्याख्या रहती है ।

व्याख्यात्मक समाचार लेखन (Interpretative Reporting)
किसी समाचार में निहित तथ्यों/आँकड़ों/सूचनाओं आदि को मात्र यथातथ्य रूप में प्रस्तुत न करके उनसे संबद्ध पृष्ठभूमि, प्रेरणा, प्रतिक्रिया, प्रभाव आदि की भी व्याख्या करते जाना ।

व्यापार पत्रिका (Trade Journal)
व्यापारजगत से संबंधित समाचारों/विचारों/गतिविधियों आदि को प्रस्तुत करने वाली पत्रिका ।

व्यावसायिक पत्रकारिता (Vocational Journalism)
रोज़गार, उद्योग धंधे, तकनीकी ज्ञान आदि से संबंधित पत्र/पत्रिका का संपादन ।

व्यावसायिक पत्रिका (Professional Journal)
किसी विशेष उद्योग, व्यवसाय, रोजगार आदि के संबंध में जानकारी/सूचना/विश्लेषण आदि देने वाली पत्रिका।

व्यंग्यचित्र (Cartoon)
वे व्यंग्यात्मक रेखा-कृतियाँ जो विशिष्ट समाचारों, घटनाओं, व्यक्तियों अथवा कथनों की चुटीली प्रतिक्रिया के रूप में बनायी जाती हैं। किसी प्रसंग से संबंधित विनोदपूर्ण कटाक्ष द्वारा विचारोत्तेजक प्रभाव उपस्थित करना इनका उद्देश्य होता है।

व्यंग्य चित्रकार (Cartoonist)
सामयिक समाचारों, घटनाओं आदि पर आधारित, व्यंग्यात्मक रेखाचित्र बनाने वाला वह कलाकार जो अभीष्ट प्रसंग पर चुटीली टिप्पणी के रूप में रोचक प्रतिक्रिया व्यक्त करता है।

व्यापी समाचार (Spread News)
व्यापक प्रभाव और प्रतिक्रियाओं की संभावना से युक्त ऐसा समाचार, जिसकी पृष्ठभूमि असाधारण हो और जो प्रभाव एवं परिणाम की दृष्टि से भी पर्याप्त महत्त्वपूर्ण हो। ऐसे समाचार में वस्तुतः अन्य अनेक संबद्ध समाचार भी व्याप्त रहते हैं; अर्थात् अभीष्ट मुख्य समाचार के समर्थन या खंडन, प्रतिक्रिया और प्रभावजन्य अन्य कई समाचार भी देने पड़ते हैं। उदाहरणतः किसी महत्त्वपूर्ण चुनाव परिणाम, भीषण जासूसी कांड, संसद में बजट की प्रस्तुति, आकस्मिक प्रकृति-प्रकोप, अप्रत्याशित सत्ता-परिवर्तन, राजनैतिक क्रांति आदि से संबंधित समाचार 'व्यापी' होते हैं।

श

शिकंजा (Chase)
लोहे का आयताकार शिकंजा, लोहे का फ्रेम जिसमें मुद्रणीय सामग्री के मुद्रा-योजित (कंपोज़ किये गये) पृष्ठ व्यवस्थित रूप से रखकर, उनके साथ लकड़ी

या लोहे की गिटिट्याँ लगाकर, उन्हें ऐसी मजबूती से कस दिया जाता है कि एक भी मुद्राक्षर हिलता या गिरता नहीं है। इसी फ्रेम को मुद्रणयंत्र (प्रिंटिंग मशीन) पर चढ़ाकर छपाई की जाती है।

शिखर (शीर्षक) (Top (Heading))
समाचारपत्र के एक स्तंभ में दिया जाने वाला मोटा (बोल्ड) शीर्षक। इसे 'एकस्तंभीय' (शीर्षक) भी कहते हैं।

शिलामुद्रण/पत्थर-छपाई (Planography/Lithography)
एक विशेष प्रकार के पत्थर द्वारा की जाने वाली छपाई जिसमें एक विशेष प्रकार के (प्रायः पीले रंग के) कागज़ पर एक विशेष स्याही (प्रायः कत्थई रंग की) से मुद्रणीय सामग्री लिखकर, उसे पत्थर पर अंकित कर लिया जाता है और उसे मुद्रण-यंत्र में लगा दिया जाता है। एक बेलन से उस पर स्याही लगती जाती है और कागज़ पर मुद्रणीय सामग्री की छाप अंकित होती रहती है। इसका बेलन उस पत्थर को गीला करता रहता है जिससे स्याही जम न जाय।

आजकल पत्थर के स्थान पर अल्मूनियम या जस्ते की चद्दरों का प्रयोग होता है।

उर्दू एवं सिंधी भाषा (जिसमें फारसी लिपि प्रयुक्त होती है) के अधिकांश पत्र, बड़े भित्तिविज्ञापन (पोस्टर) आदि प्रायः इसी पद्धति से छपते हैं।

शीर्षक (Heading)
समाचार/संपादकीय/लेख अथवा किसी भी रचना की विषयवस्तु का सूचक वह पद/पदांश/वाक्य/वाक्यांश जो प्रायः रचना के ऊपर दिया जाता है। शीर्ष (सबसे ऊपर)—स्थित होने के कारण ही यह शीर्षक कहलाता है।

पत्र-पत्रिका में शीर्षक समाचार अथवा रचना का दर्पण है। इसे समाचार-पत्र का वह वातायन कहा गया है जिससे उसके भीतर की स्पष्ट झलक मिल जाती है। एक प्रकार से शीर्षक समाचार के भीतरी स्वरूप की परिचायिका काँच-खिड़की (शो-विंडो Show Window) है। वह समाचार के सार का विज्ञापक होता है। इसे किसी पत्र की विचारधारा, नीति, प्रवृत्ति आदि का प्रतिबिंब कहा जा सकता है। यह संपादकीय दृष्टिकोण की प्रतिच्छाया प्रस्तुत करता है। पत्र के प्रति पाठकों/ग्राहकों का ध्यान आकृष्ट करने तथा उनकी रुचि जाग्रत् करने में शीर्षक का योगदान असंदिग्ध है। उत्सुकता और कुतूहल शीर्षक का प्राणतत्त्व है। शीर्षक पर नजर पड़ते ही पूरा समाचार पढ़ने की उत्कंठा जाग जाय—इसी में शीर्षक की सार्थकता है।

शैली और रूपाकार की दृष्टि से शीर्षक कई प्रकार के हो सकते हैं। शैली की दृष्टि से शीर्षकों के दो मुख्य वर्ग हैं :

(1) तथ्यात्मक : भोपाल में जहरीली गैस रिसने से दो हजार मरे ।

(2) भावात्मक : भोपाल में महाकाल का तांडव नृत्य : जहरीली गैस ने दो हजार की जान ली ।

भावात्मक शीर्षकों के कुछ अवांतर भेद भी हैं; जैसे :

(क) तटस्थ : 'हिंसक भीड़ पर पुलिस की गोली : पाँच मरे, तीस घायल ।'

(ख) उत्तेजक : पुलिस ने पाँच कार्यकर्त्ता गोलियों से भून डाले : अनेक घायल ।

अथवा : 'बेकाबू प्रदर्शनकारियों पर पुलिस को गोली चलानी पड़ी ।'

रूपाकार की दृष्टि से शीर्षक कई प्रकार के हो सकते हैं । जैसे :

(1) बायीं ओर सटे : ....
....
....

(2) दायीं ओर सटे : ....
....
....

(3) सोपानक (सीढ़ीदार) ....
....
....

(4) स्तूपाकार ....
....
....

(5) विलोमस्तूपी : ....
....
....

(6) झूलेदार : (क) .... (ख) ....
....
....

(7) आयताकार : ....

....

....

(8) पाररेखा (क्रॉस लाइन)

....

(पताका या पृष्ठशीर्ष)

(9) कटि शीर्षक : ....

....

........................इत्यादि

(विभिन्न शीर्षक-भेदों के विवरण-हेतु देखिए : संबद्ध प्रविष्टियाँ)

शीर्षक बाद में (Hading to Come, H. T. K.)
समाचार की पांडुलिपि पर शीर्षक बाद में दिये जाने का निर्देश। इसके लिए अंग्रेजी का H. T. K. रूढ़ शब्द है।

शीर्ष पंक्ति (Headline)
किसी समाचार का दो-तीन वाक्यों में दिया गया ऐसा शीर्षक जिससे पाठक या श्रोता को पूरे समाचार की संक्षिप्त जानकारी मिल जाय। आकाशवाणी एवं दूरदर्शन से प्रसारित समाचार अंक (बुलेटिन) में सर्वप्रथम सुनाये जाने वाले 'प्रमुख समाचार' के रूप में समाचारों की 'मुख्य पंक्तियाँ' (हैड लाइंस) प्रस्तुत की जाती हैं।

शीर्ष रेखिका (Head Rule)
समाचारपत्र के मुख पृष्ठ पर पत्र के नाम, प्रकाशन स्थान, तिथि, मूल्य आदि के विवरण के पश्चात् तथा समाचार-सामग्री के ऊपर, बीचोबीच बायें सिरे से दायें सिरे तक दी जाने वाली मोटी काली रेखा।

शून्यकाल (Zero Hour)
समाचारपत्र का मुद्रण आरंभ होने से पूर्व का वह क्षण जिसके बाद कोई समाचार समाविष्ट नहीं किया जा सकता।

शेषांश (शीर्षक) टूट (Catchline)
पूर्व पृष्ठ पर कोई समाचार पूर्ण न आ सकने पर जब किसी आगामी पृष्ठ पर

उस समाचार का शेषांश देते समय इसका जो पूर्वशीर्षक-सूचक संकेत दिया जाता है उसे 'शेषांश शीर्षक' (केच लाइन) कहते हैं :

सदन में हंगामा

(पृष्ठ 1, कालम 4 का शेष)

शोक-समाचार (Obituary, Obit)
व्यक्ति-विशेष की मृत्यु का समाचार और उसके साथ उसकी जीवनी भी देना।

शोध एवं संदर्भ संभाग (Research And Reference Division, R. R.)
प्रत्येक बड़े (अधिक प्रसार संख्या वाले) पत्र और पत्रिकाओं के कार्यालयों में स्थापित वह संभाग, जहाँ विभिन्न प्रकार के संदर्भ ग्रंथों, कोशों, महत्त्वपूर्ण दस्तावेज़ों, कतरन-संचिकाओं आदि का व्यवस्थित और विषय-क्रमानुसार संकलन रहता है।

शोध-पत्रिका (Research Magazine)
साहित्य, कला, विज्ञान, पुरातत्त्व, इतिहास एवं प्रौद्योगिकी आदि से संबद्ध खोज-पूर्ण सामग्री प्रकाशित करने वाली पत्रिका। ऐसी पत्रिकाओं की सामग्री स्थायी महत्त्व की होती है और दीर्घावधि तक ऐतिहासिक दस्तावेज के रूप में प्रयुक्त होती है।

श्याम-श्वेत (Black and White, B. & W.)
(1) किसी बात को लिखित रूप में प्रस्तुत करना।
(2) सादी, काली और सफेद छपाई।

श्रमजीवी पत्रकार (Working Journalist)
पत्रकारिता द्वारा जीविका कमाने वाला कार्मिक।

श्वेत/अमुद्रित स्थान (White space)
पत्र/पत्रिका के किसी पृष्ठ का अमुद्रित स्थान जो प्रायः विज्ञापन-शीर्षक के साथ इस उद्देश्य से छोड़ा जाता है, जिससे पाठक/विज्ञापनदाता आकृष्ट हों।

स

संकुंचन (Subbing)
किसी अभीष्ट मुद्रणीय सामग्री (समाचार या लेख) के लिए पत्र-पत्रिका में यथेष्ट स्थान रिक्त न होने की स्थिति में उपलब्ध स्थान के अनुरूप उसे इस प्रकार संक्षिप्त-रूप देकर व्यवस्थित करना कि उसमें अभीष्ट मुद्रणीय सामग्री (समाचार या लेख) के सभी प्रमुख बिंदुओं का समावेश हो जाय।

संकर्तित पृष्ठ (Tear Sheet)
विज्ञापनदाताओं के प्रकाशित विज्ञापन के अंश को, उनके सूचनार्थ भेजने के लिए पत्र/पत्रिका के पृष्ठ से काटकर अलग करना।

संकलन/संग्रह (Collection)
(1) अभीष्ट सामग्री (समाचारों, सूचनाओं, विचारों, लेखों आदि) का संग्रह/चयन।

(2) संग्रह-ग्रंथ या पुस्तक जिसमें विविध विषयक अथवा एक ही विधा की सामग्री संगृहीत रहती है। यह संग्रह किसी एक ही रचनाकार की रचनाओं (कविताओं, कहानियों, निबंधों आदि) का भी हो सकता है और अनेक रचनाकारों की रचनाओं का भी।

संकेत-शब्द/संकेत-पक्ति (Slug)
(1) पांडुलिपि के प्रत्येक पृष्ठ पर ऊपरी कोने में समाचारों की पहचान के लिए दी जाने वाली पंक्ति।

(2) एकाधिक किश्तों/कड़ियों में क्रमश: दिये जाने वाले समाचार की किश्त-संख्या या कड़ी-संख्या का संकेतक शब्द/की संकेतक पंक्ति, जिसका उपयोग प्राय: समाचार-प्रेषक संवाददाताओं या अभिकरणों (एजेंसियों) द्वारा किया जाता है।

(संयुक्त राष्ट्रसंघ के महाअधिवेशन से आने वाले क्रमिक समाचार की किश्तें) यू० एन० ओ० 2, यू० एन० ओ० 3, यू० एन० ओ० 4 आदि।

संक्षिप्त (Brief, Abridged)
अभीष्ट सामग्री का सार-रूप में (उसे कम करके, न्यूनतम शब्दों में) प्रस्तुत

किया गया वह स्वरूप, जिसमें मूल सामग्री के प्राय: सभी मुख्य बिंदु समेट लिये गये हों।

संक्षिप्त (समाचार) (Short)
विस्तृत विवरण-युक्त समाचार का सार-रूप।

संक्षिप्तीकरण, संक्षेप (Summary)
अभीष्ट सामग्री का सार-रूप, लगभग एक-तिहाई भाग में किया गया ऐसा संक्षेपण, जिसमें मूल सामग्री के प्राय: सभी मुख्य बिंदु संयोजित हों।

संक्षेपण (Abridgement/Condensation)
(1) बहुप्रयुक्त लंबे शब्दों/वाक्यांशों/पदों का प्रथमाक्षर-संकेत।
(2) प्राप्त सामग्री का सार-संक्षेप करना।

संगति (Harmony)
पृष्ठ-विन्यास के समय विभिन्न शीर्षकों के मुद्राक्षर-आकार अथवा चित्रों की लंबाई-चौड़ाई ऊपर-नीचे या दायें-बायें इस समाकृति में रखना कि देखने में आकर्षक लगे।

संचार (Communication)
अभीष्ट सूचना या समाचार को दो या दो से अधिक व्यक्तियों अथवा स्थानों तक संप्रेषण की प्रक्रिया।

संचार उपग्रह (Satellite)
पृथ्वी से अंतरिक्ष में छोड़ा गया वह कृत्रिम उपग्रह, जिसमें स्वत:चालित संचार उपकरण (रेडियो, दूरदर्शन, दूरभाष, फोटो-कैमरा आदि) लगे रहते हैं। दूरस्थ नगरों/स्थलों में अभीष्ट सामग्री का संप्रेषण/संचार इसके माध्यम से बहुत द्रुत गति से और सुगमता से हो जाता है। आकाशीय स्थिति का ज्ञान तो उससे निरंतर होता ही रहता है, पृथ्वी के एक स्थान से दूसरे स्थान पर भी तत्काल संचार-संपर्क स्थापित हो जाता है। समाचारपत्रों के पूरे पृष्ठ इसके प्रक्षेपण द्वारा अन्यत्र स्थित कार्यालयों में प्राप्त कर पुनर्मुद्रित किये जा सकते हैं।

संचार केन्द्र (Media Centre)
जनसंपर्क केंद्र, सूचना केंद्र, समाचार केंद्र। जनसंचार-माध्यमों का केंद्रीय स्थान।

संचार माध्यम (Media)
जनसंपर्क, सर्वसामान्योपयोगी सूचनाओं, समाचारों आदि के लिए प्रयुक्त साधन

एवं उपकरण : समाचारपत्र, आकाशवाणी, दूरदर्शन, दूरभाष, पत्रक, पोस्टर आदि।

संतुलित विन्यास/सज्जा (Balanced Make Up)
पत्र/पत्रिका के पृष्ठ पर शीर्षकों-उपशीर्षकों/चित्रों/विभिन्न मुद्राक्षरों आदि को इस प्रकार सजाना कि उनकी लंबाई-चौड़ाई, परस्पर दूरी, संगति और मुद्राकृति आदि में आकर्षक संतुलन बना रहे। जैसे—समान आकार वाले चित्रों/शीर्षकों आदि को समान अंतराल पर आमने-सामने रखना, समाचार सामग्री और संबद्ध चित्र में यथोचित अनुपात का ध्यान रखना आदि।

संदर्भ पत्रकारिता/संदर्भ सेवा (Reference Service)
विविध और विशिष्ट विषयों से संबंधित सहायक सामग्री उपलब्ध कराने की सुविधा जुटाने का कार्य। इससे संपादकीय लेखन विशिष्ट स्तंभों के लिए सामग्री-चयन, तथ्य-परीक्षण, भौगोलिक और ऐतिहासिक तथ्यों की पुष्टि आदि में बहुत सहायता मिलती है।

संदर्भ साहित्य (Reference Literature)
विविध एवं विशिष्ट विषयों के संबंध में अभीष्ट सामग्री उपलब्ध कराने वाले ग्रंथ : कोश, विश्वकोश, संकलन, कतरन पंजिका, इतिहास ग्रंथ, शोधग्रंथ, वार्षिकी, निर्देशिका (डायरेक्टरी), चार्ट, एटलस, प्रतिवेदन, गजट, फोटो-एलबम इत्यादि।

संदेश (Massage)
अभीष्ट सूचना, समाचार आदि।

संदेशवाहक (Massanger)
अभीष्ट सूचना, समाचार आदि को एक स्थान से दूसरे स्थान तक ले जाने अथवा लाने वाला।

संपादक (Editor)
अभीष्ट मुद्रणीय सामग्री को प्रकाशन-योग्य बनाने के लिए उसके पाठ-निर्धारण, संशोधन, मुद्रण की अपेक्षाओं के अनुरूप संयोजन आदि की प्रक्रिया को संपन्न करने वाला विशेषज्ञ। पत्र-पत्रिका अथवा पुस्तक आदि के सुचारु मुद्रण-प्रकाशन हेतु अभीष्ट सामग्री का संकलन, उसकी भाषा-शैली के परिमार्जन, अपनी ओर से प्रस्तावना, टिप्पणी, संपादकीय लेख आदि के प्रस्तुतीकरण आदि का दायित्व-निर्वाह करने वाला संपादक ही होता है। 'समाचारपत्र एवं पुस्तक पंजीयन अधिनियम' के अनुसार 'समाचार पत्र में जो कुछ प्रकाशित होता है, उसका निश्चय करने वाला व्यक्ति संपादक कहलाता है।'

संपादक मंडल (Editorial/Editors Board)
किसी एक पत्र-पत्रिका से संबंधित एकाधिक संपादकों का सुगठित समूह जिसमें प्रधान संपादक, संपादक, सह (समाचार)-संपादक, उपसंपादक आदि सम्मिलित होते हैं। (देखिए : संबद्ध प्रविष्टियाँ)

संपादकीकरण (Editorialize)
किसी समाचार अथवा उसके शीर्षक में संपादकीय दृष्टिकोण की झलक।

संपादकीय (Editorial)
विशिष्ट समाचारों और सामयिक विषयों के संबंध में पत्र की नीति-अनुसार तथ्य एवं तर्कसंगत समीक्षात्मक दृष्टिकोण/सुझाव/विचारयुक्त सुरुचिपूर्ण लेख जो प्राय: संपादक द्वारा प्रस्तुत किया जाता है।

संपादकीय किसी पत्र-पत्रिका की विचार-नीतियों का दर्पण होता है। यह सामयिक समाचारों का ऐसा भाष्य होता है जो सर्वसामान्य पाठकों को विवेच्य समाचार/विषय/मुद्दे के विभिन्न पहलुओं और उसकी विशेषताओं एवं सीमाओं से अवगत कराता है।

पत्रिका के संपादकीय में समाचार की अपेक्षा विचार-समीक्षा अधिक होती है। उसमें प्राय: पत्रिका के विषय, क्षेत्र तथा संबद्ध अंक में प्रकाशित सामग्री का संक्षिप्त लेखा-जोखा रहता है।

संपादकीय नीति (Editorial Policy)
पत्र/पत्रिका में प्रकाशनीय सामग्री के विषय, विचार, दृष्टिकोण, विज्ञापन, पक्ष-विपक्ष, हित-रक्षा तथा समग्र प्रभाव आदि की दृष्टि से निर्धारित नीति।

संपादकीय पृष्ठ (Editorial Page)
समाचार-पत्र का प्राय: मध्यवर्ती विचार-पृष्ठ जिसमें संपादकीय अग्रलेख और टिप्पणियों के अतिरिक्त किसी सामयिक विषय पर कोई महत्त्वपूर्ण लेख या फीचर तथा पाठकों के पत्र आदि दिये जाते हैं। कभी-कभी पुस्तक-समीक्षा, कोई व्यंग्य-लेख, स्वास्थ्य-चर्चा, नियमित उद्योग-वित्त-समीक्षा, विधि विश्लेषण-संबंधी तथ्यपूर्ण सामग्री भी इस पृष्ठ पर दी जाती है।

संपादकीय पृष्ठ को 'समाचार-पत्र की आत्मा' कहा जाता है क्योंकि समूचे पत्र की रूपरेखा, नीति, विशेषता आदि की केंद्रीय धुरी यही पृष्ठ होता है।

संपादकीय बैठक (Editorial Meeting)
पत्र-कार्यालय में नियमित रूप से होने वाली प्रात:कालीन दैनिक बैठक जिसमें संपादक-मंडल के सदस्य सम्मिलित होकर विगत दिन के प्रकाशित संस्करण/

संस्करणों की समीक्षा तथा वर्तमान तथा आगामी दिन के संस्करण/संस्करणों की प्रस्तावित रूपरेखा पर विचार करते हैं। समाचारों की वरीयता, उनके उपयुक्त शीर्षक-उपशीर्षक का चयन, स्थान-निर्धारण, चित्र-निर्णय, अग्रलेख तथा अन्य संपादकीय टिप्पणियों के विषय, स्वरूप तथा लेखकादि का विचार भी इसी बैठक में होता है।

संपादकीय योजना (Editorial Planning)
पत्र/पत्रिका के लिए अग्रलेख/संपादकीय टिप्पणियों आदि के विषय, उसके लेखन-दायित्व, स्थान, आकार-प्रकार आदि का पूर्व-निर्धारण।

संपादकीय लेखक (Editorial writer)
पत्र-पत्रिका में प्रकाशनार्थ अभीष्ट विषय पर अग्रलेख तथा अन्य टिप्पणियाँ लिखने वाला।

संपादकीय लेखन (Editorial Writing)
पत्र-पत्रिका में प्रकाशनार्थ अभीष्ट विषय पर अग्रलेख तथा अन्य टिप्पणियाँ प्रस्तुत करना।

संपादकीय विभाग (Editorial Department)
पत्र-पत्रिका में अभीष्ट मुद्रणीय सामग्री के संकलन, चयन, अनुवाद, संशोधन, परिमार्जन, समायोजन, प्रूफ-पठन, शीर्षक-उपशीर्षक निर्धारण, पृष्ठ विन्यास, साजसज्जा, अग्रलेख व टिप्पणी-लेखन आदि कार्यों के लिए गठित विशिष्ट विभाग।

संपादकीय विभाग प्रेस-कार्यालय में सबसे बड़ा और महत्त्वपूर्ण होता है, जिसमें प्रधान संपादक, संयुक्त-सह-उप संपादक-मंडल, अनुवादक, छायाकार, प्रूफ-संशोधक, विशेष संवाददाता आदि सभी सम्मिलित होते हैं। प्रेस के अन्य विभाग—प्रबंध-विभाग, मुद्रण-विभाग आदि इसी विभाग की सलाह, सुविधा और आवश्यकतानुसार कार्य करते हैं।

इस संपादकीय विभाग में प्रायः तीन उपविभाग अथवा संभाग या प्रभाग हो सकते हैं— (1) समाचार संभाग (2) साहित्य-संभाग, जो प्रायः रविवासरीय संस्करण की प्रस्तुति में प्रवृत्त रहता है, (3) कला-संभाग, जिसकी जिम्मेदारी चित्र, छायाचित्र, ब्लॉक, मानचित्र, चार्ट आदि उपलब्ध कराना होता है।

संपादन (Editing)
अभीष्ट मुद्रणीय सामग्री (समाचारों, लेखों एवं अन्य विविध रचनाओं आदि) का चयन, क्रम-निर्धारण, मुद्रणानुरूप संशोधन-परिमार्जन, साज-सज्जा तथा

उसे प्रकाशन-योग्य बनाने के लिए अन्य अपेक्षित प्रक्रियाओं को संपन्न करना। आवश्यकता पड़ने पर मुद्रणीय सामग्री से संबंधित प्रस्तावना, पृष्ठभूमि संबंधी वक्तव्य अथवा अभीष्ट टिप्पणी आदि प्रस्तुत करना भी संपादन के अंतर्गत आता है।

संपादन-कला (Art of Editing)
पत्र-पत्रिकाओं और पुस्तकों आदि के लिए अभीष्ट मुद्रणीय सामग्री के संकलन, चयन, संशोधन, क्रम-विन्यास, पृष्ठ-विन्यास, शीर्षक-उपशीर्षक-निर्धारण एवं उसकी साज-सज्जा तथा मुद्रण-योग्य प्रस्तुति की विशिष्ट दक्षता।

संप्रचार (Propaganda)
पूर्वनिर्धारित उद्देश्यों को लेकर किसी विचार, दृष्टिकोण, मत (समर्थन या विरोध) का व्यवस्थित रूप से अन्य लोगों तक इस प्रकार संप्रेषण, जिससे वे प्रेरित, प्रभावित और तदनुकूल सोचने/कार्य करने को उत्सुक/सहमत हो सकें। **"संप्रचार पूर्व निर्धारित उद्देश्यों को लेकर व्यक्तियों या समूहों द्वारा अभिव्यक्त किया गया वह कार्य है जो दूसरे व्यक्तियों या समूहों के कार्यों को प्रभावित करने के लिए जानबूझकर किया जाता है।"**

(के० पी० नारायण)

संप्रेषित संवाद (Dispatch)
दूरस्थ विशेष संवाददाता द्वारा प्रेषित संवाद/सूचना/समाचार आदि का पुलिंदा/पैकेट/पार्सल आदि। यह शब्द प्राय: 'समाचार' के लिए रूढ़ है।

संयुक्त संपादक (Joint Editor)
पत्र-पत्रिका के (मुख्य) संपादक का प्रधान सहकारी, जिसका दायित्व लगभग संपादक के समान ही होता है।

संयुक्त मुद्रण (Combination Run)
पत्र/पत्रिका/पुस्तक की अभीष्ट संख्या के मुद्रणादेश के साथ ही, किसी अन्य प्रयोजन के लिए अभीष्ट उसी सामग्री की अतिरिक्त प्रतियों का मुद्रणादेश।

संयुक्त वक्तव्य/विज्ञप्ति (Joint Communique)
दो या अधिक विशिष्ट व्यक्तियों/दलों/संगठनों/राजाध्यक्षों/मंत्रियों/नेताओं आदि द्वारा परस्पर सहमतिपूर्वक जारी की गयी नीतिसूचक घोषणा या निर्णायक संकल्प।

संयुति (Weddings)
प्रकाशनीय सामग्री/शीर्षकों/उपशीर्षकों/चित्रों को परस्पर जोड़ने की प्रक्रिया।

संयोजक (Convener/Co-ordinator)
(1) सभा-संगोष्ठी, सम्मेलन, समिति, समारोह, अधिवेशन, बैठक, परिचर्चा आदि की रूपरेखा बनाने, संबद्ध अथवा अभीष्ट सहभागियों/व्यक्तियों को उसकी सम्यक् सूचना की व्यवस्था और कार्यक्रम की सुचारु संपन्नता-हेतु अभीष्ट योजना/योजनाओं में समन्वय स्थापित कर उन्हें कार्यान्वित कराने वाला मनोनीत व्यक्ति ।

(2) पत्र/पत्रिका में प्रकाशनीय सामग्री का संकलन, संचयन एवं विन्यास आदि करने वाला ।

संयोजन (Convene/Co-ordination)
(1) सभा-संगोष्ठी, सम्मेलन, समिति-समारोह, अधिवेशन, बैठक, परिचर्चा आदि की रूपरेखा बनाना, संबद्ध अथवा अभीष्ट सहभागियों/व्यक्तियों को उसकी सम्यक् सूचना की व्यवस्था करना और कार्यक्रम की सुचारु संपन्नता हेतु अभीष्ट योजना/योजनाओं में समन्वय स्थापित कर, उन्हें कार्यान्वित कराने की प्रक्रिया ।

(2) अभीष्ट मुद्रणीय सामग्री के लिए रचनाओं/रचनाकारों, यथोचित शब्दों, पंक्तियों, संदर्भों आदि का चयन, संग्रह, एकत्रीकरण कर, उन्हें आवश्यकतानुरूप जोड़ना/सम्यक्रूपेण परस्पर संग्रथित करना ।

संरेखण (Alignment)
शीर्षक/चित्र आदि को एक सीध में रखना।

संलेख (Deed)
विधि-अनुसार किये गये कृत्य/करार (समझौते) आदि का प्रामाणिक विवरण प्रस्तुत करने वाला लिखित प्रारूप ।

संवर्ती रंग (Analogous Colours)
मुद्रणसज्जा की दृष्टि से एक पृष्ठ पर मिलते-जुलते रंगों का प्रयोग ।

संवर्ती सूची (Concurrent List)
(1) अनेक स्थानों से एक साथ प्रकाशित सूची ।

(2) केंद्र और राज्य दोनों अथवा एक से अधिक राज्यों के कार्यक्षेत्र में समाविष्ट विषयों की सूची : 'शिक्षा-नीति संवर्ती सूची का विषय है।'

संवाद (Dialogue, News)
(1) दो या अधिक व्यक्तियों का परस्पर संलाप या वार्तालाप ।

(2) सर्वसाधारण की जानकारी-योग्य सूचना-सामग्री, समाचार। (देखिए संबद्ध प्रविष्टि) ।

संवाद-चिट्ठा/संवाद-पत्र (News Letter)
किसी क्षेत्र, प्रदेश या नगर-विशेष से प्रेषित किसी विशेष संवाददाता या विशेषज्ञ की विशेष रिपोर्ट ।

संवाददाता (Correspondent/Reporter)
पत्र-पत्रिका के लिए विभिन्न माध्यमों से प्रकाशनीय सूचनाएँ और समाचार संकलित करने वाले कार्मिक 'संवाददाता' कहलाते हैं। ये किसी पत्र के नियमित वेतनभोगी भी हो सकते हैं और स्वतंत्र रूप से क्षेत्रविशेष से संबद्ध समाचारों के प्रेषक भी ।

नियमित वेतनभोगी संवाददाता किसी पत्र के आँख-कान और मुख होते हैं। बहुज्ञता, कर्मठता, प्रत्युत्पन्नमति, स्फूर्ति और विश्वसनीयता उनकी अनिवार्य अपेक्षित विशेषताएँ हैं ।

कार्य-भेद के अनुसार संवाददाता के विभिन्न पद, रूप, वर्ग या प्रकार हैं। (दे० तत्संबंधी प्रविष्टियाँ—कार्यालय संवाददाता, विशेष संवाददाता, विदेश संवाददाता, मुकस्सिल संवाददाता आदि ।)

संवाद समिति, समाचार समिति (News Agency, Press Agency)
एक ऐसा उद्योग, जिसका उद्देश्य समाचार या समाचार-विषयक सामग्री एकत्र करके उसे समाचार संस्थाओं को, विशेष स्थिति में निजी व्यक्तियों को भी इस दृष्टि से वितरित करना है, जिससे उपभोक्ताओं को संपूर्ण एवं निष्पक्ष समाचार प्राप्त हो सके ।

संशोधन (Correction)
टंकित/मुद्रायोजित सामग्री के प्रकाशन से पूर्व, पांडुलिपि से उसका अक्षरशः मिलान करके त्रुटियों, भूलों का सुधार ।

संशोधित प्रूफ (Mark Up)
वह प्रूफ, जिसमें पांडुलिपि से मिलाकर, अशुद्धियाँ चिह्नित/निर्दिष्ट कर दी गयी हों ।

संसद समीक्षा (Parliament Review)
संसद में होने वाली कार्यवाही का विवेचन-विश्लेषण ।

संसदीय पत्रकार (Parliament Journalist)
संसद के भीतर और बाहर, उससे संबद्ध ज्ञातव्य समाचारों का संकलन और प्रेषण करने वाला, संसद के सत्र के दौरान सदन में होने वाली कार्यवाही (सरकारी वक्तव्य, बहस, प्रश्नोत्तर आदि) का आकलन, विश्लेषण करने वाला, संसदीय मामलों का विशेषज्ञ पत्रकार ।

संसदीय संवाददाता (Parliament Correspondent)
संसद के दोनों सदनों (लोक सभा अथवा राज्य सभा) में से किसी एक में उपस्थित रहकर, वहाँ की प्रत्येक कार्यवाही/गतिविधि आदि के समाचार संकलित और प्रेषित करने वाला संवाददाता।

संस्करण (Edition)
किसी पत्र-पत्रिका अथवा पुस्तक का एक बार का मुद्रण। दैनिक पत्रों में अनेक संस्करण छपते हैं : प्रभात संस्करण (मार्निंग एडीशन), नगर संस्करण (सिटी एडीशन), डाक संस्करण (डाक एडीशन) आदि। कुछ दैनिकों के सांध्य संस्करण (ईवनिंग एडीशन) भी अलग से छपते हैं।

पत्रिका या पुस्तक का एक संस्करण पूरा वितरित हो/बिक जाने पर, आवश्यकतानुसार उसके द्वितीय, तृतीय, चतुर्थ आदि संस्करण मुद्रित किये जाते हैं। जिस पत्र-पत्रिका या पुस्तक के जितने अधिक संस्करण निकलते हैं उसे उतना ही श्रेष्ठ समझा जाता है।

संस्था/सांस्थानिक पत्र/पत्रिका (House Organ)
वह पत्र/पत्रिका जो अपने संस्थान के उद्देश्यों के प्रचार, प्रसार अथवा आपूर्ति के लिए लोगों पर प्रभाव डालने और अपने कर्मचारियों, ग्राहकों, सदस्यों के लाभार्थ किसी प्रतिष्ठान/सरकारी, अर्द्धसरकारी या गैरसरकारी या व्यावसायिक संगठन द्वारा प्रकाशित की जाय तथा अल्पमूल्य पर अथवा निःशुल्क उपलब्ध करायी जाय, जिसका उद्देश्य अर्थ-लाभार्जन न होकर अपनी योजनाओं या उद्देश्यों के प्रति लोगों में विश्वास उत्पन्न करना तथा विचार-संचार का एक माध्यम विकसित करना हो।

संस्थापन विभाग (Establishment Division/Department)
बड़े (अधिक प्रसार संख्या वाले) पत्रों के कार्यालय में पृथक् रूप से गठित वह संभाग, जो सभी (संपादकीय, मुद्रण, प्रबंध आदि) विभागों के कर्मचारियों/अधिकारियों की नियुक्ति, प्रशिक्षण, वेतन, अवकाश, बोनस तथा अन्य सेवा-सुविधाओं या शर्तों की व्यवस्था/देख-भाल आदि करता है।

संस्थापक (Founder)
किसी पत्र-पत्रिका, मुद्रणालय, दल, संस्था, संस्थान, संगठन आदि की स्थापना, शुरुआत करने वाला।

संस्मरण (Memoires)
(1) स्मृति के आधार पर किसी विषय या व्यक्ति के संबंध में लिखित रचना।
(2) आत्मचरित और रेखाचित्र के मध्य की एक रचना।

इसमें निबंध, कहानी, यात्रा-वृत्त, रिपोर्ताज आदि का रूप भी हो सकता है।

सचित्र पत्रिका (Pictorial Magazine)
चित्रों सहित सामग्री प्रस्तुत करने वाली पत्रिका।

सजावटी मुद्राक्षर (Display Type)
शीर्षकों/उपशीर्षकों आदि के लिए ढाले गये कलात्मक आकृति वाले मुद्राक्षर।

सज्जा (Make Up)
मुद्रणीय सामग्री को व्यवस्थित और आकर्षक बनाने की प्रक्रिया।

सज्जाकार (Make Up Man)
मुद्रणीय सामग्री को व्यवस्थित और आकर्षक रूप देने/पृष्ठ-विन्यास करने वाला।

सज्जात्मक/प्रदर्शन (विज्ञापन) (Display)
(1) अभीष्ट कथ्य को प्रभावी ढंग से प्रस्तुत करना।

(2) विशिष्ट पदार्थों, उत्पादों, उपलब्धियों आदि के प्रचार के उद्देश्य से चित्र, स्केच, नारे आदि के माध्यम से प्रस्तुत किया गया विज्ञापन, जो प्रायः एक निर्धारित शुल्क के बदले प्रकाशित होता या कराया जाता है।

सदोष मिलान (Bad Register)
मुद्रायोजित/टंकित/मुद्रित सामग्री के मूल पांडुलिपि से मिलान के दौरान त्रुटियाँ छूट जाना।

सद्यः प्रूफ़ (Green Proof)
पहली बार उठाये गये प्रूफ़ जिसमें स्वभावतः अशुद्धियाँ होती हैं।

सनसनीदार सज्जा (Sensational Make Up)
अति रोमांचकारी, भावोत्तेजक, चित्ताकर्षक शीर्षक/चित्र/सजावट आदि का विन्यास।

सपाट ब्लॉक (Solid Block)
जिस ब्लॉक की धातु-प्लेट एकदम समतल हो।

सफेद कागज (White Print)
छपाई का सामान्य कागज़ जिसे अखबारी कागज़ (जो प्रायः मटमैला-सा और कुछ खुरदरापन लिये रहता है) से अलगाने के लिए 'सफेद कागज' (ह्वाइट प्रिंट) कहा जाता है। अधिकांश पुस्तकें इसी पर छपती हैं। इसकी भी अनेक कोटियाँ और किस्में हैं। वजन, सफेदी तथा चमक के अनुसार इसकी गुणवत्ता

कम-अधिक हो सकती है। विभिन्न काग़ज़-मिलों में तैयार होने वाले सफेद काग़ज़ का स्तर थोड़ा-बहुत भिन्न हो सकता है।

समकरण (Justification)
मुद्रायोजित सामग्री में हर अक्षर, शब्द, पंक्ति आदि को नियत अंतराल और लंबाई-चौड़ाई के समान अनुपात में रखना।

समतल प्रेस (Flat Bed Press)
देखिए—'सिलिंडर'

समय-पाल (Time Keeper)
बड़े (अधिक प्रसार संख्या वाले) पत्रों/पत्र-समूहों के कार्यालयों में सभी कार्मिकों के नियत समय पर कार्यालय में आने, वहाँ से जाने अथवा विशिष्ट स्थितियों में अतिरिक्त समय में कार्य करने वालों का विवरण/लेखा-जोखा/ध्यान रखने वाला विशेष पदाधिकारी।

समय-सीमा (Deadline)
पत्र के किसी संस्करण के लिए निर्धारित वह समय, जिसके उपरांत मुद्रायोजन (कंपोजिंग) के लिए और कोई सामग्री स्वीकार्य नहीं होती।

समाचार (News)
चतुर्दिक् से प्राप्त सूचनाओं, घटनाओं, तथ्यों, विचारों की सामयिक, रोचक, औत्सुक्यवर्द्धक और जानकारी-पूर्ण रिपोर्ट। समाचार-तत्त्वों में : (1) विलक्षणता, (2) नवीनता, (3) अधिकतम जनरुचि, (4) विशिष्ट व्यक्ति से संबंध, (5) परिवर्तन की सूचना, (6) बजट पर प्रभाव, (7) जानकारी आदि समाविष्ट हैं। समाचारत्व की कसौटी हैं—छः ककार : क्या, कब, कहाँ, कौन (किसके द्वारा) क्यों, कैसे (हुआ) ? देखिए—संबद्ध प्रविष्टि।

'समाचार' के अंग्रेजी-पर्याय 'न्यूज' (News) के चार अक्षर क्रमशः उत्तर (N-North), पूर्व (E-East), पश्चिम (W-West) और दक्षिण (S-South) दिशाओं के सूचक हैं, जिसका अभिप्राय है सब ओर से प्राप्त, सभी स्थानों का हालचाल।

समाचार इकाई/एकांश (News Unit)
पत्र/पत्रिका के संपादकीय विभाग के अंतर्गत महत्त्वपूर्ण संभाग या एकांश, जिसमें सभी प्रकार के समाचार प्राप्त होते हैं, वहीं उनका प्रकाशन-वरीयता से चयन, अनुवाद, शीर्षक-निर्धारण, संपादन, आलेखन, प्रूफ़-संशोधन आदि संपन्न होता है। इस इकाई का प्रभारी (प्रधान) संपादक होता है, जिसके साथ

समाचार-संपादक, उपसंपादक, अनुवादक, प्रूफ-संशोधक, नगर प्रतिनिधि आदि भी कार्य करते हैं ।

समाचार और विचार/मत (News and Views)
विभिन्न घटनाओं, स्थितियों, तथ्यों, आँकड़ों आदि की जानकारी से युक्त सामग्री में समाचारत्व होता है, जबकि उस सामग्री के कारण, निष्कर्ष, प्रभाव, परिणाम आदि के संबंध में मत-विमर्श विचार-तत्त्व के अंतर्गत आता है ।

समाचार-कक्ष (News Room)
समाचार-इकाई/एकांश (न्यूज़ यूनिट) के लिए निर्धारित कक्ष जिसमें संपादक, उपसंपादक, अनुवादक, प्रूफ-संशोधक, नगर प्रतिनिधि आदि के लिए अलग-अलग पटल (मेज) रहते हैं ।

समाचारपत्र (Newspaper)
एक ऐसा अविच्छिन्न नियतकालिक और नियमित प्रकाशन जिसमें समाचारों, विचारों, घटनाओं आदि की जानकारी, विवेचना और समीक्षा रहती है तथा जिसका सार्वजनिक विक्रय तथा वितरण हेतु नियत स्थान से मुद्रण-प्रकाशन किया जाता है : '**भारत में हिंदी के लगभग तीन सौ दैनिक पत्र प्रकाशित होते हैं ।**' प्रेस एवं पुस्तक पंजीयन अधिनियम के अनुसार 'सार्वजनिक समाचार अथवा सार्वजनिक समाचारों पर टिप्पणी-युक्त, नियत समय पर निकलने वाला मुद्रित प्रकाशन समाचारपत्र कहलाता है ।'

समाचारपत्र एवं पुस्तक पंजीयन कार्यालय
(Newspaper and Books Registration Office)
वह केंद्रीय कार्यालय, जहाँ सभी प्रकाशित होने वाले पत्रों/पत्रिकाओं एवं पुस्तकों का पंजीयन किया जाता है तथा उनसे संबंधित सभी प्रकार की जानकारी का रिकार्ड रखा जाता है ।

समाचारपत्र-पंजीयक (Press Registrar)
प्रकाशित सभी पत्र-पत्रिकाओं का पंजीयन (रजिट्रेशन) करने, उनसे संबंधित हर प्रकार की जानकारी रखने आदि का कार्य करने वाला केंद्रीय उच्च अधिकारी ।

समाचार-शृंखला (Newspaper Chain)
किसी व्यक्ति/संस्था/संस्थान द्वारा निकाले जाने वाले पत्र/पत्रिकाओं का समूह ।

समाचार-प्रेषण (News Dispatch)

(1) पत्र-पत्रिका में मुद्रणीय अथवा आकाशवाणी और दूरदर्शन में प्रसारण-योग्य सूचना, समाचार, विचार आदि को प्रकाशनार्थ/प्रसारणार्थ संबद्ध (पत्र-पत्रिका, आकाशवाणी या दूरदर्शन के) कार्यालय को भेजना।

(2) प्रकाशनार्थ/प्रसारणार्थ समाचार-सामग्री।

समाचार-बोध (News Sense)

समाचारत्व की परख-पहचान, संवाददाता का एक विशेष गुण।

समाचार विज्ञप्ति (News Bulletin)

(1) सर्वसामान्य के लिए ज्ञातव्य प्रमुख घटनाओं, समाचारों आदि की अधिकृत सूचना।

(2) किसी महत्त्वपूर्ण समाचार की एक बार की अधिकृत सूचना।

(3) सरकारी/अर्द्ध सरकारी/गैरसरकारी संस्थाओं/संस्थानों द्वारा समय-समय पर जारी की जाने वाली सूचनात्मक विज्ञप्ति।

समाचार-विश्लेषण (News Analysis)

किसी समाचार के सूत्र, उसकी पृष्ठभूमि, उसके कारण/परिणाम/प्रभाव आदि के संबंध में सूक्ष्म एवं विस्तृत विचार-विमर्श।

समाचार-सूझ (Nose For News)

समाचार और उसके महत्त्व को तत्काल परख लेने की क्षमता; समाचार सूंघने की योग्यता।

समाचार संकलन (News Collection)

पत्र-पत्रिका, आकाशवाणी-दूरदर्शन के प्रतिनिधियों/संवाददाताओं/संवाद-अभिकरणों (एजेंसियों) द्वारा विभिन्न स्रोतों और माध्यमों से सर्वसामान्य के लिए ज्ञातव्य/हितार्थ विभिन्न सूचनाओं, समाचारों, घटना-वृत्तांतों, भाषणों आदि में व्यक्त विचारों आदि का इस प्रकार विधिवत् संग्रह जो प्रकाशित और प्रसारित हो सके।

समाचार-संकलन के अंतर्गत संवाददाता/पत्रकार-सम्मेलन/भेंट-वार्त्ता आदि भी सम्मिलित हैं।

संवाददाता/पत्र-प्रतिनिधि की सूझ-बूझ, मेहनत, समाचार सूंघने/खोजने/खोदने अथवा आवश्यकता हो तो गढ़ने की योग्यता/कला समाचार-संकलन की मुख्य कसौटी है।

समाचार-संपादक (News Editor)

पत्र-कार्यालय में समाचार-एकांश का प्रभारी संपादक। यह पत्र-पत्रिका में

प्रकाशित सभी समाचारों के लिए उत्तरदायी होता है। विभिन्न उपसंपादकों के कार्य-वितरण, समन्वय एवं निरीक्षण-मूल्यांकन का दायित्व भी इसी का होता है। संपादक एवं प्रधान उपसंपादक के मध्य निरंतर संपर्क रखते हुए यह विगत संस्करणों/अंकों की समीक्षा तथा मुद्रणीय समाचारों की प्रारूप-संरचना और मुद्रण-व्यवस्था की देखभाल करता है।

समाचार-संपादन (News Editing)
विभिन्न स्रोतों और माध्यमों से प्राप्त, मुद्रणीय सूचनाओं-समाचारों का संकलन, वरीयता-अनुसार चयन, उनका स्वरूप-निर्धारण, संशोधन, शीर्षक-उपशीर्षक एवं मुद्रण-योग्य यथोचित स्थान-निर्णय, पृष्ठ-सज्जा आदि समाचार-प्रकाशन से संबद्ध कार्य-प्रक्रिया।

समाचार-स्रोत (News Information)
वे स्थान या केन्द्र, जहाँ से समाचार प्राप्त होते या हो सकते हैं : विशिष्ट व्यक्ति, नेता, रेल, संस्था, संस्थान, थाना, अदालत, नगर समिति, पालिका, परिषद्, निगम, विधानसभा, संसद, विभिन्न सार्वजनिक स्थान, मंडी-बाजार, सम्मेलन-समारोह, अधिवेशन, पत्रकार सम्मेलन, भेंटवार्त्ता, अंतर्राष्ट्रीय केंद्र विशिष्ट घटनास्थल आदि विविध समाचार-स्रोत हो सकते हैं।

समाचारेतर सामग्री (Newsless Matter)
पत्रों में प्रकाशित या प्रकाशनीय समाचारों से भिन्न सामग्री : संपादकीय लेख और टिप्पणियाँ, विविध विषय-लेख, फीचर, कहानी, पाठकों के पत्र, विचार-चर्चा, समीक्षा, विज्ञापन आदि।

समानांतर रेखिका (Parallel Rule)
समान दूरी पर डाली जाने वाली एक से अधिक रेखा/रेखाएँ।

समाहरण (Cover or Coverage)
किसी प्रकाशनीय अंश में संबद्ध विषय या समाचार का विवरण एकत्र करना, सँजोना : (1) प्रधानमंत्री ने अपने संवाददाता सम्मेलन में अनेक राष्ट्रीय-अंतर्राष्ट्रीय प्रश्नों को समेट लिया (कवर किया)। (2) मैंने इस लेख में आरक्षण के सभी पहलुओं को समेटने (कवर करने) का प्रयास किया है।

समीक्षक (Reviewer)
समाचारों, विचारों, लेखों, कृतियों, सर्जनात्मक साहित्य, कलात्मक रचनाओं, कार्यक्रमों, विभिन्न सामयिक विषयों/मुद्दों आदि का आकलन-विवेचन-विश्लेषण-मूल्यांकन आदि करने वाला।

समीक्षा (Review)
समाचारों, विचारों, लेखों, कृतियों, सर्जनात्मक साहित्य, कलात्मक रचनाओं/कार्यक्रमों, विभिन्न सामयिक विषयों/मुद्दों आदि का आकलन, विवेचन-विश्लेषण-मूल्यांकन।

समीक्षा पत्रिका (Review Magazine)
साहित्य एवं कला-क्षेत्र की आलोचनात्मक-विश्लेषणात्मक सामग्री प्रकाशित करने वाली विशिष्ट पत्रिका। ऐसी पत्रिका किसी एक विधा (नाटक, कहानी उपन्यास, नवगीत आदि) से भी संबंधित हो सकती है और किसी विशेष साहित्यिक-कलात्मक प्रवृत्ति अथवा दृष्टिकोण की प्रोत्साहक या प्रतिनिधि प्रवक्ता भी।

समुद्री तार (Cable)
समुद्री मार्ग से आने-जाने वाला त्वरित संवाद। वायु-परिवहन अथवा बेतार का तार और दूरसंचार-उपग्रह आदि माध्यमों के प्रचलन से पूर्व प्रायः इसका उपयोग होता था।

सर्कस-सज्जा (Circus Make Up)
पृष्ठ-सज्जा के मान्य सिद्धांतों से सर्वथा अलग स्थूल-सूक्ष्म, आड़े-तिरछे मुद्राक्षरों, शब्दों, चित्रों, छोटे-बड़े शीर्षकों के प्रयोग से अनोखापन प्रस्तुत करने वाला कलात्मक पृष्ठ।

सह-शीर्षक (Strep Line/Eye Brow/Kicker/Deck)
किसी समाचार के मूल शीर्षक के ऊपर बायीं या दायीं ओर सटाकर दिया गया, अपेक्षाकृत छोटे आकार के मुद्राक्षरों वाला प्रायः रेखांकित उपशीर्षक, जो प्रायः प्रस्तुत समाचार के संदर्भ या संबंधित विशिष्ट स्तंभ का सूचक होता है :

(1) **बम्बई मैच**
भारतीय टीम के पाँच पर दो सौ रन

(2) **स्वास्थ्य-चर्चा**
हस्पतालों में जीवन-रक्षक दवाइयों की कमी

(3) **कराची-विमान-अपहरण कांड**
अमेरिका द्वारा पाकिस्तान से क्षतिपूर्तिकी माँग

सहाफत (Journalism)
'पत्रकारिता' का अरबी-पर्याय ।

सहाफी (Journalist)
'पत्रकार' का अरबी-पर्याय ।

सहायक संपादक (Assistant Editor)
संपादक अथवा प्रधान या मुख्य संपादक (देखिए : संबद्ध प्रविष्टियाँ) का सहायक । इसका स्थान मुख्य/प्रधान संपादक के पश्चात् प्राय: दूसरा होता है । यह समाचारेतर सामग्री अर्थात् विचार-सामग्री की प्रस्तुति में संपादक की सहायता करता है । संपादकीय (अग्रलेख व टिप्पणी आदि) लिखना, समाचारों पर आधारित प्रतिक्रिया, आलोचना आदि प्रस्तुत करना प्राय: इसी का कार्य माना जाता है ।

सहायक संवाददाता (Assistant Correspondent)
मुख्य संवाददाता (चीफ रिपोर्टर) (देखिए : संबद्ध प्रविष्टि) की सहायता करने वाला, उसके निर्देशानुसार और कार्य-क्रमानुसार संवाद संकलन और प्रेषण करने वाला ।

सहायक जनसंपर्क अधिकारी
(Assistant Public Relation Officer, A. P. R. O.)
पत्र-संस्थान अथवा अन्य सरकारी, अर्द्धसरकारी या ग़ैरसरकारी संस्थानों की ओर से, सुनियोजित ढंग से जनमत को प्रभावित करने, संस्थान की गतिविधियों से जनसामान्य को अवगत कराते रहने तथा संस्थान के प्रति जनता में सद्-भावना और रुचि जाग्रत करने आदि के लिए गठित जनसंपर्क विभाग के प्रमुख (अधिकारी) का सहायक ।

सहायक समाचार संपादक (Assistant News Editor)
समाचार संपादक (देखिए : संबद्ध प्रविष्टि) के विभिन्न कार्यों में सहायता करने वाला ।

साँचा (Case)
वर्णमाला के सभी मुद्रणाक्षरों को एक निश्चित क्रम से रखने के लिए बनाया गया लकड़ी का खानेदार उपकरण ।

साँचा (Mould)
मुद्रायोजित सामग्री को अभीष्ट पृष्ठाकार में कसने के लिए बनाया गया लोहे का फ्रेम ।

सांध्य दैनिक (Evening Daily, E. D.)
प्रतिदिन अपराह्न को प्रकाशित होने वाला लघु समाचारपत्र जो प्रायः स्थानीय स्तर पर बिकता या वितरित होता है। विशिष्ट कोटि के नवीनतम समाचारों और बाजार भाव आदि व्यावसायिक सूचनाओं के कारण इसकी स्थानीय उपयोगिता संदेहातीत है।

सांध्य संस्करण (Evening Edition E.E./P.M.)
किसी समाचारपत्र का वह संस्करण जो अपराह्न में छपता है।

साप्ताहिक (पत्र/पत्रिका) (Weekly (Paper/Magazine))
एक सप्ताह के अंतराल से नियमित रूप से मुद्रित/प्रकाशित होने वाला/वाली पत्र/पत्रिका।

इसका स्वरूप साहित्यिक भी हो सकता है; जैसे : धर्मयुग, साप्ताहिक हिंदुस्तान आदि और समाचार प्रधान भी; जैसे : दिनमान, रविवार, ब्लिट्स, पांचजन्य आदि; इन्हें 'समाचार-साप्ताहिक' भी कहते हैं।

विषयानुसार अन्य प्रकार के साप्ताहिक भी हो सकते हैं—फिल्मी, व्यावसायिक, कथा-संबंधी, कला-संस्कृति अथवा मंच आदि से संबंधित।

सामग्री (मुद्रायोजनार्थ) (Matter)
मुद्रणीय/प्रकाशनीय समाचार, लेख, कहानी आदि की पांडुलिपि, जिसे मुद्रायोजन के लिए दिया जाता है।

सामयिक (Current)
(प्रायः) वर्तमान समय-संबद्ध अथवा उसके अनुकूल या उसकी आवश्यकतानुसार।

सामयिक वार्ता (Topical Talk)
(प्रायः आकाशवाणी या दूरदर्शन पर) चालू समय या वर्तमान समकालीन परिस्थितियों/प्रसंगों/संदर्भों के अनुकूल प्रस्तुत की गयी विषय-विशेष की विवेचना/चर्चा/परिचर्चा आदि।

सामयिक प्रसंग (Current Affairs)
समकालीन परिस्थितियों/समस्याओं/प्रश्नों/मामलों/घटनाओं से संबद्ध विषय।

सामयिकी (Contemporaneous)
वर्तमान समय/प्रसंग/संदर्भ के अनुकूल या चर्चित विषय पर टीका-टिप्पणी/चर्चा आदि।

सामान्य पत्रिका (General Magazine)
जनसामान्य की रुचि-अनुकूल विविध विषयों पर सामग्री देने वाली पत्रिका।

सामान्य (रोमन) मुद्राक्षर (Roman Type)
सीधा खड़ा (सामान्य आकृति वाला) मुद्राक्षर। यह तिरछे (इटैलिक्स) मुद्राक्षर से भिन्न होता है।

सादी रेखिका (Plain Rule)
सामान्य मोटाई वाली अलंकरण रहित रेखा।

सार-लेख (Condensed Article)
मुद्रणार्थ प्राप्त विस्तृत सामग्री का ऐसा संक्षिप्त रूप, जिसमें मूल कथ्य के सभी पक्षों का समावेश हो।

साहसी संवाददाता (Adventurous Correspondent/Reporter)
युद्ध, उपद्रव, प्राकृतिक प्रकोप अथवा जोखिम-भरे, खोजपूर्ण समाचारों को प्राप्त करने में कुशल, निर्भीक संवाददाता।

साहित्य-परिशिष्ट (Literary Appendix)
समाचार-पत्र के साथ जुड़ा साहित्यिक सामग्री-युक्त विशिष्ट पृष्ठ-संभाग। प्रायः दैनिक पत्रों के रविवारीय परिशिष्ट अथवा किसी विशेष अवसर पर निकाले गये साहित्य-बहुल अंक 'साहित्य-परिशिष्ट' कहलाते हैं।

साहित्य संपादक (Literary Editor)
समाचारेतर रोचक और ज्ञानवर्धक सामग्री का संकलन, चयन, संशोधन-परिमार्जन, सज्जा-विन्यास आदि करने वाला। दैनिक पत्रों के रविवासरीय या कुछ विशेष अवसरों पर प्रकाशित होने वाले साहित्य-परिशिष्ट के संपादन और उसकी समुचित प्रस्तुति का दायित्व इसी का होता है।

समाचार साप्ताहिकों में समाविष्ट साहित्यिक स्तंभों/पृष्ठों की सामग्री का सर्वविध संपादन भी यही करता है।

साहित्यिक पत्रकारिता (Literary Journalism)
साहित्य की विभिन्न विधाओं के संकलन/संचयन/संपादन/संशोधन/संयोजन/मुद्रण/प्रकाशन आदि से संबद्ध पत्रकारिता।

सिलिंडर (मशीन) (Cylinder (Machine))
छपाई की एक ऐसी (प्लेटन या ट्रेडल मशीन की तुलना में) अपेक्षाकृत बड़ी मशीन जिसमें मुद्रण-तल (मुद्रणीय सामग्री का मुद्रायोजित (कंपोज) लौह-साँचा (फर्मा)) समतल रूप से सीधा बिछा रहता है। इस पर मशीन का

बेलन पहले स्याही लगाता है, फिर कागज सिलिंडर द्वारा घूमकर आता हुआ छाप उठा लेता है। क्रमशः यह प्रक्रिया निरंतर चलती रहती है। प्रायः पुस्तकों, पत्र-पत्रिकाओं और भित्ति विज्ञापनों के मुद्रण में यही मशीन काम आती है।

सिरांत ब्लॉक (Flush Cut Block)
मुद्रणीय कागज अथवा उसके अंश विशेष पर पूरे फैले हुए चित्र का ब्लॉक।

सिलाई (Stitching)
मुद्रित कागजों को अभीष्ट संख्या और आकार में धागे/तार द्वारा मशीन से सीना।

सीढ़ीदार, सोपानक, सोपानी शीर्षक (Stepped, Dropline Heading)
दो या अधिक पंक्तियों में बनाया गया ऐसा शीर्षक जिसकी सभी पंक्तियाँ बायीं या दायीं ओर एक सीध में सटी होती है किंतु दूसरी ओर एक पंक्ति बड़ी, दूसरी उससे छोटी और तीसरी-चौथी आदि क्रमशः उससे भी छोटी होती है :

(1) बंगाल की खाड़ी में
भीषण तूफान से
चालीस मरे।

(2) तीन कुओं से
ईंधन गैस
उपलब्ध

सीध (Justify, Justification)
मुद्रणीय सामग्री की मुद्रायोजित (कंपोज की गयी) पंक्तियों की ऊपर-नीचे, दायें-बायें समांतर और सीधे रखने की प्रक्रिया। कहीं कुछ असमानता या तिरछापन होने पर प्रूफ-संशोधक इस संकेत का उपयोग करता है।

सीमांत मुद्रण (Bleed/Off Page)
कागज के अंतिम (दायें-बायें) सिरे तक फैली हुई छपाई।

सुपर कैलेंडर (Super Calender)
एक विशेष प्रकार का चिकना कागज, जो चित्रों (छाया ब्लॉक अर्थात् हाफटोन ब्लॉक) की छपाई के लिए उपयुक्त रहता है। इसे 'आइवरी फिनिश' (Ivory Finish) भी कहते हैं। (देखिए : संबद्ध प्रविष्टि)

सुपाठ्य मुद्राक्षर (Readable Type)
ऐसे मुद्राक्षर, जो घिसे-पिटे, टूटे, अस्पष्ट न हों तथा जिनकी छपाई साफ हो ।

सुरक्षा अधिकारी (Security Officer/Caretaker)
बड़े (अधिक प्रसार संख्या वाले) पत्रों या पत्र-समूहों के कार्यालयों में, भवन, फर्नीचर, अन्य सामग्री की सुरक्षा, कार्यालय के समग्र रख-रखाव, सफाई-व्यवस्था तथा आगंतुकों पर नजर रखने आदि जैसे चौकसी के कार्यों के लिए विशेष रूप से नियुक्त पदाधिकारी ।

सुर्खियाँ, सुर्खी (Headings, Heading)
'मुख्य शीर्षक पंक्तियों' या 'शीर्षक' का उर्दू पर्याय ।

(पहले शीर्षक लाल रंग (स्याही) से लिखे जाते थे, अतः 'सुर्खी' शब्द शीर्षक के लिए रूढ़ हो गया ।)

सुलभ समाचार (Available News)
ऐसे समाचार, जिन्हें प्रयत्नपूर्वक खोजने, संग्रह करने, सूँघने, खोदने की आवश्यकता न हो और जो प्राप्त प्रमुख समाचारों के आधार पर, सहायक समाचार के रूप में स्वतः सुलभ हो सकते हैं। जैसे—संसद, अदालत, खेल, बाजार-भाव, सम्मेलन आदि से संबंधित औपचारिक समाचार ।

सुलेखकार (Calligraphist)
सुशोभन/आकर्षक अक्षरों में सामग्री/शीर्षक प्रस्तुत करने वाला ।

सूक्ष्म मिलान (Close Register Job)
मुद्रणीय पृष्ठ के मशीन प्रूफ की प्रत्यक्षर जाँच; शब्दों, पंक्तियों के मध्यवर्ती अंतराल, स्तंभों के आकार-प्रकार के अनुपात आदि के संतुलित अनुपात की बारीकी से जाँच।

सूचना (Notice/Information)
किसी विषय के संबंध में बताने, जताने योग्य कथित या लिखित बात, समाचार, विज्ञप्ति आदि ।

सूचना अधिकारी (Information Officer)
सरकारी या गैरसरकारी संगठन/संस्था/संस्थान में नियुक्त वह अधिकारी जो अभीष्ट कार्य-कलाप की प्रगति, गतिविधि, कार्यक्रमों की योजना आदि से संबंधित प्रामाणिक जानकारी उपलब्ध/वितरित/प्रसारित कराने का उत्तरदायी होता है । संबद्ध संगठन, संस्था अथवा संस्थान संबंधी जनता की शिकायतों,

जिज्ञासाओं और प्रतिक्रियाओं की जानकारी सरकार अथवा संबद्ध संस्था को देना भी इसी का कार्य है।

सूचना केंद्र, सूचनालय (Information Bureau)
सरकारी या गैरसरकारी रूप से गठित वह केंद्र या संस्था, जो विभिन्न प्रकार की सूचनाएँ, समाचार, संदर्भ-सेवाएँ इच्छुक व्यक्तियों, संस्थाओं, पत्र-पत्रिकाओं को उपलब्ध कराए।

सूचनापत्र या 'अंक' (Bulletin)
विभिन्न सरकारी/गैर सरकारी संस्थानों द्वारा समय-समय पर जारी की गयी अधिकृत सूचनाओं का समुच्चय। यथा: (1) बड़े अस्पतालों में किसी विशिष्ट रोगी की अवस्था के संबंध में प्रतिदिन सूचनापत्र जारी किया जाता है। (2) मौसम विभाग की ओर से, मौसम-संबंधी जानकारी देने के लिए प्रतिदिन सूचनापत्र (बुलेटिन) जारी होता है।

आकाशवाणी और दूरदर्शन पर प्रसारित होने वाले समाचारों का 'अंक' भी 'समाचार बुलेटिन' (न्यूज बुलेटिन) कहलाता है।

सूचना विभाग (Information Department)
सर्व सामान्य के लिए उपयोगी सरकारी कार्यों/योजनाओं/कार्यक्रमों आदि की सूचना जनता में प्रसारित करने और जनता की माँगों, शिकायतों, अपेक्षाओं आदि की सूचना सरकार तक पहुँचाने का कार्य करने वाला विभाग।

सूचनात्मक लेख (Informative Article)
सर्वसाधारण की जानकारी हेतु प्रस्तुत किया गया शुद्ध तथ्यात्मक लेख। इसमें भावात्मक कल्पना अथवा आलंकारिक शिल्प आदि की अपेक्षा नहीं होती।

सूत्र (Source)
मुद्रणीय सूचना या समाचार की जानकारी देने वाला व्यक्ति, स्थान, माध्यम अथवा स्रोत।

सूत्रोल्लेख (By Line/Credit Line)
पत्र-पत्रिका में मुद्रणीय सूचना, समाचार आदि की जानकारी देने/उसे भेजने वाले सूत्र (संवाददाता या एजेंसी आदि) का नामोल्लेख जो प्रायः शीर्षक और आमुख के मध्य स्थान और दिनांक के उपरांत कोष्ठकांतर्गत (··· ···) किया जाता है : (प्रैट्र), (यूनी), (वार्त्ता), (भाषा), (निस) आदि। कई बार शीर्षक और समाचार के मध्य अथवा समाचार के अंत में सूत्रोल्लेख रहता है।

सेंसर (Censor)

(1) प्रतिबंध, रोक, काट-छाँट, परिवर्तन ।

(2) किसी प्रकार की अभिव्यक्ति (समाचार, विचार, लेख, नाटक आदि किसी भी कृति) के मुद्रण/प्रकाशन/प्रसारण/प्रदर्शन पर पूर्ण या आंशिक कानूनी प्रतिबंध।

सेंसरशिप (Censorship)

किसी भी प्रकार की अभिव्यक्ति (समाचार, विचार, साहित्यिक रचना, मंचीय प्रस्तुति, कलाकृति, चित्र, व्यंग्यचित्र आदि के मुद्रण/प्रकाशन/प्रसारण/प्रदर्शन पर कानूनी प्रतिबंध का प्रावधान ।

सोलह पेजी (Decimo Sixto)

सोलह मुद्रणीय पृष्ठों का समुच्चय (फर्मा) ।

सोलहवाँ भाग (sixteen Mo)

अभीष्ट आकार के कागज़ का सोलहवाँ भाग ।

स्क्रीन (Screen)

(1) हाफटोन ब्लॉक तैयार करने का आधार-फलक जो कागज़ की चिकनाई के अनुरूप होता है ।

(2) छानबीन

स्टिक (Stick)

मुद्रायोजन (कंपोजिंग) के नाप का एक मानक; पीतल अथवा लोहे से बना एक खानेनुमा फ्रेम जिसमें मुद्राक्षर सटाकर मुद्रायोजक (कंपोजीटर) मुद्रायोजन (कंपोजिंग) करता है । इसमें प्राय: एक से कम या एक, दो अथवा तीन स्तंभीय (कालम की) दस पंक्तियाँ मुद्रायोजित (कंपोज़) हो सकती हैं : (1) यह सामग्री दस स्टिक में कंपोज होगी। (2) अभी दो-ढाई स्टिक की सामग्री और चाहिए ।

स्टीरियो टाइप (Sterio Type)

मुद्रायोजित (कंपोज़) सामग्री के समतल पृष्ठों को रोटरी मशीन में मुद्रित करने के लिए अर्धगोलाकार धातु-प्लेटों के रूप में बदलना ।

स्टीरियो टाइपिंग कक्ष (Sterio Typing Room)

मुद्रणालय के अंतर्गत एक विशेष कक्ष, जहाँ मुद्रायोजित (कंपोज़) समतल पृष्ठों को रोटरी मशीन में मुद्रण-योग्य बनाने के लिए अर्धगोलाकार धातु-प्लेटों में ढाला जाता है ।

स्तंभ (Column)

(1) पत्र या पत्रिका का प्रत्येक पृष्ठ (ऊपर से नीचे) कुछ विशिष्ट आकार की लंबाई वाले खंडों में बंटा रहता है। ये खंड 'स्तंभ' या 'कालम' कहलाते हैं। सामान्यतः एक स्तंभ ग्यारह से तेरह एम तक या लगभग दो इंच चौड़ा होता है। प्रायः दैनिक पत्रों के प्रत्येक पृष्ठ पर आठ स्तंभ होते हैं। संपादकीय पृष्ठ के स्तंभों की चौड़ाई अधिक होने के कारण यह संख्या कम भी हो सकती है। बड़े आकार (हिंदुस्तान, धर्मयुग आदि) की पत्रिकाओं में प्रायः चार और छोटे आकार (दिनमान) आदि की पत्रिकाओं में प्रायः तीन या दो स्तंभ होते हैं। सामान्य आकार (कादंबिनी, सरिता आदि) की पत्रिकाओं में प्रति पृष्ठ दो स्तंभ ही होते हैं।

(2) पत्र/पत्रिका में विषय-विशेष के लिए निर्धारित स्थान; जैसे—**'मैं नवभारत टाइम्स के खेल स्तंभ को विशेष रुचि से पढ़ता हूं।'**

स्तंभ रेखा (Column Rule)

दो स्तंभों के मध्य लगायी जाने वाली खड़ी, पतली विभाजक रेखा।

स्तंभ-लंबाई (Depth of Column)

पत्र-पत्रिका के स्तंभ का ऊपर से नीचे की ओर नाप-अनुपात।

स्तंभ-लेख (Column Writing)

पत्र-पत्रिका में विषयानुसार निर्धारित विशिष्ट स्तंभ के लिए प्रस्तुत की गयी सामग्री : 'महिला-जगत्', 'फिल्म-समीक्षा', 'पुस्तक-चर्चा' आदि।

स्तंभ-लेखक (Columnist)

पत्र-पत्रिकाओं में विषयानुसार निर्धारित किसी विशिष्ट स्तंभ के लिए नियमित रूप से लिखने वाला। एक स्तंभ के लिए एक से अधिक लेखक भी हो सकते हैं।

स्तंभ-संख्या (Number of Columns, N. O. C.)

प्रत्येक पत्र-पत्रिका में प्रति पृष्ठ स्तंभ-संख्या निर्धारित होती है। दैनिक समाचार-पत्रों के प्रत्येक पृष्ठ पर प्रायः आठ स्तंभ होते हैं, जिनकी चौड़ाई प्रायः दो इंच मान्य है। पत्रिकाओं की प्रति पृष्ठ, स्तंभ-संख्या उनके आकार पर निर्भर है, जो दो से लेकर चार तक हो सकती है।

स्तरीय पत्रकारिता (Standardised Journalism)

पत्र/पत्रिका में प्रकाशनीय समाचारों/विचारों के अंतर्गत शिष्टता, गंभीरता, नैतिकता, निष्पक्षता, विवेकशीलता आदि की गरिमा बनाये रखना।

स्तूपाकार, स्तूपी शीर्षक (Pyramid Heading)
दो या अधिक पंक्तियों का ऐसा शीर्षक जिसमें नीचे की पंक्ति सबसे बड़ी, उससे ऊपर की दूसरी पंक्ति उससे दोनों ओर समान अनुपात से कुछ छोटी तथा ऊपरी पंक्ति/पंक्तियाँ उसी क्रम से कुछ कम लंबाई वाली होती चली जाती है :

रूस में
एक ऊर्जा संयंत्र के
भीषण विस्फोट से पचास मरे

स्थानांतर (Transpose)
मुद्रायोजन के समय किसी शब्द में मुद्राक्षरों का आगे-पीछे हो जाना : **आगरा-आरगा।**

स्थानीय समाचार (Local News)
केवल पत्र के प्रकाशन-स्थान (नगर) से संबद्ध समाचार, जिनके लिए प्राय: तीसरा या अंतिम पृष्ठ निश्चित होता है। वैसे स्थानीय समाचार सुविधानुसार पत्र में कहीं भी दिये जा सकते हैं। व्यापक (राष्ट्रीय, अंतर्राष्ट्रीय) महत्त्व अथवा प्रबल लोकरुचि के स्थानीय समाचार मुखपृष्ठ अथवा प्रसंगानुसार किसी अन्य पृष्ठ पर भी छपते हैं।

स्थायी (सामग्री) (Standing)
पुनः प्रयोग के लिए रोककर रखी गयी सामग्री।

स्थूलाक्षर/ब्लॉक अक्षर (Block Letter, B. L.)
1. अपेक्षाकृत मोटे (बड़े आकार के काले) मुद्राक्षर।

2. ब्लॉक के रूप में विशेष रूप से तैयार किये गये अक्षर। मुद्रण में प्राय: 72 पॉइंट तक के आकार के मुद्राक्षर ही ढलते हैं। इससे अधिक बड़े (मोटे) अक्षरों की आवश्यकता यदा-कदा शीर्षकों के लिए होती है। इसके लिए कलाकार से अक्षरों के रेखाचित्र बनवाकर उनके ब्लॉक बनवा लिये जाते हैं।

सज्जात्मक रेखिका (Oxford Rule)
सामान्य रेखिका से भिन्न कलात्मक सज्जायुक्त रेखिका।

स्फुट मुद्रण (Job Printing)
केवल छोटे आकार (क्राउन आकार तक) के पत्र/प्रपत्र/लेटर पैड/कार्ड/पत्रक/रसीद आदि की छपाई।

स्मारक ग्रंथ (Commemoration Volume)
किसी विशिष्ट महापुरुष/संदर्भ पुरुष (नेता, विद्वान्, दार्शनिक, समाजसेवी आदि) की स्मृति बनाये रखने के लिए विशेषतया संकलित, संपादित, मुद्रित, प्रकाशित ग्रंथ।

स्मारिका (Souvenir)
किसी विशिष्ट अवसर, दिवस, सम्मेलन-समारोह, अधिवेशन, जन्मदिन, शती आदि के उपलक्ष्य में उसे चिरस्मरणीय बनाने से उद्देश्य से विशेषतया संकलित सामग्री से युक्त पत्रिका।

स्याही प्रणाली (Inking System)
मुद्रणयंत्र में स्याही-भंडारण और वहाँ से स्याहीभरक रूले (फीडर रूल) द्वारा मुद्रायोजित सामग्री के साँचे तक लाने, मुद्राक्षरों पर लगाने आदि की स्वचालित प्रक्रिया।

स्वचल मुद्रण (Automatic Printing)
मुद्रायोजन (कंपोज की गयी) सामग्री को बिना किसी व्यक्ति की सहायता के अभीष्ट आकार और संख्या में स्वतः मुद्रित करने की प्रक्रिया।

स्वचल मुद्रायोजन (Automatic Composing)
एक विशेष स्वचलित यंत्र द्वारा मुद्राक्षरों के स्वतः संयोजित होने की प्रक्रिया।

स्वचल मोड़क (Automatic Folder)
मुद्रित पत्र/पत्रिका के पृष्ठों को अभीष्ट आकार में स्वतः मोड़ देने वाला यंत्र।

स्वतंत्र अभिव्यक्ति (Free Expression)
बिना किसी लोभ, भय, दबाव, पक्ष-विपक्ष से प्रभावित हुए अपने विचार प्रकट करना। देखिए : 'अभिव्यक्ति स्वातंत्र्य'।

स्वतंत्र पत्रकार (Freelancer)
किसी विशेष पत्र-पत्रिका से नियमित रूप से संबंधित या उसका वेतनभोगी न होकर स्वेच्छा, रुचि और सुविधानुसार विविध पत्र-पत्रिकाओं के लिए अभीष्ट लेख आदि लिखते रहने वाला पत्रकार।

स्वतंत्र प्रेस (Free Press)
किसी भी प्रकार की जाति-देश-काल की सीमाओं से मुक्त और बिना किसी हस्तक्षेप के, समाचारों, सूचनाओं, विचारों का संकलन, उपयोग, प्रेषण, मुद्रण, प्रकाशन और प्रसारण करने में स्वतंत्र समाचारपत्र।

ह

हलका मुद्राक्षर (Light Face)
मुद्रण में हलकी छाप देने वाले मुद्राक्षर (टाइप)।

हस्तनिर्मित कागज़ (Handmade Paper)
हाथ से बनाया हुआ कागज़।

हस्तपत्रक (Hand Bill)
सर्वसामान्य के लिए ज्ञातव्य सामग्री के प्रचारार्थ मुद्रित लघु विज्ञापन-पत्र (पर्चा) जो हाथों-हाथ वितरित किया जा सके। किसी नयी दुकान के खुलने, उपयोगी औषधि, सभा-सम्मेलन, उत्सव-समारोह, सिनेमा-सरकस के कार्यक्रम आदि की सार्वजनिक सूचना के लिए प्रायः इन्हीं का उपयोग होता है।

हस्त-पुस्तिका/नियम-पुस्तिका (Manual)
किसी विषय-विशेष पर संकलित सामग्री, प्रकाशित पुस्तक अथवा निर्धारित नियमावली आदि का सार-संक्षेप प्रस्तुत करने वाली, सरलता से हाथ में ली जा सकने वाली लघु पुस्तक।

हस्त-प्रूफ (Hand Proof)
बिना मशीन की सहायता के हाथों से उठाया जाने वाला प्रूफ।

हस्तमुद्रायोजन (Hand Composition)
हाथों से किया गया मुद्रायोजन।

हस्तलिपि मुद्राक्षर (Script Type)
हाथ से लिखे होने का आभास देने वाले धातुढले अक्षर।

हस्ताक्षरित स्तंभ (Signed Column)
समाचार-पत्र के संपादकीय पृष्ठ पर संपादकेतर किसी अन्य लेखक द्वारा किसी विशिष्ट सामयिक विषय पर प्रस्तुत स्वतः संपूर्ण एवं स्वतंत्र लेख जिसके साथ लेखक का नाम भी छपा रहता है। संपादक द्वारा लिखित अग्रलेख, टिप्पणी आदि पर प्रायः उसका नाम नहीं दिया जाता, अतः उससे अलगाने के लिए, अन्य लेखकों के नाम-सहित लेखादि को 'हस्ताक्षरित स्तंभ' कहा जाता है।

हाफटोन स्क्रीन (Halftone Screen)
हाफटोन (अर्ध छायाप्रकाशमय) ब्लॉकों में, दानेदार तल प्रदर्शित करने वाली धातु-रासायनिक जाली।

हाशिया (Border)
(चतुष्कोण) समाचारों, विज्ञापनों आदि के चारों ओर लगायी जाने वाली रेखा। शोक-समाचार के चारों ओर मोटी काली रेखाओं का सीमांत (बोर्डर) बनाया जाता है।

नाम-कोश

संवाद-समितियाँ

अरब न्यूज एजेंसी (मिस्र) (Arab News Agency (Egypt), A. N. A.)
मिस्र की राष्ट्रीय स्तर की संवाद-समिति ।

इकॉनॉमिक न्यूज सर्विस (हांगकांग)
(Economic News Service (Hongkong), E. N. S.)
हांगकांग स्थित औद्योगिक और व्यावसायिक सूचनाओं-समाचारों का संकलन तथा शुल्क के बदले संबद्ध पत्र-पत्रिकाओं को प्रेषित करने वाली निजी क्षेत्र की संस्था ।

ईराक न्यूज एजेंसी (Araq News Agency, I. N. A.)
ईराक की प्रमुख संवाद-समिति ।

इंडियन न्यूज एंड फीचर एलायंस
(Indian News & Feature Alliance, I. N. F.)
नयी दिल्ली में स्थित इस एजेंसी का कार्यक्षेत्र कुछ प्रमुख समाचारों के विश्लेषण एवं फीचर तैयार कराकर पत्रों को भेजने तक सीमित है ।

इंडियन प्रेस एजेंसी (Indian Press Agency)
नयी दिल्ली में स्थित यह एजेंसी सीमित स्तर पर प्रायः स्थानीय अथवा विशेष महत्त्व के समाचारों के क्षेत्र में कार्यरत है ।

ईस्टर्न न्यूज एजेंसी (बांगला देश)
(Eastern News Agency (Bangla Desh), E. N. A.)
बांगला देश की प्रमुख संवाद-समिति जो समाचार-संचार के लिए प्रायः यूरोपीय और भारतीय एजेंसियों पर निर्भर है । इसका मुख्यालय ढाका में है ।

एक्सप्रेस समाचार सेवा (Express News Service, E. N. S.)
एक्सप्रेस पत्र-समूह की निजी समाचार सेवा, जिसका मुख्यालय नयी दिल्ली में है और शाखाएँ विभिन्न नगरों में हैं ।

एजेंसी नेशनल स्टांप एसोसिएशन, अंसा
(Agency National Stamp Association, A. N. S. A.)
सन् 1945 ई० में स्थापित इटली की प्रमुख संवाद-समिति। यह सरकारी अधिकार में है। इसके साथ भारत की प्रमुख समितियों ने समाचारों के आदान-प्रदान के लिए समझौते किये हैं।

एजेंसी फ्रांस प्रेस (Agency France Press, A. F. P.)
संवाद-समिति गठन के आदि सूत्रधार चार्ल्स आवास की 'आवास' एजेंसी की फ्रांसीसी शाखा। सन् 1940 ई० में (द्वितीय विश्वयुद्ध के कारण) विघटित सन् 1944 ई० में पुनर्गठित। यह फ्रांस की प्रमुख समाचार समिति है। विश्व भर में इसकी लगभग सौ शाखाएँ हैं।

ए० डी० एन० (बर्लिन न्यूज एजेंसी) (A. D. N.)
सन् 1946 ई० में (द्वितीय विश्वयुद्ध की समाप्ति के बाद) बर्लिन में स्थापित जर्मनी की निजी समाचार समिति।

एसोसिएटेड न्यूज सर्विस (Associated News Service, A. N. S.)
भारत के दक्षिणी क्षेत्रों में कार्यरत समाचार एजेंसी, जिसका मुख्य कार्यालय हैदराबाद (आंध्र प्रदेश) में स्थित है।

एसोसिएटेड प्रेस ऑफ अमेरिका
(Associated Press of America, A. P. A.)
सन् 1848 ई० में स्थापित अमरीकी संवाद-समिति जिसे वहाँ की प्रथम एजेंसी होने का श्रेय प्राप्त है। इसका केंद्रीय कार्यालय न्यूयार्क में है। यह एक सहकारी निगम है। इस समय विश्व की संवाद समितियों में यह प्रमुख है। अमरीका के अतिरिक्त, एशिया, अफ्रीका और यूरोप में कार्यरत इसके शक्ति-शाली लघु तरंग संग्राहक (शार्टवेव रिसीवर) कार्यरत हैं।

एसोसिएटेड प्रेस ऑफ पाकिस्तान
(Associated Press of Pakistan, A. P. P.)
पाकिस्तान की प्रमुख समाचार एजेंसी, जो अधिकांशतः यूरोपीय संवाद समितियों पर निर्भर है।

कश्मीर न्यूज सर्विस (Kashmir News Service, K. N. S.)
श्रीनगर स्थित, सीमित स्तर पर कार्यरत क्षेत्रीय संवाद-समिति।

केरल प्रेस सर्विस (Kerala Press Service)
कोल्लम (क्विलोन) स्थित, सीमित स्तर पर कार्यरत क्षेत्रीय संवाद-समिति।

क्योदो न्यूज सर्विस (जापान) (Kyodo News Service (Japan)
जापान के समाचारपत्रों की सहकारी संवाद-समिति। इसका कार्यविस्तार सन् 1951 ई० में शुरू हुआ। यह समिति 'जापान न्यूज लैटर' के नाम से समाचारों का साप्ताहिक डाइजेस्ट विभिन्न पत्रों और एजेंसियों को भेजती है।

जी० जी० प्रेस (जापान) (G.G.P.)
सन् 1945 में स्थापित सहकारी संवाद-समिति, जो किसी भी प्रकार के राजकीय हस्तक्षेप से सर्वथा मुक्त है। इसके सभी भागीदार इसके कर्मचारी हैं और यह सरकार से कोई अनुदान प्राप्त नहीं करती। अमरीका, यूरोप और एशिया के कई देशों में इसकी समाचार-सेवा उपलब्ध है।

डूट्शे प्रेस एजेंटूर (प० जर्मनी) (D.P.A.)
सन् 1949 ई० में पश्चिमी जर्मनी में स्थापित इस एजेंसी का प्रसार विश्व के अधिकांश देशों में है। भारत में भी इसकी समाचार-सेवाएँ उपलब्ध हैं।

टाइम्स ऑफ इंडिया न्यूज सर्विस
(Times of India News Service, T.I.N.S.)
भारत के 'टाइम्स ऑफ इंडिया' पत्र समूह (नवभारत टाइम्स, धर्मयुग आदि) की ओर से संचालित निजी समाचार-सेवा (समिति), जिसके मुख्य कार्यालय बम्बई और दिल्ली में स्थित हैं तथा भारत तथा विदेश के अनेक मुख्य नगरों में शाखा कार्यालय भी हैं।

तांजुग (यूगोस्लाविया) (Tanjug)
सन् 1943 ई० में स्थापित, यूगोस्लाविया की प्रमुख संवाद-समिति। अपने देश के पत्रों, रेडियो एवं टेलीविज़न संस्थानों के अतिरिक्त यूरोप की अन्य प्रमुख सवाद समितियों के साथ इसके व्यावसायिक अनुबंध हैं।

तास (तेलिग्राफोनी एजत्वो सोवियतस्कवो सयूजा) (Tass)
सोवियतसंघ की केंद्रीय सूचना सेवा जो मंत्रिपरिषद् के प्रति उत्तरदायी है। 10 जुलाई, 1925 ई० में गठित इस एजेंसी की सहायक समितियाँ सोवियत संघ के हर गणतंत्र में हैं। साम्यवादी देशों मे प्राय: इस एजेंसी का ही एकाधिकार है। साथ ही अफगानिस्तान, जापान, जर्मन, फ्रांस और अमेरिका आदि में इसकी शाखाएँ कार्यरत हैं। भारत तथा अन्य कुछ देशों में इसकी सेवाएँ रूसी दूतावासों के माध्यम से उपलब्ध हैं।

नेशनल न्यूज एजेंसी (National News Agency, N.N.A.)
(1) नयी दिल्ली स्थिति भारतीय संवाद-समिति।
(2) पाकिस्तान की एक संवाद-समिति।

न्यू चाइना न्यूज एजेंसी (New China News Agency, N.C.N.A.)
चीन की प्रमुख राष्ट्रीय संवाद-समिति जिसकी स्थापना सन् 1949 में हुई। इसका मुख्य कार्यालय पेइचिंग (पीकिंग) में है।

पाकिस्तान प्रेस इंटरनेशनल (Pakistan Press International, P.P.I.)
पाकिस्तान की प्रमुख अंतर्राष्ट्रीय संवाद-एजेंसी।

पोलिश एजेंसी प्रेस (Polish Agency Press, P.A.P.)
सन् 1943 ई० में स्थापित पोलैंड की सरकारी संवाद-समिति। इसका मुख्य समझौता 'तास' के साथ है। विश्व की प्राय: सभी राजधानियों में भी इसके संवाददाता हैं।

प्रेस ट्रस्ट ऑफ इंडिया (Press Trust of India, P.T.I.)
भारत की सर्वप्रमुख और एशिया की सबसे बड़ी संवाद-समिति। भारत के स्वाधीन होने पर सन् 1948 में राष्ट्रीय स्तर के प्रमुख समाचारपत्रों ने एक राष्ट्रीय संवाद-समिति की योजना बनायी। तत्कालीन गृहमंत्री सरदार पटेल के सहयोग और प्रोत्साहन से इसकी स्थापना हुई। पहले तीन वर्ष तक, इसने रायटर से किये गये अनुबंध के अंतर्गत, काहिरा से सिंगापुर तक के क्षेत्र में समाचार-संचार का कार्य किया। सन् 1951 ई० से यह पूर्णत: स्वतंत्र रूप से कार्य करने लगी। विश्व की समस्त प्रमुख संवाद-समितियों से इसके समझौते हैं और सभी राजधानियों में इसके संवाददाता हैं। भारत में इसका मुख्यालय बम्बई में तथा प्रमुख शाखा कार्यालय नयी दिल्ली में है। अन्य महानगरों में भी इसकी शाखाएँ हैं। डाकतार-विभाग से सर्वाधिक लंबी (साठ हजार कि० मी० से अधिक) तार-लाइन इसने किराये पर ले रखी हैं। इसके लगभग एक हजार दूरमुद्रक विभिन्न स्थानों पर कार्यरत हैं। इस समय यह एशिया के अतिरिक्त निर्गुट देशों की भी एकमात्र प्रमुख संवाद-समिति है।

सन् 1985 से इसने 'भाषा' नाम से हिंदी तथा भारतीय भाषायी सेवा भी आरंभ कर दी है।

फॉरेन न्यूज एंड फीचर लिमिटेड
(Foreign News and Feature Limited, F.N.F.)
नयी दिल्ली स्थित, सीमित स्तर पर विदेशी समाचारों और तत्संबंधी लेखों के संचार में संलग्न संस्था।

बल्गारियन टेलीग्राफ एजेंसी (Bulgarian Telegraph Agency, B.T.N.)
बल्गारिया की प्रमुख समाचार एजेंसी का प्रचलित नाम।

ब्रिटिश इंफार्मेशन सर्विस (British Information Service, B.I.S.)
इंगलैंड की राष्ट्रीय स्तर की प्रमुख सूचना-समाचार-सेवा ।

ब्रिटिश ब्रॉडकास्टिंग कार्पोरेशन
(British Broadcasting Corporation, B. B. C.)
इंगलैंड की स्वतंत्र-स्वायत्त रेडियो और दूरदर्शन-प्रसारण संस्था, जिसका विश्व-भर में अपना समाचार-संग्रहतंत्र है । इसका प्रधान कार्यालय लन्दन में है तथा प्राय: सभी देशों की राजधानियों और प्रमुख नगरों में इसके प्रतिनिधि हैं ।

भाषा (Bhasha)
भारत की राष्ट्रीय स्तर की सर्वप्रमुख संवाद-समिति 'प्रेस ट्रस्ट ऑफ इंडिया' (सन् 1948 में स्थापित) की 'हिंदी एवं भारतीय भाषायी सेवा' जो सन् 1985 में आरंभ हुई । इसका मुख्यालय नयी दिल्ली में है ।

प्रे० ट्र० को एशिया एवं तीसरी दुनिया (निर्गुट-आंदोलन से संबद्ध देशों) में जो प्रतिष्ठा प्राप्त है उसका लाभ भाषा को भी पूरी तरह मिल रहा है । मूलत: हिन्दी में प्रस्तुत की गई समाचार-सामग्री को 'भाषा' द्वारा भारत भर के हिन्दी-पत्रों के पास निजी दूर मुद्रकों के माध्यम से संप्रेषित करने की सक्षम व्यवस्था है ।

यूनाइटेड प्रेस इंटरनेशनल, यू० पी० आई०
(United Press International, U. P. I.)
विश्व की सर्वप्रमुख स्वतंत्र संवाद-समिति । 1921 से कार्यरत । सन् 1907 में 'इंटरनेशनल न्यूज सर्विस' के नाम से गठित संवाद समिति का 1958 में इसी में विलय । इसका मुख्यालय अमेरिका में है । विश्व के सभी देशों में इसकी संचार-सेवाएँ फैली हुई हैं । यह एक चार्टर्ड प्रेस-निगम है, जिसमें एक लाख से अधिक कर्मचारी सेवारत हैं ।

यूनाइटेड न्यूज ऑफ इंडिया, यू० एन० आई०
(United News of India, U. N. I.)
भारत की दूसरी एवं एशिया की तीसरी प्रमुख संवाद-समिति । इसकी योजना पी० टी० आई० के पूर्व अध्यक्ष श्री बाघले ने बंगाल के समकालीन मुख्यमंत्री श्री विधानचंद राय की प्रेरणा से तैयार की । इसने सन् 1961 ई० में कार्य आरंभ किया । भारत, एशिया तथा तीसरी दुनिया के देशों में पी० टी० आई० के बाद, इसका स्थान है । इसकी अलग-अलग विषयों (वाणिज्य, कृषि आदि) की संदर्भ-सेवाएँ विशेष महत्वपूर्ण हैं ।

सन् 1982 से इसने 'यूनीवार्त्ता' (या 'वार्त्ता') के नाम से हिंदी और

भारतीय भाषायी सेवा आरंभ की है, जो अल्पसमय में ही हिंदी एवं भाषायी पत्रों के लिए बड़ी उपयोगी और लोकप्रिय सिद्ध हुई है।

यूनीवार्त्ता/वार्त्ता/यूवा/यूनी (UNI)
भारत की 'यूनाइटिड न्यूज ऑफ इंडिया' नामक (सन् 1961 ई० से कार्यरत) प्रमुख संवाद समिति की हिंदी और भारतीय भाषायी समाचार-सेवा, जो सन् 1982 ई० में आरंभ हुई। यू० एन० आई० का अनुभवी पत्रकार-मंडल तथा सुदृढ़ संचार-तंत्र इसके विकास में पर्याप्त सहायक हो रहा है। मंझोले और लघु हिंदी-पत्रों को समाचार-सामग्री की दृष्टि से आत्म-निर्भर बनाने में यह संवाद-समिति बहुत सहायक हुई है।

रायटर (Reuter)
पत्रकारिता के इतिहास में समाचार-सेवा के दूर-संचार की प्रथम संकल्पना करने वाले जर्मन युवक जूलियस रायटर के नाम से संचालित विश्व की सबसे प्राचीन और प्रमुख संवाद समिति जिसकी आधारशिला 1849 ई० में पड़ी। बाद में 'हावास' से हुए समझौते के अंतर्गत इसने ब्रिटिश क्षेत्र में कार्य शुरू किया। इसका मुख्यालय लंदन में है। आज यह ब्रिटेन के समाचारपत्रों की सामूहिक संपत्ति के रूप में कार्यरत ट्रस्ट के समान चल रही है। आस्ट्रेलिया, न्यूजीलैंड तथा भारत (पी० टी० आई०) की प्रमुख राष्ट्रीय संवाद समितियाँ भी इस ट्रस्ट की भागीदार हैं। अधिकांश यूरोपीय, एशियाई तथा अफ्रीकी देशों में इसकी संचार-सेवा उपलब्ध हैं।

राष्ट्रीय संवाद समिति (Rashtriya Samvad Samiti, R. S. S.)
नेपाल की राष्ट्रीय स्तर की प्रमुख संवाद-समिति, जिसका मुख्यालय काठमांडो में स्थित है।

समाचार (Samachar)
सन् 1976 ई० में, भारत की चार प्रमुख संवाद-समितियों (पी० टी० आई०, यू० एन० आई०, हिंदुस्थान समाचार और समाचार भारती) को मिलाकर, नये सिरे से गठित, भारत की एकमात्र संवाद-समिति, जिसका सरकारीकरण एकरूपता, निष्पक्षता तथा समन्वय की दृष्टि से किया गया; परंतु सन् 1977 ई० में, पुन: इसका विघटन करके, चारों उक्त समितियों को स्वतंत्र रूप से कार्य करने की छूट दे दी गयी।

समाचार भारती (Samachar Bharati)
सन् '66 ई० में स्थापित हिंदी और भारतीय भाषाओं की दूसरी प्रमुख संवाद-समिति, जिसकी योजना तत्कालीन प्रधानमंत्री लालबहादुर शास्त्री की प्रेरणा

से प्रसिद्ध पत्रकार धर्मवीर गांधी ने तैयार की । इसका उद्देश्य भारतीय भाषायी पत्रों के लिए, उन्हीं की भाषा-लिपि में समाचार-सामग्री उपलब्ध कराना था । प्रारंभ में इसे पर्याप्त सफलता मिली, किंतु अंग्रेज़ी-वर्चस्व तथा बड़ी समितियों की प्रतिद्वंद्विता के कारण इसका सम्यक् विकास-विस्तार न हो पाया ।

हिंदी न्यूज़ सर्विस (Hindi News Service)
नयी दिल्ली स्थित, सीमित स्तर पर हिंदी-समाचार-सेवा में संलग्न स्थानीय संवाद-समिति ।

हिंदुस्थान समाचार, हि० स० (Hindusthan Samachar, H. S.)
भारत की पहली हिंदी और भारतीय भाषाओं की समाचार-समिति जिसकी योजना श्री शंकर शिवराम आप्टे ने सन् 1948 ई० में अपने कुछ मित्रों के परामर्श से बनायी । भारत के भाषायी पत्रों को उनकी अपनी भाषा में समाचार उपलब्ध कराना, संचार-लिपि के रूप में देवनागरी का उपयोग तथा देश के क्षेत्रीय अंचलों (गाँवों, कस्बों आदि) के समाचारों को प्रमुखता प्रदान करना इसका उद्देश्य था । आरंभ में इसने डाक-तार द्वारा समाचार-संचार का कार्य किया । सन् 1954 ई० में नागरी दूरमुद्रक तैयार हो जाने पर, इसने पहली बार पत्र-जगत में उसका उपयोग आरंभ किया । शीघ्र ही इस समिति का प्रसार देश के अनेक नगरों तक हो गया । इसने भारत की दस प्रमुख भाषाओं में समाचार-सेवा की व्यवस्था की ।

सन् 1957 ई० में इसे एक सहकारी संस्था का रूप दे दिया गया, जिससे इसके कर्मचारी ही इसके भागीदार बन गये ।

बीसवीं शती के नवें दशक से अन्यान्य समितियों की साधन-संपन्नता के सामने इसकी स्थिति गौण होने लगी । अंग्रेजी-वर्चस्व और आर्थिक विपन्नता के कारण यह संवाद-समिति पी० टी० आई० और यू० एन० आई० जैसी समृद्ध समितियों द्वारा संचालित क्रमशः 'वार्त्ता' (1982) और 'भाषा' (1985) नामक भाषायी समाचार-सेवा की प्रतिद्वंद्विता में पिछड़ गयी ।

पत्रकार-संगठन

अंतर्राष्ट्रीय जनसंचार संघ

(International Association of Mass Communication, I. A. M.C.)

विभिन्न संचार माध्यमों के बीच समन्वय स्थापित करने वाला अंतर्राष्ट्रीय संगठन।

अखिल भारतीय समाचारपत्र कर्मचारी संघ

(All India News Papers Employees Federation, A. I. N. E. F.)

समाचार-उद्योग में कार्यरत, गैर-पत्रकार कार्मिकों के हितार्थ यह संस्था सन् 1960 ई० में स्थापित हुई। इसमें कई पत्रकार-सदस्य भी सम्मिलित हैं। दिल्ली और महाराष्ट्र के अतिरिक्त यह संस्था अधिकतर दक्षिणी राज्यों—आंध्र, तमिलनाडु और केरल में गतिशील है।

अखिल भारतीय समाचारपत्र संपादक सम्मेलन

(All India News Papers Editors Conference A. I. N. E. C.)

सन् 1940 ई० में स्थापित भारत का पहला संपादक-संगठन जिसे भारतीय पत्रकारिता-जगत् में सर्वप्रथम आचार संहिता बनाने और लागू करने का श्रेय है। स्वाधीनता आंदोलन के दौरान, दमन के वातावरण में इस संस्थान ने भारतीय पत्रकारों और पत्रकारिता की गरिमा बनाये रखने में बड़े साहस का परिचय दिया। प्रेस-परिषद् आदि सरकारी तथा अन्य विभिन्न आयोगों, मंडलों आदि में भी इस संस्था की ओर से प्रतिनिधि भेजे जाते हैं।

इसके प्रथम अध्यक्ष मद्रास-स्थित 'हिन्दू' के संपादक श्री कस्तूरी श्रीनिवासन थे।

इंडियन एंड ईस्टर्न न्यूज पेपर सोसाइटी

(Indian and Eastern News Paper Society, I. E. N. S.)

सन् 1939 ई० में स्थापित भारतीय पत्रकारों का एक संगठन जिसके प्रारंभ में केवल 14 पत्र सदस्य थे किंतु आज भारत के अधिकांश पत्र-पत्रिकाएँ इससे

संबंधित हैं। इस संस्था का ध्येय पत्र-पत्रिकाओं के लिए अधिकाधिक व्यावसायिक सुविधाएँ प्राप्त करना है; यथा : मुद्रण-सामग्री और अखबारी कागज की उपलब्धि की सुविधा आदि।

इसी संस्था के प्रयत्नों के फलस्वरूप 1948 में प्रेस ट्रस्ट ऑफ़ इंडिया की तथा 1949 ई० में प्रसार संख्या गणन-संस्थान की स्थापना हुई।

पत्रकार संगठन, पत्रकार संघ (Journalists' Association)
पत्रकारों के हितों की देखभाल, पारस्परिक संपर्क-सौहार्द तथा पत्रकारिता-संबंधी विभिन्न मुद्दों पर विचार-विमर्श के उद्देश्य से गठित पत्रकारों की अपनी संस्थाएँ। उदाहरणत: कुछ प्रमुख पत्रकार-संगठनों के नाम इस प्रकार हैं : (1) अखिल भारतीय समाचार पत्र संपादक सम्मेलन ए० आई० एन० ई० सी० आल इंडिया न्यूज़पेपर्स एडीटर्स कांफ्रेंस, (A. I. N. E. C. All India Newspapers Editors Conference) 1940, (2) अखिल भारतीय समाचार पत्र कर्मचारी संघ आल इंडिया न्यूज़पेपर्स एंपलाईज फेडरेशन, (A. I. N. E. F. All India News papers Employees Federation), (3) इंडियन एंड ईस्टर्न न्यूज़पेपर सोसाइटी आई० ई० एन० एस० (Indian and Eastern Newspaper Society, I. E. N. S.) 1939, (4) दि इंडियन एसोसिएशन आफ इंडस्ट्रियल एडीटर्स (The Indian Association of Industrial Editors I. A. I. E.) 1956, (5) दि प्रेस गिल्ड ऑफ इंडिया (The Press Guild of India P. G. I.) 1954, (6) भारतीय श्रमजीवी पत्रकार संघ आई० एफ० डब्ल्यू० जे० (Indian Federation of Working Journalists I. F. W. J.) 1950, (7) राष्ट्रीय पत्रकार संघ एन० यू० जे० (National Union of Journalists N. U. J.) 1969।

भारतीय औद्योगिक संपादक संघ
(Indian Association of Industrial Editors I. A. I. E.)
केवल उद्योग-व्यवसाय और वित्त-व्यापार, कर आदि से संबंधित समाचारों/विचारों/सूचनाओं/गतिविधियों का संकलन/संपादन करने वाले संपादकों का विधिवत् संगठन जिसका उद्देश्य स्वीकृत और अपेक्षित प्रतिमानों तथा सेवा-सुविधाओं आदि के लिए सजग-संगठित रहना है।

इस संस्था की स्थापना सन् 1956 ई० में हुई। प्रतिवर्ष सर्वोत्तम उद्योग पत्रिका को पुरस्कृत करना इसकी प्रमुख विशेषता है।

भारतीय पत्रकार संघ (Indian Journalists' Association I. J. A.)
भारतीय पत्रकारों के हितों की रक्षा में संलग्न संगठन।

भारतीय भाषायी समाचारपत्र संगठन

(The Indian Languages Newspapers Association I. L. N. A.)

सन् 1941 ई० में स्थापित, भारतीय भाषाओं के छोटे (पंद्रह हजार से कम प्रसार संख्या वाले) समाचारपत्रों का संगठन, जिसका उद्देश्य अपने वर्ग के पत्र-पत्रिकाओं के लिए यथोचित अखबारी कागज तथा विज्ञापन आदि उपलब्ध कराने के लिए प्रयत्नशील रहना है। इसका मुख्यालय बम्बई में है। इसी के प्रयत्नों के फलस्वरूप सन् 1947 ई० में इस वर्ग के पत्रों के लिए अखबारी कागज के आयात की योजना सरकार ने बनायी, जिनसे छोटे पत्रों को पर्याप्त सुविधा हो गयी है।

भारतीय विज्ञापन एजेंसी संघ

(Advertising Agencies Association of India, A. A. A. I.)

विभिन्न विज्ञापन एजेंसियों का संगठन।

भारतीय विज्ञापन परिषद् (Advertising Council of India A. C. I.)

विज्ञापन-एजेंटों तथा एजेंसियों का विधिवत् गठित संगठन।

भारतीय श्रमजीवी पत्रकार संघ

(Indian Federation of Working Journalists, I. F. W. J.)

भारत का पहला श्रमिक पत्रकार-संगठन जिसकी स्थापना सन् 1950 ई० में दिल्ली में हुई। वेतनभोगी पत्रकारों के हितों की रक्षा, वेतन, भत्ता, काम के घंटे, विभिन्न सेवा-शर्तों और सुविधाओं आदि के लिए यथावश्यक आंदोलन-संघर्ष-हेतु कृतसंकल्प इस संघ के प्रथम अधिवेशन के अध्यक्ष भारत के प्रसिद्ध पत्रकार श्री चलपतिराव थे। इसे श्रमजीवी पत्रकारों के हित में अनेक सफलताएँ अर्जित करने का श्रेय है; यथा : पत्रकारों के लिए वेतन मंडलों की नियुक्ति, पत्रकारिता-प्रशिक्षण की व्यवस्था, एक मासिक पत्रिका का प्रकाशन, 1952 में प्रेस-आयोग की स्थापना तथा 1955 में श्रमजीवी पत्रकार अधिनियम का पारित होना आदि। इसकी विभिन्न शाखाएं भारत के विभिन्न नगरों में हैं।

राष्ट्रीय पत्रकार संघ (National Union of Journalists, N. U. J.)

भारतीय पत्रकारों के आर्थिक हितों की रक्षार्थ सन् 1969 ई० में गठित संगठन। इसका प्रधान कार्यालय नयी दिल्ली में है। सरकारी और गैरसरकारी स्तर पर समय-समय पर गठित होने वाली विभिन्न समितियों में इसे भी प्रतिनिधित्व प्राप्त है। इसका अपना एक मुखपत्र 'इंकवर्ल्ड' दिल्ली से प्रकाशित होता है।

विदेशी संवाददाता संघ
(Foreign Correspondents Association, F. C. A.)
विभिन्न पत्र-पत्रिकाओं के विदेशस्थित संवाददाताओं का विधिवत् गठित संगठन, जो समाचार संकलन, प्रेषण तथा सेवा संबंधी विभिन्न प्रतिमानों में एकरूपता बनाए रखने को प्रयत्नशील रहता है।

व्यावसायिक कलाकार संघ (Commercial Artists Guild, C. A. G.)
पत्र-पत्रिकाओं, पुस्तकों आदि के लिए व्यापारिक स्तर पर शुल्क, पारिश्रमिक आदि लेकर विभिन्न प्रकार के कलात्मक चित्र, रेखाचित्र, आकर्षक अक्षर-विन्यास आदि तैयार करने वाले कलाकारों का संगठन।

प्रमुख हिंदी पत्र-पत्रिकाएँ

आज

हिंदी-समाचार पत्रों के इतिहास में 'आज' का प्रकाशन उल्लेखनीय घटना। काशी के बाबू शिवप्रसाद गुप्त द्वारा 5 सितंबर, 1920 ई० को 'आज' का प्रकाशन। श्री श्रीप्रकाश इसके प्रथम संपादक। बाद में पं० बाबूराव विष्णुराव पराड़कर इसके प्रधान संपादक (1924 ई० से लेकर 13 अगस्त, 1942 ई० तक)। इन तीन दशकों में 'आज' और पराड़करजी ने हिंदी पत्रकार-कला को नयी दिशा, नयी गति और नया स्वरूप प्रदान किया, हिंदी पत्रकारिता का मान-दंड स्थिर किया।

दिल्ली से काशी तक अपना हिंदी टेलीप्रिंटर लगाने वाला यह पहला पत्र। हिंदी को अनेक नये शब्द प्रदान किये। इस समय 'आज' वाराणसी, कानपुर, गोरखपुर, पटना तथा राँची से प्रकाशित हो रहा है।

इंडिया टुडे

इस नाम के प्रतिष्ठित एवं लोकप्रिय अंग्रेज़ी पाक्षिक का यह हिंदी-संस्करण (इसी नाम से) सन् 1986 ई० से, नयी दिल्ली से निकल रहा है। सीमित समय में ही इसने हिंदी पत्र-जगत् में शीर्ष स्थान बना लिया है। इसकी खोजी पत्रकारिता, बेबाक टिप्पणियाँ एवं राष्ट्रीय महत्त्व के सभी मुद्दों पर जन-सामान्य को उसी की सहज तथा लोक-तेवर की शैली में व्यापक जानकारी उपलब्ध कराने की नीति ने हिंदी-पत्रकारिता को नया आयाम एवं इस पत्रिका को नया कीर्तिमान प्रदान किया है। प्रधान संपादक अरुणपुरी तथा वरिष्ठ संपादक प्रभु चावला के अतिरिक्त, दैनिक पत्रों जैसा ही इसका अपना बहुत-बड़ा संपादक-मंडल और संचार-तंत्र है। कसौटी, तेवर, राजरंग, बीता पखवाड़ा, खास रपट, आवरण कथा, व्यापार चक्र, कला, खेल खेल में, चर्चित चेहरे आदि इसके बहुचर्चित स्तंभ हैं। (अब यह पत्रिका मलयालम और तेलुगु में भी निकल रही है।)

उचित वक्ता

भारतीय पत्रकारिता की पहली शताब्दी (1880) के वर्ष सात अगस्त को हिंदी का यह पत्र कलकत्ता से निकलना शुरू हुआ। इसके संचालक-संपादक थे पंडित दुर्गाप्रसाद मिश्र, जिन्हें कलकत्ता की हिंदी पत्रकारिता का प्राणप्रतिष्ठापक माना जाता है। अपने नाम के अनुरूप 'उचित वक्ता' सत्य और न्याय के प्रति समर्पित था। इसका उद्देश्य वाक्य था···'हितं मनोहारि च दुर्लभं वचः।' इसने समकालीन शासकों की अनुचित नीतियों का डटकर विरोध किया। सन् 1878 ई. से लागू 'वर्नाकुलर प्रेस एक्ट' की इस पत्र ने सदा निंदा की। इसमें भारतेंदु हरिश्चंद्र के लेख प्रायः छपते रहते थे। इसका मूल्य केवल एक पैसा रखा गया। इस पर भी, इसके संपादक श्री मिश्र, पत्र के ग्राहकों के घर तक जाकर, उनकी इच्छानुसार उन्हें पत्र पढ़कर सुनाते थे, ताकि वे ग्राहक बने रहें।

यह पत्र आर्थिक कठिनाइयों के कारण बीच-बीच में बंद होता रहा। सन् 1895 तक इसके प्रकाशित होने के प्रमाण मिलते हैं।

उदंत मार्त्तंड (साप्ताहिक)

हिंदी का सर्वप्रथम पत्र होने का श्रेय 'उदंत मार्त्तण्ड' को प्राप्त है। इसका प्रकाशन पंडित जुगुल किशोर शुक्ल ने 30 मई सन् 1826 को आरंभ किया। यह साप्ताहिक पत्र था और प्रति मंगलवार निकलता था। मूल्य था दो रुपये मासिक। अल्पकाल में ही इस पत्र को पर्याप्त सफलता मिली, जिससे हिंदी पत्रकारिता के लिये आधारभूमि तैयार हो गयी। यह पत्र सच्चे अर्थों में हिंदी पत्रकारिता की नींव की पहली ईंट सिद्ध हुआ। इसमें प्रकाशित निम्नलिखित कथन प्रमाण-स्वरूप प्रस्तुत हैं :

(क) 'इस कागज के प्रकाशक का इश्तिहार'

'यह उदंत मार्त्तण्ड अब पहले-पहल हिंदुस्तानियों के हित के हेत जो आज तक किसी ने भी नहीं चलाया पर अंग्रेजी ओ पारसी ओ बंगाले में जो समाचार का कागज़ छपता है उसका सुख उन बोलियों को जानने ओ पढ़ने वाले को ही होता है और सब लोग पराये सुख सुखी होते हैं जैसे पराये धन धनी होना···' (30.5.1826)

(ख) 'इस उदंत मार्त्तण्ड के नाव पड़ने के पहले पछाहियों के चित्त का इस कागज न होने से हमारे मनोर्थ सफल होने का बड़ा उत्साह था···पै करम की रेख कौन मेटे···। (12.6.1827)

इसके संपादक-संचालक को अकेले अंग्रेज़ी और बंगला पत्रों और विदेशी

सरकार से टक्कर लेनी पड़ी। अपनी अदालती नौकरी और वकालत की सारी कमाई लगाकर भी वे इसे बहुत दिन तक न चला पाये। आखिर 4 दिसंबर 1827 को यह पत्र इस सूचना के साथ बंद हो गया :

"आज दिवस लौ उग चुक्यो, मार्त्तण्ड उदंत।
अस्ताचल को जात है, दिनकर दिन अब अंत॥"

कर्मवीर (साप्ताहिक)

'एक भारतीय आत्मा' के नाम से विख्यात राष्ट्रीय विचारधारा के कवि माखनलाल चतुर्वेदी ने इस पत्र का प्रकाशन सन् 1920 ई० में जबलपुर से आरंभ किया। बाद में वे इसे खंडवा से निकालने लगे। यह पत्र उग्र राष्ट्रीय चेतना व गांधीवादी विचारधारा का समन्वित दृष्टिकोण लेकर चला। व्यापक राष्ट्रीय संवेदनाओं के अतिरिक्त, शाश्वत सांस्कृतिक मूल्यों को इस पत्र में विशेष स्थान प्राप्त रहा। इसका प्रमुख स्वर 'विद्रोह' ही रहा।

एक विद्वान् समीक्षक के शब्दों में 'कर्मवीर ने इतिहास लिखा ही नहीं, बनाया भी···इसके द्वारा तैयार पत्रकारों, लेखकों और कवियों की पूरी पीढ़ी सदा आग से नहाती रही।'

श्री चतुर्वेदी के अतिरिक्त कुछ समय तक इसका संपादन श्री रामवृक्ष बेनीपुरी ने भी किया।

सन् 1968 ई० में कविवर चतुर्वेदी के निधन के उपरांत भी यह पत्र अपनी पूर्व गरिमा के साथ चल रहा है।

कल्याण (मासिक)

हिंदी की मासिक पत्रिकाओं में 'कल्याण' का अपना महत्त्वपूर्ण स्थान है। इसका प्रकाशन गोरखपुर के गीताप्रेस में अगस्त, 1926 से आरंभ हुआ। यह धार्मिक चेतना का पत्र है। प्रतिवर्ष निकलने वाले इसके विशेषांक साहित्यिक-सांस्कृतिक संदर्भ ग्रंथ के रूप में सराहनीय माने जाते हैं। इसकी प्रसार-संख्या भारत की मासिक पत्रिकाओं में सबसे अधिक है। श्री हनुमान प्रसाद पोद्दार की धार्मिक लगन और पत्रकारिता का यह अनुपम मधुर फल है। पोद्दारजी का 22 मार्च, 1971 ई० को देहांत होने पर श्री चिमनलाल गोस्वामी ने संपादन का कार्यभार सँभाला। 1974 तक वे उसका कुशलतापूर्वक संपादन करते रहे। उनके देहांत के बाद स्वामी रायसुखदासजी ने 'कल्याण' का संपादन किया।

'कल्याण' में किसी भी प्रकार के धार्मिक वाद-विवाद से सर्वथा दूर रह कर विशुद्ध आध्यात्मिक सामग्री प्रकाशित होती है। इस बात की पूरी सतर्कता

बरती जाती है कि 'कल्याण' में ऐसे ही लेख प्रकाशित हों, जिनमें भगवद्भक्ति का प्रतिपादन हो, भक्त-चरित्र का वर्णन हो, आध्यात्मिक ज्ञान का विवेचन हो, सदाचार का पोषण हो तथा ईश्वर तथा आध्यात्मिकता का मंडन हो। इस पत्र की एक विशेषता यह है कि इसमें कोई विज्ञापन नहीं छपता।

'कल्याण' ने अब तक लगभग 51 से अधिक विशेषांक प्रकाशित कर धार्मिक जगत् की अमूल्य सेवा की है। धार्मिक पत्रकारिता के क्षेत्र में कल्याण ने जो स्तर स्थापित किया, वह कोई अन्य पत्र नहीं कर सका। आजकल श्री मोतीलाल जालान 'कल्याण' का संपादन कर रहे हैं।

कादम्बिनी (मासिक)

हिंदुस्तान टाइम्स लिमिटेड, दिल्ली द्वारा प्रकाशित यह श्रेष्ठ मासिक पत्रिका है और साहित्यिक जगत में महत्त्वपूर्ण स्थान रखती है। इसका प्रकाशन प्रयाग से नवंबर, 1960 में हुआ था। कुछ समय पश्चात् यह नयी दिल्ली से निकलने लगी। प्रारंभ में इसके संपादक श्री बालकृष्ण राव थे। फिर सन् 1962 में श्री रामानंद दोषी हुए। दोषीजी ने बड़ी निष्ठा के साथ इस पत्रिका के स्वरूप को उभारा और इसे स्तरीय पत्रिका बनाया। सन् 1972 से इसके संपादक राजेंद्र अवस्थी हैं। समय के हस्ताक्षर, कालचिंतन, शब्द सामर्थ्य बढ़ाइए, तनाव से मुक्ति, विधि-विधान, बुद्धि विलास, वचन वीथी, गोष्ठी, नयी कृतियाँ, चलते-चलते, चौराहे पर, क्षणिकाएं, हँसिकाएँ आदि इसके स्थायी स्तंभ हैं।

चंदा मामा

'चंदा मामा' का सर्वप्रथम प्रकाशन मद्रास से सितंबर, 1948 में हुआ। यह अहिंदी भाषी तमिलनाडु से प्रकाशित एकमात्र ऐसी बाल-पत्रिका है, जो कि 12 भारतीय भाषाओं में प्रकाशित होती है यथा : हिंदी, तेलुगु, तमिल, मलयालम, कन्नड़, गुजराती, बंगाली, मराठी, पंजाबी, उड़िया, सिंहली और अंग्रेजी। चंदा मामा के प्रथम संपादक श्री पी० वेंकटाचल शर्मा थे। इसके बाद क्रमशः रामानंद शर्मा, आलूरी बेरागी, आरिगपूडि, रमेश चौधरी, बाल शौरी रेड्डी संपादक रहे। आजकल (1990) इसके संपादक श्री चक्रपाणि और संचालक श्री नागिरेड्डी हैं।

'चंदा मामा' ने हिंदी के प्रचार-प्रसार में महत्त्वपूर्ण योगदान दिया है। इस पत्रिका का प्रमुख आकर्षण इसकी धारावाहिक कथाएँ, जातक-कथाएँ आदि हैं। मूलतः यह बालकों का पत्र माना जाता है, किंतु वास्तव में यह एक पारिवारिक पत्र है, जिसे स्त्री-पुरुष बच्चे-बूढ़े सभी चाव से पढ़ते हैं।

जनसत्ता (दैनिक)

सन् 1980 से प्रकाशित यह राष्ट्रीय स्तर का दैनिक 'इंडियन एक्सप्रेस' पत्र-समूह का हिंदी प्रवक्ता है। 'सबको खबर देना' और 'सबकी खबर लेना' इस पत्र का उद्देश्य-वाक्य है। इसके अनुसार, बिगत दस वर्षों में, खबरों के पीछे छिपी खबरों की खोज में यह पत्र अग्रणी है। भ्रष्टाचार के अनेक मामलों की तह तक जाने और जनता को वास्तविकता से परिचित कराने में इस पत्र ने अद्वितीय साहस और निर्भीकता का प्रतिमान प्रस्तुत किया है। इसके संपादक श्री प्रभाष जोशी हैं, जिनके विचारोत्तेजक अग्रलेख प्रखर राष्ट्रीय चेतना से ओतप्रेत होते हैं। 'अर्थात' और 'गपशप' जैसे इसके स्थायी (रविवासरीय) स्तंभ सामयिक परिस्थितियों के बेबाक विश्लेषण की दृष्टि से विशेष लोकप्रिय हुए हैं। इस पत्र ने हिंदी पत्रकारिता में भाषा की सरलता और सुबोधता की ओर विशेष ध्यान दिया है।

जागरण

इस नाम के दो पत्रों से हिंदी-जगत परिचित है। इस नाम से पहला पत्र सन् 1932 में काशी से पाक्षिक रूप में निकलना शुरू हुआ। वह आलोचनाप्रधान शुद्ध साहित्यिक पत्र था। प्रसादजी का 'तितली' उपन्यास इसी में धारावाही छपा। पंत और महादेवी को साहिंत्य में प्रतिष्ठित करने का श्रेय भी इसी को है। इसने हिंदी में उच्चकोटि की समीक्षा का आदर्श स्थापित किया। इसके संपादकों में विनोदशंकर व्यास और शिवपूजन सहाय प्रमुख थे। बाद में इसे प्रेमचंदजी ने खरीद लिया। यह राजनीतिप्रधान साप्ताहिक बन गया। कथा-कहानी को भी इसमें प्रमुख स्थान मिला। आचार्य नरेंद्र देव और बाबू संपूर्णानंद जैसे संपादक रहे। परंतु बाद में बंद हो गया।

इस नाम का दूसरा पत्र सन् 1942 ई० में झाँसी से निकलना शुरू हुआ। यह दैनिक पत्र है। अपने आरंभिक दिनों में ही इस पत्र ने राष्ट्रीय स्तर पर ख्याति प्राप्त कर ली। विशेषतया बुंदेलखंड के हिंदी-पत्रों में इसका अग्रणी स्थान है। आजकल यह पत्र एक-साथ कई नगरों से प्रकाशित हो रहा है: कानपुर, लखनऊ, गोरखपुर, वाराणसी, झाँसी, मेरठ, आगरा, बरेली आदि। जुलाई, 1990 ई० से यह पत्र नयी दिल्ली से भी निकल रहा है। प्रतिदिन एक रंगीन परिशिष्ट (यथा: फिल्म, दूरदर्शन, युवा-जगत्, खेल-कूद, शिक्षा आदि) अतिरिक्त रूप से देना उसकी प्रमुख विशेषता है।

दिनमान (साप्ताहिक) (अब 'दिनमान टाइम्स')

टाइम्स ऑफ इंडिया द्वारा प्रकाशित 'दिनमान' समाचार साप्ताहिक है। इसका प्रकाशन दिल्ली से 21 फरवरी, 1965 को आरंभ हुआ। इसके प्रथम संपादक थे श्री सच्चिदानंद वात्स्यायन 'अज्ञेय'। अज्ञेयजी ने इसे ऐसा स्वरूप प्रदान किया, जो हिंदी में प्रकाशित किसी भी साप्ताहिक से भिन्न था। 'दिनमान' सुप्रसिद्ध पत्र 'टाइम्स' अथवा 'न्यूज वीक' से मेल खाता था। उनके कार्यकाल में 'दिनमान' ने हिंदी पत्रकारिता जगत् में अपना विशिष्ट स्थान बना लिया। अज्ञेयजी के अलग हो जाने पर श्री रघुवीर सहाय इसके संपादक बने। आज वह अपने ढंग का हिंदी साप्ताहिक है।

अप्रैल, 1982 से श्री कन्हैयालाल नंदन 'दिनमान' के संपादक हैं। मत और सम्मत, पिछले सप्ताह, पत्रकार संसद, उनका कहना है, चरचे और चरखे, राष्ट्र, चित्रों के आईने में, प्रदेश, समाचार भूमि, विश्व, खेल और खिलाड़ी, कला, रंगमंच, साहित्य, फिल्म, संस्कृति समाचार, चरित चर्चा आदि इसके मुख्य स्थायी स्तंभ हैं।

अब (1990 ई०) यही पत्र 'दिनमान टाइम्स' के नाम से निकल रहा है जिसे लोक-रुचि के अनुसार एक नया आकर्षक रूप दे दिया गया है।

धर्मयुग

इसका प्रकाशन बंबई के टाइम्स ऑफ इंडिया संस्थान से 1950 में प्रारंभ हुआ। 'धर्मयुग' के प्रथम संपादक श्री इलाचंद जोशी थे। कालांतर में इसके संपादक श्री हेमचंद जोशी, सत्यकाम विद्यालंकार हुए। बाद में डॉ० धर्मवीर भारती ने लगभग दो दशक तक इसका संपादन कर, इसे सर्वथा नयी साहित्यिक-सांस्कृतिक गरिमा प्रदान की। आजकल (1990 ई०) श्री गणेश मंत्री इसके संपादक हैं।

नई दुनिया

इस दैनिक का प्रकाशन इंदौर से 5 जून, 1947 को श्री कृष्णचंद्र मुद्गल तथा श्री कृष्णकांत व्यास के सद्प्रयत्नों से आरंभ हुआ। उस समय यह एक छोटा-सा सायंकालीन दैनिक था। मध्यप्रदेश बनने के बाद 'नई दुनिया' ने अपने रायपुर (1952) और जबलपुर (1959) संस्करण प्रारंभ किये लेकिन वे 1971 में बंद कर दिये गये।

'नई दुनिया' की भव्य साज-सज्जा, सरल भाषा, उत्कृष्ट संपादकीय नीति तथा ताजा समाचारों ने उसे न केवल मध्यप्रदेश का सर्वाधिक प्रसारित पत्र बना दिया, बल्कि उसे देश के सर्वश्रेष्ठ हिंदी दैनिकों की पंक्ति में बैठा दिया

है। इसके प्रधान संपादक श्री राहुल बारपुते ने पत्रकारिता के श्रेष्ठ आदश मानदंड स्थापित किये हैं। मध्यप्रदेश के अनेक साहित्यकारों, लेखकों, कवियों के नाम इस पत्र के साथ जुड़े हुए हैं। भारतीय भाषाओं के बड़े समाचारपत्रों उत्कृष्ट छपाई के लिए अनेक पुरस्कार 'नई दुनिया' को मिले हैं। देश के हिंदी में दैनिक समाचारपत्रों में 'नई दुनिया' ने सर्वप्रथम आफसेट मुद्रण पद्धति अपनायी।

नवभारत टाइम्स

स्वतंत्रता के ब्राह्म मुहूर्त में दिल्ली से दैनिक 'नवभारत' का प्रकाशन 4 अप्रैल, 1947 को आरंभ हुआ। इस पत्र के आदि संपादक थे श्री सत्यदेव विद्यालंकार। 'नवभारत टाइम्स' पहला हिंदी दैनिक था, जो रोटरी पर छपा।

श्री विद्यालंकार के बाद क्रमश: श्री सुरेंद्र बालूपुरी, राणा जंग बहादुर सिंह, श्री चंद्रशेखर शास्त्री 'नवभारत' के संपादक बने। श्री शास्त्रीजी के बाद सितंबर 1949 में श्री मातादीन भगेरिया ने संपादक-पद सँभाला और 31 अगस्त, 1951 ई० तक उन्होंने पत्र को बड़ी कुशलता के साथ चलाया। उनके संपादकीय बड़े तेजतर्रार होते थे। इस अवधि में 'नवभारत' का नाम 'नवभारत टाइम्स' कर दिया गया (29 जून, 1950 ई०)। 'टाइम्स ऑफ इंडिया' के मालिकों ने टाइम्स परंपरा में सटाने के विचार से पत्र के नाम में 'टाइम्स' भी जोड़ दिया।

टाइम्स ऑफ इंडिया ने कलकत्ता तथा बंबई के हिंदी-भाषी पाठकों की सुविधा को दृष्टि में रखते हुए 1950 में 'नवभारत टाइम्स' के इन दोनों नगरों से संस्करण प्रकाशित किये। कलकत्ता का संस्करण 1 सितंबर, 1953 से बंद कर दिया गया। बंबई संस्करण अब भी प्रकाशित हो रहा है। श्री भगेरिया के बाद, क्रमश: सर्वश्री राज बहादुर सिंह, रामगोपाल विद्यालंकार, अक्षय कुमार जैन, सच्चिदानंद हीरानंद वात्स्यायन 'अज्ञेय' इसके संपादक रहे। बाद में श्री आनंद जैन संपादक बने। नवंबर 1982 से श्री राजेंद्र माथुर इसके संपादक हैं।

'नवभारत टाइम्स' आज का सर्वाधिक प्रसारित हिंदी दैनिक है। अंतर्राष्ट्रीय, राष्ट्रीय, प्रादेशिक और स्थानीय समाचारों को इसमें स्थान मिलता है। इसके संपादकीय पृष्ठ पर नियमित कालमों के माध्यम से शिक्षा, विज्ञान, वित्त वार्ता, पड़ोसी देश, देश-विदेश की जानकारी पाठकों तक पहुँचायी जाती है। खेल व वाणिज्य समाचारों को भी नियमित पृष्ठ पर स्थान दिया जाता है। साज-सज्जा की दृष्टि से 'नवभारत टाइम्स' दैनिक पत्रों में अनेक बार अखिल भारतीय पुरस्कार प्राप्त कर चुका है।

पंजाब केसरी

(क) इस नाम का पहला पत्र सन् 1930-31 में, राजर्षि पुरुषोत्तमदास टंडन की प्रेरणा से, लाहौर (वर्तमान पाकिस्तान) से निकलना शुरू हुआ। तब इसका प्रकाशन पंजाब केसरी लाला लाजपतराय की पुण्यस्मृति में किया गया था। इसके प्रथम संपादक श्री भीमसेन थे। बाद में कुछ समय तक श्री अमरनाथ विद्यालंकार व श्री अवनीन्द्र कुमार विद्यालंकार ने इसका संपादन किया। कुछ समय बाद विषम आर्थिक परिस्थितियों के कारण यह पत्र बंद हो गया।

(ख) आज के प्रतिष्ठित राष्ट्रीय दैनिक 'पंजाब केसरी' का प्रकाशन 1964 से जालंधर से शुरू हुआ। 'हिंद समाचार' (उर्दू) पत्र-समूह के संस्थापक-संचालक स्व० लाला जगतनारायण इस पत्र के भी संस्थापक थे। यह पंजाब का तो लोकप्रिय दैनिक पत्र है ही, हरियाणा, हिमाचल प्रदेश और दिल्ली-क्षेत्र में भी इसका पर्याप्त प्रसार है। 'पंजाब केसरी' अपने रविवारीय संस्करण के अतिरिक्त व्यंग्य विनोद संस्करण, कला संस्कृति संस्करण, कहानी संस्करण, महिला संस्करण तथा खिलाड़ी संस्करण भी प्रकाशित करता है। इसके संपादक, श्री रमेशचंद्र की पंजाब के आतंकवादियों द्वारा हत्या करदी गयी थी। आजकल उनके पुत्र श्री अश्विनी कुमार इसका संपादन कर रहे हैं। इस पत्र के नियमित स्तंभ हैं : चलते-चलते, कल क्या होगा, आज का दिन, खेल-कूद, मंडी। आजकल यह पत्र दिल्ली से भी निकल रहा है। निर्भीक संपादकीयों एवं खोजपूर्ण समाचारों के कारण यह पत्र आज भारत के राष्ट्रीय हिंदी दैनिकों की पहली पंक्ति में आ गया है।

प्रताप (दैनिक)

उत्तर भारत के आरंभिक हिंदी पत्रों में 'प्रताप' का नाम सर्वप्रमुख है। सबसे पहले यह 9 नवंबर 1913 को एक साप्ताहिक के रूप में निकला। सन् 1920 ई० से यह दैनिक हो गया। इसके संपादक थे—अमर शहीद श्री गणेश शंकर विद्यार्थी जो मूलत: क्रांतिकारी थे तथा पत्रकारिता के क्षेत्र में प्रखर राष्ट्रवादिता के अग्रदूत बने। इनके अग्रलेखों के संबंध में 'मतवाला' ने लिखा था : "इनकी लेखनी में एक तरह की बिजली है···हिंदी पत्र-जगत में नवीन राजनैतिक जागरण फैलाने का श्रेय इन्हीं को दिया जा सकता है।"

इस पत्र ने देशभक्ति, स्वाभिमान, स्वाधीनता एवं स्वदेशी-हित सर्वस्व त्याग करने वाले कार्यकर्ता प्रशिक्षित किये। विभिन्न राष्ट्रीय आंदोलनों का यह सर्वमान्य मुखपत्र रहा। रामप्रसाद बिस्मिल, चंद्रशेखर आजाद एवं सरदार भगतसिंह जैसे क्रांतिकारियों का यह 'अपना' पत्र था।

सन् 1923 ई० में विद्यार्थीजी के जेल चले जाने और आर्थिक तंगी के कारण यह पत्र कुछ समय के लिए बंद हो गया। बाद में पुनः चालू हुआ। 25 मार्च, 1931 को विद्यार्थीजी के बलिदान के बाद सर्वश्री बालकृष्ण शर्मा 'नवीन', हरिशंकर विद्यालंकार और सुरेश भट्टाचार्य आदि इसके संपादक रहे।

बनारस अखबार

उत्तर प्रदेश से निकलने वाला यह पहला साप्ताहिक था। इसके संचालक-संपादक राजा शिवप्रसाद 'सितारे हिंद' थे। इसका प्रकाशन सन् 1845 में काशी से आरंभ हुआ। इसकी यह पंक्ति प्रसिद्ध थी :

'सु बनारस अखबार यह, शिव प्रसाद आधार'

इसमें अधिकतर सरकारी सूचनाएं, आदेश आदि छपते थे। भाषा उर्दू-फारसी प्रधान थी, जिससे हिंदी-जगत् में काफी असंतोष रहा।

इसी सरकारपरस्ती के कारण इस पत्र के प्रति लोकरुचि न बढ़ पायी। फिर भी, कई वर्ष तक साहित्य के इतिहासकार इसे 'हिंदी का प्रथम पत्र' मानते रहे। सन् 1931 में ब्रजेंद्रनाथ बंद्योपाध्याय ने 'विशाल भारत' में प्रकाशित लेख 'हिंदी समाचार पत्रों की स्थिति' द्वारा 'उदंत मार्तण्ड' (1826-27) से पुराने अंकों का उल्लेख कर इस भ्रम का निवारण किया।

इस पत्र का यह परिणाम अवश्य हुआ कि उत्तर भारत में इसकी भाषा-नीति की प्रतिक्रिया में शुद्ध मानक हिंदी में अनेक पत्र निकलने लगे, जिनमें काशी से निकलने वाले भारतेंदु के पत्र प्रमुख थे।

भारत मित्र

अपने समय का सबसे प्रभावशाली यह पत्र सर्वप्रथम पाक्षिक रूप में, कलकत्ता से, 17 अगस्त 1878 को निकलना शुरू हुआ। संयोग है कि इसी वर्ष अभिव्यक्ति स्वातंत्र्य के लिए घातक काला कानून 'वर्नाकुलर प्रेस एक्ट' लागू हुआ। इसके बावजूद इस पत्र ने अपनी तटस्थता, निर्भीकता, प्रखर राष्ट्रीय नीति तथा भाषा संस्कार की निष्ठा से हिंदी पत्रकारिता में युगांतर उपस्थित कर दिया। बाद में यह पत्र क्रमशः साप्ताहिक और दैनिक हो गया। इस पत्र को बालमुकुंद गुप्त, लक्ष्मीनारायण गर्दे तथा अंबिकाप्रसाद वाजपेयी जैसे सिद्धहस्त संपादकों का संरक्षण प्राप्त हुआ। कलकत्ता में चलने वाले जुए के अड्डे बंद कराने के लिए इसने सफल आंदोलन चलाया। इस पत्र में स्वामी दयानंद सरस्वती के भी विचारोत्तेजक लेख छपते थे। हिंदी की व्याकरण-संबंधी शुद्धता के प्रति यह पत्र इतना सजग था कि इसके लिए इसने 'सरस्वती' से भी

टक्कर ली। इसी में सर्वप्रथम हिंदी पत्रकारिता का इतिहास 'हिंदी अखबारों का इतिहास' नाम से सन् 1906 में प्रकाशित हुआ जिसके लेखक बालमुकुंद गुप्त थे। गुप्तजी ने इसमें 'शिवशंभू का चिट्ठा' शीर्षक धारावाही व्यंग्य-फीचर लिखकर समकालीन सरकार की अनीतियों का खूब भंडाफोड़ किया तथा हिंदी को एक चुटीली निबंध-शैली प्रदान की। उन्होंने 'आत्माराम' के छद्म नाम से भी भाषा-संबंधी अनेक ऐतिहासिक लेख लिखे।

सन् 1935 में यह पत्र बंद हो गया।

मतवाला (साप्ताहिक)

हिंदी के आरंभिक व्यंग्य पत्रों में 'मतवाला' का नाम उल्लेखनीय है। यह पत्र 23.8.1923 को कलकत्ता से निकलना शुरू हुआ। बंगला की हास्य-पत्रिका 'अवतार' से प्रेरणा ग्रहण कर मुंशी नवजाविक लाल, सूर्यकांत त्रिपाठी 'निराला', शिवपूजन सहाय तथा महादेव सेठ ने मिलकर यह पत्र निकाला। इसके मुख-पृष्ठ पर ये पंक्तियाँ छपी रहती थीं :

"अमिय गरल शशि शीकर, रविकर राग-विराग भरा प्याला
पीते हैं जो साधक उनका प्यारा है यह मतवाला।
प्रति प्याला दो पैसे नगद : वार्षिक बोतल दो रुपये"

इसके दूसरे पृष्ठ पर प्रसिद्ध उर्दू कवि अकबर इलाहाबादी की यह पंक्ति छपती थी :

"खींचो न कमानों को न तलवार निकालो,
जब तोप मुकाबिल हो तो अखबार निकालो।"

इस पत्र का उद्देश्य वाक्य था—'सत्यमेव जयते'। इसके स्थायी स्तंभों में 'मतवाला की बहक,' 'चलती चक्की', 'मतवाला का चाबुक', 'चंडूखाने की गप्प' तथा 'रंगरूटों की फौज' आदि प्रमुख थे। समकालीन स्थितियों के संबंध में खरी-खरी बातें होने के कारण इस पत्र की पहले ही दिन धूम मच गयी और एक ही वर्ष में प्रसार-संख्या दस हजार तक जा पहुँची। हर अंक में मुखपृष्ठ पर 'निराला' का काव्य और शिवपूजन सहाय का विचारोत्तेजक अग्रलेख छपता था। इस पत्र ने 'सरस्वती' की भाषानीति से असहमति प्रकट करते हुए उससे टक्कर ली, जिसके सूत्रधार थे, 'गरगज सिंह वर्मा' के छद्मनाम से लिखने वाले 'निराला'। इसी प्रकार 'काशी नागरी प्रचारिणी सभा' के तत्वावधान में बाबू श्याम सुंदरदास की आपत्तिजनक नीतियों की भी इस पत्र द्वारा तीखी आलोचना हुई।

समकालीन पत्रों एवं पत्रकारों द्वारा इस पत्र के संबंध में प्रस्तुत विचारों से इसकी विशिष्ट पत्रकारिता-गरिमा स्पष्ट हो जाती है···

(क) "मतवाला अपने युग की एक चीज है···अपने मीठे नशे की झोंक में यह बड़े-बड़े गंभीर प्रश्नों पर जो निर्भीक आलोचना कर जाता है वह देखते ही बनती है।" (सम्मेलन पत्रिका, भाद्रपद-1980 विक्रमी)

(ख) 'मतवाला कर डाला मुझको मतवाला यह आला है,
खूब निकाला इसको यह तो सब पत्रों में आला है ।
(किशोरी लाल गोस्वामी)

दुर्भाग्यवश 'मतवाला' अधिक समय तक हिंदी-पत्रकारिता की सेवा न कर सका।

माधुरी (मासिक) (पाक्षिक)

हिंदी-पत्रकारिता में 'माधुरी' नाम की दो पत्रिकाएँ उल्लेखनीय हैं।

(क) पहली 'माधुरी' एक साहित्यिक पत्रिका थी, जो 30 जुलाई, 1920 को लखनऊ से निकली। रूपनारायण पांडेय और दुलारेलाल भार्गव इसके संपादक रहे। इसमें विविध विषयक साहित्यिक सामग्री छपती थी।

(ख) दूसरी 'माधुरी' टाइम्स ऑफ इंडिया, बंबई द्वारा प्रकाशित फिल्म-पत्रिका है। इसका प्रकाशन 20 जनवरी, 1964 से प्रारंभ हुआ। पहले यह मासिक थी, अब पाक्षिक है। इसका उद्देश्य फिल्म-क्षेत्र में नयी चेतना लाना और पाठकों को फिल्मी दुनिया, की गतिविधियों से परिचित कराना है। इस पत्रिका ने 'समांतर' का नामकरण कर उसकी परंपरा फिल्मों में चलायी।

यह पत्रिका फिल्म-पत्रिका होते हुए भी सेक्स-पत्रिका कभी नहीं बनी। इस कारण इसे बच्चे से लेकर बूढ़े तक पढ़ते हैं। फिल्मों की सही जानकारी देने के लिए, माधुरी ने अनेक बार फिल्म-विषयक लेखमाला प्रस्तुत की। माधुरी ने व्यावसायिक फिल्मों को भारतीय संस्कृति के अनुकूल बनाया। इसका श्रेय इस पत्रिका के भूतपूर्व संपादक श्री अरविंद कुमार को है। इसके उपरांत इसके संपादक श्री विनोद तिवारी रहे।

(अब (1990 में) इस पत्रिका का विलय अंग्रेजी पाक्षिक 'फिल्म फेयर' में हो गया है जो इसी (फिल्म फेयर) नाम से ही हिंदी में भी छपेगी।)

रविवार (साप्ताहिक)

आनंद बाजार पत्रिका, लिमिटेड ने सन् 1966 में कलकत्ता से 'रविवार' (साप्ताहिक) का प्रकाशन किया। साप्ताहिक पत्रों में इस पत्र ने शीघ्र ही

लोकप्रियता प्राप्त कर अपना स्थान बनाया। श्री सुरेंद्र प्रताप सिंह इसके प्रथम संपादक रहे हैं। बाद में इस पत्रिका के संपादक श्री उदयन शर्मा हुए।

(अब (1990 ई०) यह पत्रिका बंद हो चुकी है।)

राजस्थान पत्रिका

प्राय: 'पत्रिका' के नाम से प्रचलित यह दैनिक जयपुर से सन् 1955 ई० में निकलना शुरू हुआ। कुछ ही वर्षों में इस दैनिक ने राजस्थान के पश्चिमोत्तर क्षेत्र में अपनी विश्वसनीयता और लोकप्रियता के बल पर अच्छी साख बना ली। इस समय यह पत्र जयपुर के अतिरिक्त जोधपुर, उदयपुर, बीकानेर तथा कोटा से एक-साथ निकल रहा है। ढाई लाख से भी अधिक प्रसार-संख्या वाला यह दैनिक राजस्थान-अंचल तक सीमित होते हुए भी अनेक राष्ट्रीय स्तर के पत्रों से होड़ में आगे है। दलगत, वर्गगत और नीतिगत किसी भी विवाद-सीमा से मुक्त यह दैनिक मूलत: राजस्थान की निजी साहित्यिक-सांस्कृतिक पहचान का मुखर प्रतिनिधित्व करता है।

'राजस्थान पत्रिका' का रविवासरीय परिशिष्ट 'इतवारी पत्रिका' अपने-आप में एक पूर्ण समाचार-साप्ताहिक होने के अतिरिक्त, एक स्वतंत्र साहित्यिक-सांस्कृतिक पत्रिका के रूप में भी पर्याप्त लोकप्रिय है। विविध-विषयक विस्तृत विवेचनात्मक सामग्री सप्ताह भर की राष्ट्रीय-अंतरराष्ट्रीय गतिविधियों की झलक प्रस्तुत करती है। परत-दर-परत, प्रतिक्रिया, प्रसंग, इधर-उधर, राष्ट्र, बात, विचार, कविता, देहरी, खेल, बाल-कथा, विज्ञान, संस्कृति, सिनेमा और तीसरी आंख इस पत्रिका के उल्लेखनीय स्तंभ हैं।

वामा

हिंदी में उच्च कोटि की महिला-पत्रिकाओं की कमी को दूर करने के लिए 'टाइम्स ऑफ इंडिया' पत्र-समूह द्वारा सन् 1984 में यह साप्ताहिक आरंभ किया गया। नारी-जागरण का अग्रदूत यह पत्र स्वस्थ सुसंस्कृत और समुन्नत सामाजिक चेतना के प्रति उन्मुख है। विभिन्न क्षेत्रों में कार्यरत महिलाओं की गतिविधियों, समस्याओं तथा आवश्यकताओं का जानकारीपूर्ण सचित्र तथा विस्तृत विवेचन इसमें रहता है। चार-पांच वर्ष के समय में ही इस पत्र ने अंग्रेज़ी की स्तरीय महिला पत्रिकाओं के समान हिंदी में एक विशेष स्थान प्राप्त कर लिया है।

विशाल भारत

मुखपृष्ठ पर 'सत्यं शिवं सुंदरं' के उद्घोष से मंडित यह पत्र सन् 1928 ई०

में कलकत्ता से छपना शुरू हुआ। इसे रामानंद चट्टोपाध्याय ने कलकत्ता प्रवासी प्रेस से निकाला। प्रवासी भारतीयों के हितों तथा उपयोगी समाचारों के प्रति यह पत्र विशेष सजग रहा। विविध विषयक विचारों और चित्रों से सुसज्जित इस पत्र में साहित्यिक, राजनैतिक और सामाजिक सामग्री का संगम रहता था। इसके संपादकों में सर्वश्री बनारसीदास चतुर्वेदी का नाम उल्लेखनीय है। हिंदी को अज्ञेय एवं श्रीराम शर्मा जैसे साहित्यकार इसी पत्र के माध्यम से प्राप्त हुए। इस पत्र ने अश्लील (घासलेटी) साहित्य के विरुद्ध जोरदार आंदोलन का नेतृत्व किया। साहित्यिक दुरूहता और अस्पष्टता का परिहार तथा उसके स्थान पर आदर्श संस्कार प्रतिष्ठित करने में इस पत्र का योगदान अविस्मरणीय रहेगा।

विश्वमित्र

'विश्वमित्र' का प्रकाशन बाबू मूलचंद अग्रवाल ने 1916 ई० में कलकत्ता से प्रारंभ किया। प्रथम अंक पर पत्र का नाम था 'विश्वामित्र', बाद में मित्रों के कहने पर उसे 'विश्वमित्र' कर दिया गया। हिंदी पत्रकारिता में 'विश्वमित्र' ने अपना महत्त्वपूर्ण स्थान बनाया। नये लोगों के लिए यह पत्रकार-कला का प्रवेश-द्वार भी बना।

1941 में 'विश्वमित्र' बंबई (मई) और दिल्ली (अक्टूबर) से भी निकलने लगा। बाद में कानपुर और पटना से भी 'दैनिक विश्वमित्र' प्रकाशित हुआ। 'विश्वमित्र' हिंदी का पहला दैनिक पत्र था, जो एक साथ पाँच महानगरों से प्रकाशित होता था। इस पत्र का सौभाग्य रहा कि इसे सर्वश्री माता सेवक पाठक, श्रीकांत ठाकुर, डॉ० हेमचंद्र जोशी, इलाचंद्र जोशी, ठाकुर रामदीप सिंह, बाबूराम मिश्र जैसे सहयोगियों का सहयोग मिला।

आजकल 'विश्वमित्र' का प्रकाशन कलकत्ता, बंबई और कानपुर से हो रहा है। मुख्य संस्करण कलकत्ता का ही है।

समाचार सुधावर्षण (दैनिक)

इस पत्र को हिंदी का प्रथम दैनिक होने का श्रेय प्राप्त है। इसका प्रकाशन सन् 1854 ई० में कलकत्ता से हुआ। संपादक थे—श्याम सुंदर सेन। इस पत्र के पहले दो पृष्ठ हिंदी में और बाद के दो पृष्ठ बंगला भाषा में रहते थे। हिंदी को विशेष महत्त्व प्राप्त था। इस पत्र की निर्भीकता और प्रगतिशीलता ने पाठकों में स्वदेश और स्वभाषा के प्रति वह जागृति पैदा की, जिसके लक्षण तीन वर्ष पश्चात् (1857) में स्पष्ट दिखायी दिये। एक उदाहरण :

"····इस प्रकार का युद्ध देख कर इस देश के निवासी हिंदू, राजपूत और मुसलमान लोग सब कोई इकट्ठे होकर इस इंग्रेज से युद्ध करने के लिए अयोध्यापुरी में आये हैं। इस वखत अयोध्यापुरी को देखते ही मनुष्यों का शरीर सब एकदम भय के भार कांपने लगा है··भारतवर्ष के निवासियों के मन में बड़ी ही शंका उपजी है कि क्या होगा जो हम लोगों को किस-किस प्रकार का क्लेश सब भोग करना पड़ेगा···।"

सन् 1857 ई० के प्रथम स्वाधीनता-संग्राम में इसने क्रांतिकारियों का प्रतिनिधित्व किया। जून, 1857 ई० के 'समाचार सुधावर्षण' में भारतीय क्रांतिकारियों की गतिविधियों के समाचार छपे। बाद में कंपनी सरकार ने इस पर मुकदमा चलाया। फारसी आदि के अन्य पत्रों ने तो क्षमा मांग ली किंतु श्यामसुंदर सेन ने सुप्रीमकोर्ट तक अपील की और अदालत ने उन्हें आरोप-मुक्त कर दिया। 'अभिव्यक्ति-स्वातंत्र्य' के संघर्ष में हिंदी-पत्रकारिता की यह पहली जीत थी।

इस पत्र के सन् 1871 तक छपते रहने के प्रमाण उपलब्ध हैं।

सरस्वती (मासिक)

'हिंदी पत्रकारिता की गंगा' के रूप में प्रसिद्ध यह मासिक पत्र सन् 1900 ई० में काशी से निकलना शुरू हुआ। इसके संचालक 'इंडियन प्रेस इलाहाबाद' के स्वामी चिंतामणि घोष थे जिन्होंने 'काशी नागरी प्रचारिणी सभा' के अनुरोध पर यह साहित्यिक पत्र निकाला। उस समय इसके संपादकों में रायकृष्णदास, कार्तिक प्रसाद खत्री, जगन्नाथदास रत्नाकर और श्यामसुंदरदास प्रमुख थे। बाद में यह पत्र प्रयाग से छपने लगा और सन् 1903 में आचार्य महावीर प्रसाद द्विवेदी ने इसका संपादन-भार ग्रहण किया।

'सरस्वती' के प्रकाशन ने हिंदी की साहित्यिक पत्रकारिता में युगांतर उपस्थित किया। हिंदी के व्याकरणिक स्वरूप की शुद्धता के लिए 'सरस्वती' का योगदान अविस्मरणीय रहेगा। विविध-विषयक खोजपूर्ण लेख प्रकाशित कर इस पत्र ने हिंदी-साहित्य को बहुविध समृद्धि प्रदान की, समसामयिक साहित्यिक आंदोलनों को प्रोत्साहन दिया, कविता में ब्रज के स्थान पर खड़ी बोली के माध्यम की प्रतिष्ठा की।

संपादन-कला का अनुकरणीय आदर्श प्रस्तुत करते हुए 'सरस्वती' ने निष्पक्ष आलोचना, भाषा एवं साहित्य के क्षेत्र में संस्कार-प्रियता तथा हर प्रकार से राष्ट्रीय दृष्टिकोण को अपनाया। इसके लिए कई बार इसे हिंदी के गण्यमान्य पत्रकारों और विद्वानों (यथा : बालमुकुंद गुप्त, मिश्रबंधु आदि) तथा संस्थाओं

(जैसे आर्य समाज) से भी टक्कर लेनी पड़ी। इसका एकमात्र लक्ष्य था हिंदी भाषा और साहित्य का स्वस्थ विकास। दुर्भाग्यवश, स्वातंत्र्योत्तर युग में हिंदी-पत्रकारिता के व्यवसाय-प्रधान हो जाने के कारण, 'सरस्वती' जैसे निष्ठाजीवी पत्र ह्रासोन्मुख हो गये। सन् 1970 ई० में इसका प्रकाशन बंद हो गया।

साप्ताहिक हिंदुस्तान

दिल्ली से प्रकाशित होने वाले साप्ताहिकों में हिंदुस्तान टाइम्स लि० द्वारा प्रकाशित 'साप्ताहिक हिंदुस्तान' उल्लेखनीय है। इसका प्रथम अंक 2 अक्टूबर, 1950 को प्रकाशित हुआ था और इसके संपादक थे श्री मुकुट बिहारी वर्मा। तीन वर्ष बाद श्री बाँके बिहारी भटनागर को इसका संपादन-भार सौंपा गया। लगभग 15 वर्ष तक श्री भटनागरजी ने कुशलता से संपादन किया और 'सा० हिंदुस्तान' को लोकप्रिय बनाया। उन्होंने अपने समय के सभी लेखकों, साहित्यकारों और कवियों का सहयोग लिया। उन्होंने अनेक उच्च कोटि के विशेषांक भी निकाले। श्री भटनागरजी के बाद क्रमशः श्री गोविंद प्रसाद केजड़ीवाल, रामानंद दोषी, श्री मनोहर श्याम जोशी, श्रीमती शीला झुनझुनवाला तथा श्री राजेंद्र अवस्थी आदि इसके संपादक रहे।

आजकल (1990) मृणाल पांडे इसकी संपादक हैं। प्रसार-संख्या की दृष्टि से हिंदी की साप्ताहिक पत्रिकाओं में इसका दूसरा स्थान है। ज्ञान-विज्ञान-विषयक समसामयिक उपयोगी सामग्री देना इसकी प्रमुख विशेषता है।

सारिका

टाइम्स ऑफ इंडिया प्रकाशन ने बम्बई से सन् 1970 में सारिका (मासिक) का प्रकाशन शुरू किया। इसके सर्वप्रथम संपादक श्री रतनलाल जोशी थे। उनके बाद श्री चंद्रगुप्त विद्यालंकार तथा मोहन राकेश 'सारिका' के संपादक रहे। सन् 1967 से 1978 तक श्री कमलेश्वर ने संपादक का भार सँभाला। कमलेश्वर के संपादन में 'सारिका' ने साहित्यिक पत्रकारिता को एक नयी दिशा व चेतना प्रदान की। कमलेश्वर के बाद श्री कन्हैयालाल नंदन अप्रैल 1982 तक सारिका के संपादक रहे। आजकल श्री अवधनारायण मुद्गल संपादन-कार्य देख रहे हैं।

सारिका ने युवा वर्ग की समांतर कहानियों का समर्थन किया और उन्हें प्रकाशित कर हिंदी कथा-जगत् को समृद्ध किया। अनेक नवोदित किंतु प्रतिभाशाली कहानीकारों को प्रकाश में लाने का श्रेय इस पत्रिका को है। आजकल यह नयी दिल्ली से पाक्षिक रूप में प्रकाशित हो रही है।

हरिजन-सेवक (साप्ताहिक)

इस पत्र को महात्मा गांधी ने सन् 1932 ई० में गुजराती और हिंदी में एक-साथ वर्धा से निकालना आरंभ किया। बाद में इसका हिंदी संस्करण दिल्ली-स्थित 'हरिजन सेवक संघ' के कार्यालय से निकलने लगा। इसी पत्र के माध्यम से गांधीजी ने अछूतोद्धार आंदोलन का संचालन किया। अस्पृश्य समझे जाने वाले लोगों को 'हरिजन' संबोधित करने की परंपरा भी इसी पत्र ने चलायी। इसके संपादकों में सर्वश्री हरिभाऊ उपाध्याय तथा वियोगी हरिजी के नाम उल्लेखनीय हैं। सन् 1956 में यह पत्र आर्थिक कठिनाइयों के कारण बंद हो गया।

इस पत्र के पुराने अंक आज भी गांधी-विचारधारा के दर्पण अथवा गांधी वाङ्मय के संग्रहणीय दस्तावेज़ हैं। काका कालेलकर के कथनानुसार 'हरिजन सेवक' में छपे लेखों को पढ़े बिना गांधीजी को समझना कठिन है।

हिंदी नवजीवन (साप्ताहिक)

इस पत्र का संचालन महात्मा गांधी ने सन् 1921 ई० में 'स्वदेशी' आंदोलन के प्रचार-प्रसार हेतु किया। यह गुजराती में छपने वाले 'नवजीवन' का हिंदी संस्करण था। हरिभाऊ इसके संपादक थे। इसमें कोई विज्ञापन नहीं छपता था। केवल शांतिमय असहयोग आंदोलन की प्रोत्साहक सामग्री रहती थी जिसमें गांधीजी के विचारों का स्थान प्रमुख था। प्रारंभ से ही आर्थिक कठिनाइयों के कारण इसकी प्रगति धीमी रही। सन् 1932 ई० में, गांधीजी के लंदन की गोलमेज़ कांफ्रेंस से लौटने के बाद तत्कालीन अंग्रेज़ सरकार ने इस पर प्रतिबंध लगा दिया। गांधीजी भी राष्ट्रीय आंदोलन में व्यस्त हो गये। सर्वश्री प्यारेलाल, मशरूवाला तथा मगन भाई देसाई ने इसे चलाया। बाद में यह बंद हो गया।

हिंदुस्तान

राष्ट्रीय एवं अंतरराष्ट्रीय ख्याति के सर्वप्रमुख अंग्रेज़ी दैनिक 'हिंदुस्तान टाइम्स' का यह हिंदी-संस्करण 12 अप्रैल सन् 1936 ई० को नयी दिल्ली से निकलना शुरू हुआ। राष्ट्रीय सांस्कृतिक जागरण के अग्रदूत महामना मदनमोहन मालवीय इसके प्रेरणास्रोत थे। 'हिंदुस्तान टाइम्स' (अंग्रेजी) प्रेस के संचालक-व्यवस्थापक उस समय की राष्ट्रीय धारा में मुखरित राष्ट्रभाषा के महत्त्व को अमान्य नहीं कर सकते थे। परिणामस्वरूप 'दैनिक हिंदुस्तान' का प्रकाशन शुरू हुआ। अपने आरंभिक समय में ही इसने हिंदी पत्रकारिता में धूम मचा

दी। वास्तव में देश की राजधानी से निकलने वाला यही सब से पहला प्रमुख हिंदी-दैनिक था जिसने समकालीन राष्ट्रीय आंदोलन में महत्त्वपूर्ण भूमिका निभाई। इसके संपादकों में क्रमशः सर्वश्री सत्यदेव विद्यालंकार, मुकुट बिहारी वर्मा, रतनलाल जोशी, चंदूलाल चंद्राकर तथा विनोद कुमार मिश्र के नाम उल्लेखनीय हैं। इस पत्र का अपना एक विशिष्ट राष्ट्रीय-अंतरराष्ट्रीय स्तर है जिसकी प्रमुख विशेषता है—किसी भी पूर्वाग्रह से सर्वथा मुक्त, तथ्यात्मक एवं प्रामाणिक समाचार-सामग्री का निष्पक्ष प्रस्तुतीकरण।

प्रमुख हिंदी पत्रकार

अम्बिकाप्रसाद वाजपेयी

संपादकाचार्य अम्बिकाप्रसाद वाजपेयी का जन्म 30 सितंबर 1880 ई० को हुआ। ये लोकमान्य तिलक, अरविंद और लाला लाजपतराय की परंपरा के तेजस्वी पत्रकार थे। इनके लिए पत्रकारिता व्यवसाय न होकर एक धर्म था। इन्हें हिंदी-पत्रकारिता के उन्नायकों में मूर्धन्य स्थान प्राप्त है।

वाजपेयीजी ने 20 अगस्त 1905 ई० से 'हिंदी बंगवासी' के माध्यम से हिंदी-पत्रकारिता में प्रवेश किया। वहाँ कुछ ही दिन रहे। फिर कुछ समय तक एक अमरीकन कंपनी में नौकरी करके कुछ पूंजी एकत्रित की। 31 जुलाई, 1906 को नौकरी छोड़कर अपना एक स्वतंत्र पत्र निकालने की योजना बनायी। परिणामस्वरूप सन् 1907 ई० में 'नृसिंह' नामक राजनैतिक (मासिक) पत्रिका का प्रकाशन शुरू हुआ। इसके संचालक, स्वामी, संपादक, प्रबंधक और चपरासी भी स्वयं वाजपेयी थे। उनकी साधना से 'नृसिंह' ने थोड़े ही समय में हिंदी-पाठकों में राजनैतिक चेतना जाग्रत करने में सफलता प्राप्त की। अर्थाभाव के कारण यह पत्र केवल एक वर्ष तक ही चल पाया। तदुपरांत श्री वाजपेयी ने कलकत्ता के उद्योगपति रूड़मल गोयनका के अनुरोध पर 'श्री सनातन धर्म' नामक पत्र का संपादन किया किंतु संकीर्ण धार्मिक दृष्टिकोण से असहमत होने के कारण आठ अंकों के बाद उससे अलग हो गये। उस समय के प्रसिद्ध क्रांतिकारी और पत्रकार श्री बाबूराव विष्णु पराड़कर की प्रेरणा से वाजपेयीजी ने कलकत्ता के नेशनल कॉलेज में अध्यापन-कार्य किया तथा कई बार पराड़करजी की अनुपस्थिति में 'हितवार्त्ता' नामक पत्र का संपादन भी करते रहे। सन् 1910 में उन्होंने कॉलेज छोड़ दिया। सन् 1911 में 'भारत मित्र' के संपादक बने और पूर्णतः उसी में रम गये, समर्पित हो गये। यहाँ उनकी संपादन-कला का वास्तविक रूप प्रकट हुआ। यहाँ भी वे स्वाभिमान और आर्थिक स्वाधीनता पर आँच आती देख सन् 1919 में अलग हो गये। एक वर्ष पश्चात् सन् 1920 ई० में उन्होंने अपना एक अलग पत्र 'स्वतंत्र' निकाला। इसका उद्देश्य सम-

कालीन राष्ट्रीय आंदोलन को मुखर बनाना था। इसीलिए यह कलकत्ता कांग्रेस के विशेष अधिवेशन के दिन शुरू हुआ, जिसका लक्ष्य असहयोग आंदोलन की रणनीति तय करना था। राजनैतिक चेतना के साथ इस पत्र ने पहली बार व्यापारिक समाचारों और उनके विश्लेषण की शुरुआत की। हिंदी भाषा और साहित्य की विकासोन्मुख गतिविधियों के प्रति भी यह पत्र सजग रहा। अर्थाभाव के कारण यह दस वर्ष तक ही चल पाया।

इसके उपरांत भी वाजपेयीजी तीस-चालीस वर्ष तक स्वतंत्र पत्रकार के रूप में अविरत लिखते रहे। इनका 'हिंदी समाचारपत्रों का इतिहास' एक संग्रहणीय साहित्यिक दस्तावेज है। 21 मार्च 1968 को इनके निधन के साथ हिंदी-पत्रकारिता के चार युगों की कहानी मानो इतिहास बनकर रह गयी।

अज्ञेय

सच्चिदानंद हीरानंद वात्स्यायन 'अज्ञेय' का जन्म 7 मार्च, 1911 में कसिया (उत्तर प्रदेश) में हुआ। उन्होंने प्रारंभिक शिक्षा संस्कृत मौखिक परंपरा में प्राप्त की और 1925 में पंजाब से मैट्रिक परीक्षा उत्तीर्ण की। इसके बाद उन्होंने बी-एस०सी० की शिक्षा प्राप्त की। कालांतर में एम० ए० अंग्रेजी साहित्य में प्रवेश लिया पर स्वतंत्रता आंदोलन में भाग लेने के कारण एम० ए० नहीं कर पाये।

पत्रकारिता के क्षेत्र में अज्ञेयजी ने 1936 में कदम रखा। आगरा से प्रकाशित 'सैनिक' के आप संपादक रहे। सन् 1937 से 1939 तक कलकत्ता से प्रकाशित 'विशाल भारत' को भी संपादित किया। इसके बाद पटना से प्रकाशित पत्र 'बिजली' में आये। सन् 1946 से 1952 तक इलाहाबाद से निकलने वाले पत्र 'प्रतीक' में कार्य किया। दिल्ली से प्रकाशित अंग्रेजी पत्र 'वाक' का संपादन भी 1958 से 1959 तक किया। 1940-42 और पुनः 1950-55 में आल इंडिया रेडियो के समाचार-विभाग में रहे। नयी दिल्ली से प्रकाशित अंग्रेज़ी-पत्र 'थॉट' में साहित्य-संपादक के रूप में कार्य किया।

प्रसिद्ध साप्ताहिक 'दिनमान' का अज्ञेयजी ने 1964 में संगठन किया और 1970 तक संपादन किया। उन्होंने 'दिनमान' का ऐसा स्वरूप बनाया जो हिंदी में प्रकाशित किसी भी साप्ताहिक से अलग था। आगे आप 'नया प्रतीक' के संपादक बने और उसे 1977 तक सँभाले रहे। 1977 के बाद 'नवभारत टाइम्स' (दिल्ली) के संपादक रहे।

1971 से 1972 तक जोधपुर विश्वविद्यालय के तुलनात्मक साहित्य और भाषा विभाग के अध्यक्ष-पद पर भी कार्य किया। विभिन्न काव्य-कृतियों के अतिरिक्त अज्ञेयजी ने अनेक उपन्यास, कहानियाँ, नाटक और निबंध आदि

भी लिखे हैं। बहुमुखी प्रतिभा के धनी अज्ञेयजी का हिंदी-पत्रकारिता को योगदान अविस्मरणीय है। सन् 1987 ई० में इनका देहावसान हो गया।

गणेशशंकर विद्यार्थी

हिंदी पत्रकारिता को 'ओजस्वी राष्ट्रवाणी' के रूप में प्रतिष्ठित करने वाले अमर शहीद श्री गणेशशंकर विद्यार्थी का चालीस वर्षीय जीवन तपस्या और साधना का मूर्तिमान उदाहरण रहा। इनका जन्म 25 अक्तूबर, 1890 को प्रयाग (उत्तर प्रदेश) के अतरसुइया नामक स्थान पर हुआ। कानपुर से इंटर पास करने के उपरांत, ये कुछ समय तक अध्यापन-कार्य में संलग्न रहे। हिंदी-पत्रकारिता में इन्होंने 'कर्मयोगी' के माध्यम से प्रवेश किया। फिर उर्दू पत्र 'स्वाराज्य' तथा कलकत्ता से प्रकाशित होने वाले 'हितवार्त्ता' नामक पत्र के माध्यम से साहित्य-जगत् में चर्चित हुए। 27 नवंबर, '11 को इन्हें आचार्य महावीरप्रसाद द्विवेदी ने 'सरस्वती' के संपादक-मंडल में सम्मिलित होने के लिए आमंत्रित किया। उन्हीं दिनों प्रयाग से प्रकाशित 'अभ्युदय' का भी संपादन किया। सन् 1913 में इन्होंने राष्ट्रीय विचारधारा का साप्ताहिक पत्र 'प्रताप' कानपुर से शुरू किया। सन् 1920 से यह पत्र दैनिक हो गया। विद्यार्थीजी इसके आजीवन संपादक रहे। 25 मार्च, 1931 को, कानपुर में हिंदू-मुस्लिम दंगे में शांति-कार्य करते समय यह किसी उपद्रवी की हिंसा का शिकार बने और शहीद हो गये।

विद्यार्थीजी राष्ट्रीय स्वाधीनता आंदोलन के उत्तर प्रदेश में एक प्रमुख स्तंभ रहे। गांधीजी के एक प्रखर प्रवक्ता के रूप में इनकी ख्याति थी। सन् 1926 से 1929 तक यह उत्तर प्रदेश विधान मंडल के सदस्य रहे। 1930 ई० के सत्याग्रह में उत्तर प्रदेश में इन्हीं को संचालक नियुक्त किया गया। इस बीच सन् 1920 से 1930 तक इन्होंने जेल-यात्रा की। इनके इस त्याग और बलिदान ने हिंदी-पत्रकारिता को सच्ची गरिमा प्रदान की।

चंद्रगुप्त विद्यालंकार

विद्यालंकारजी का जन्म 4 दिसंबर, 1906 को पाकिस्तान के ग्राम कोट अद्दू में हुआ। आपने गुरुकुल काँगड़ी से 'विद्यालंकार' किया। कुछ समय तक प्राचीन भारतीय इतिहास में शोध-कार्य किया।

श्री चंद्रगुप्तजी ने पत्रकारिता में पदार्पण 'ज्योति' (देहरादून) के माध्यम से किया। सन् 1927 से 1930 तक इस पत्र में सह-संपादक के पद पर कार्यरत रहे। इसके बाद सन् 1931 में दैनिक 'जन्म भूमि' (लाहौर) के संपादक बने। सन् 1932 से 1947 तक विश्व साहित्य ग्रंथ माला, लाहौर के संपादक तथा व्यवस्थापक रहे।

श्री विद्यालंकार दिल्ली से प्रकाशित 'विश्व दर्शन' के सन् 1948 से 54 तक संपादक रहे। दिल्ली से प्रकाशित मासिक 'आजकल' का 1955 से 1962 तक संपादन-भार सँभाला। सन् 1963 से 1967 तक 'सारिका' (बंबई) के संपादक रहे। सात कहानी-संग्रह, छह नाटक तथा अन्य विषयों की इनकी कई पुस्तकें प्रकाशित हो चुकी हैं। सन् 1985 में आपका देहांत हो गया।

पं० जुगुल किशोर शुक्ल

हिंदी के प्रथम पत्रकार श्री जुगुल किशोर शुक्ल ने हिंदी पत्रकारिता की नींव की पहली ईंट बड़ी निष्ठा से रखी। ये कलकत्ता की दीवानी अदालत में प्रोसीडिंग रीडर थे। बाद में वहीं वकालत करने लगे।

30.5.1826 को इन्होंने 'हिंदुस्तानियों के हित के हेतु' 'उदंत मार्तण्ड' नामक हिंदी के प्रथम (साप्ताहिक) पत्र का प्रकाशन आरंभ किया। सीमित सामग्री होने पर भी हिंदी गद्य की आधारशिला रखने में यह पत्र सहयोगी बना। शुक्लजी शुद्ध लेखन तथा संतुलित विचार-प्रकाशन के समर्थक थे। हिंदी-प्रेमियों को पत्रकारिता के माध्यम से सजग करने के लिए इन्हें अंग्रेजी और बंगला पत्रों से लड़ाई लड़नी पड़ी। कई बार अपमान भी सहना पड़ा। किन्तु इन्होंने अकेले ही सारी लड़ाई लड़कर, किसी प्रकार डेढ़ वर्ष तक 'उदंत मार्तण्ड' पत्र चलाया। 11 दिसंबर, 1827 को इसका अंतिम अंक निकला। 23 वर्ष पश्चात्, सन् 1850 में पं० जुगुल किशोर शुक्ल ने 'साम्यदंत मार्तण्ड' नामक एक अन्य पत्र निकाला। किंतु अर्थाभाव के कारण वह पत्र अधिक समय तक न चल सका।

पं० दुर्गाप्रसाद मिश्र

मूलत: ये पुरोहित-कर्म करते थे। जम्मू-काश्मीर नरेश भी इनके यजमान थे। पुरोहिताई के संदर्भ में कलकत्ता आये और वहाँ की हिंदी-पत्रकारिता से जुड़ गये। सर्वप्रथम इन्होंने पं० छोटूलाल मिश्र के सहयोग से 1878 ई० में 'भारत मित्र' पत्र प्रारंभ किया। एक वर्ष बाद उससे अलग होकर, 13 जनवरी, 1879 को अपना अलग पत्र 'सार सुधानिधि' निकाला। कुछ समय बाद वह पत्र बंद हो गया। 7 अगस्त, 1880 को इन्होंने 'उचित वक्ता' नामक साप्ताहिक पत्र शुरू किया जो निज नामानुसार सत्य और न्याय के उचित समर्थक के रूप में बहुत चर्चित हुआ और कई वर्ष लोकप्रिय रहा। सन् 1906 ई० में कलकत्ता के उद्योगपति पत्रकार रूड़मल गोयनका ने 'मारवाड़ी बंधु' नामक पत्र निकालने में पं० दुर्गाप्रसाद मिश्र का सहयोग लिया। इसी प्रकार 'जंबू प्रकाश'

नामक पत्र के संपादन का दायित्व भी आपको सौंपा गया, किंतु उस पत्र की योजना साकार न हो पायी।

पं० दुर्गाप्रसाद मिश्र ने पत्रकारिता के माध्यम से ईस्ट इंडिया कंपनी के समकालीन शासकों की भारत-विरोधी नीतियों का बड़ी बेबाकी से परदाफाश किया। जम्मू-नरेश के नाम से अंग्रेजों ने एक जाली पत्र तैयार करके यह प्रचारित कर दिया था कि राजा ने रूस को भारत पर आक्रमण करने को आमंत्रित किया है। पं० दुर्गाप्रसाद मिश्र ने एक खोजपूर्ण पत्रकार के रूप में वह जाली पत्र हस्तगत करके अंग्रेजों की चाल नाकाम कर दी।

मिश्रजी ने हिंदी पत्रकारिता की भित्ति को पुष्ट करने के लिए कठिन तपस्या की। पत्र छापना, प्रतिकूल राजनैतिक वातावरण में सरकारी अनौचित्य का विरोध करना, पत्र के ग्राहक बनाना और उनकी इच्छानुसार उनके घर जा-जा कर पत्र पढ़कर सुनाना, ताकि वे ग्राहक बने रहें—यह सब मिश्रजी अकेले करते थे। हिंदी के प्रसिद्ध पत्रकार बालमुकुंद गुप्त के अनुसार 'पं० दुर्गाप्रसाद एक तेज संपादक और ज़बर्दस्त लेखक थे। उनके धुआँधार लेख कभी-कभी गज़ब किया करते थे। दिल्लगी की फुलझड़ियों और छेड़छाड़ के पटाखे छोड़ने में वह किसी उत्सव या पर्व का अनुभव करते थे।'

धर्मवीर भारती

भारतीजी का जन्म 25 दिसंबर, 1926 को इलाहाबाद में हुआ। सन् 1945 में इन्होंने प्रथम श्रेणी में बी०ए० प्रयाग विश्वविद्यालय से किया। भारतीजी ने 1947 में एम०ए० हिंदी साहित्य में प्रथम श्रेणी में उत्तीर्ण की और 'सिद्ध साहित्य' पर पी-एच०डी० की। कुछ वर्ष के लिए इलाहाबाद विश्वविद्यालय में प्राध्यापक रहे।

भारतीजी पत्रकारिता के क्षेत्र में 'अभ्युदय' से जुड़े जो पद्मकांत मालवीय का पत्र था। सन् 1948 से 1950 तक इन्होंने इलाचंद्र जोशी के 'संगम' में सहकारी संपादक के रूप में कार्य किया। आठ-नौ वर्ष प्रयाग विश्वविद्यालय में हिंदी अध्यापन के बाद सन् 1960 में 'धर्मयुग' के संपादक बने। भारतीजी ने 'धर्मयुग' को जो लोकप्रियता और स्वरूप प्रदान किया है वह उल्लेखनीय है।

भारतीजी ने 1971 में बंगला देश के स्वतंत्रता-संग्राम में युद्ध मोर्चे से युद्ध की विभीषिकाओं का आँखों देखा हाल प्रस्तुत किया। यह प्रस्तुति 'युद्ध-यात्रा' के नाम से प्रकाशित हुई। युद्ध-संवादों का संकलन धर्मवीर भारतीजी ने जिस मनोयोग, ईमानदारी और निष्ठा से किया वह पत्रकारिता के क्षेत्र में अविस्मरणीय है। 'धर्मयुग' के संपादन के अतिरिक्त इन्होंने 'आलोचना' और 'निकष' नामक पत्रिकाओं के संपादन में भी सहयोग दिया।

'धर्मयुग' जैसी व्यावसायिक साप्ताहिक पत्रिका को साहित्यिक एवं सांस्कृतिक पत्रिका बनाने का श्रेय भारतीजी को है। पत्रकारिता के साथ-साथ भारतीजी हिंदी साहित्य में कवि, उपन्यासकार, कहानीकार और लेखक के रूप में भी विख्यात हैं।

'बंद गली का आखिरी मकान,' 'अंधायुग,' 'कनुप्रिया', 'गुनाहों का देवता', 'सूरज का सातवाँ घोड़ा', 'पश्यंती', 'सिद्ध साहित्य', 'युद्ध यात्रा' आदि बहुचर्चित कृतियाँ हैं।

प्रभाष जोशी

अभिव्यक्ति-स्वातंत्र्य के पुरोधा आधुनिक हिंदी पत्रकारों में श्री प्रभाष जोशी का नाम विशेष रूप से उल्लेखनीय है। आठवें दशक में इन्होंने 'ट्रिब्यून' चंडीगढ़ के संपादकीय विभाग में कार्य करके, अपनी संपादन-क्षमता का परिचय दिया। सन् 1980 ई० से 'इंडियन एक्सप्रेस' के पत्र-समूह द्वारा नयी दिल्ली से प्रकाशित 'जनसत्ता' के संपादक-पद पर नियुक्त हुए। खोजी पत्रकारिता, समाचारों तथा उनके पीछे छिपे विचारों का बेबाक विश्लेषण और प्रखर राष्ट्रीय चिंतन की दृष्टि से प्रभाष जोशी हिंदी-पत्रकारों की अगली पंक्ति में गिने जाते हैं। इनके चुनौती-पूर्ण, विचारोत्तेजक संपादकीय 'जनसत्ता' की प्रखर पत्रकारिता को और भी प्रभावी आयाम प्रदान करते हैं।

बनारसीदास चतुर्वेदी

इनका जन्म 24 दिसंबर, 1892 को फिरोजाबाद (आगरा) में हुआ। इनके पिता का नाम श्रीगणेशलाल चौबे था। सन् 1913 में इन्होंने इंटर उत्तीर्ण की और गुजरात विद्यापीठ में हिंदी-अध्यापन कार्य किया। श्री चतुर्वेदी का पत्रिकारिता-जीवन 'विशाल भारत' के संपादन से आरंभ हुआ। सन् 1928 से 1937 तक ये 'विशाल भारत' के संपादक रहे। इसे इन्होंने एक साहित्यिक पत्रिका बनाया। 'विशाल भारत' छोड़ने के बाद इन्होंने टीकमगढ़ से प्रकाशित 'मधुकर' का संपादन किया।

चतुर्वेदीजी ने वास्तव में जीवन भर पढ़ने और लिखने के अतिरिक्त कोई कार्य नहीं किया। इनका दृष्टिकोण इतना व्यापक है कि उसमें जाति-पाँति ही नहीं, राष्ट्रीय भेदभाव के लिए भी कोई स्थान नहीं है। गांधीजी की विचारधारा का आप पर विशेष प्रभाव पड़ा है, इसलिए सरल भाषा ही इनका आदर्श है।

इन्होंने शांति निकेतन तथा दिल्ली में हिंदी भवन की स्थापना की। अखिल भारतीय हिंदी पत्रकार सम्मेलन (मथुरा) तथा श्रमजीवी पत्रकार संघ

(मद्रास) के ये अध्यक्ष रहे। सन् 1914 से 1936 तक प्रवासी भारतीयों पर कार्य किया। श्री चतुर्वेदी ने अपना बहुमूल्य पत्र-संग्रहालय राष्ट्रीय अभिलेखागार को समर्पित किया है। 'बालमुकुंद गुप्त स्मारक ग्रंथ' के ये संपादक हैं। भारत सरकार ने 'पद्म भूषण' की उपाधि से आपको सम्मानित किया है। सन् 1952 से 64 तक राज्य सभा के सदस्य रहे। पत्रकारिता ही चतुर्वेदीजी का धर्म रहा है। देश-सेवा के लिए उन्होंने अन्य मार्गों का भी अवलंबन किया, किंतु मूलतः वे पत्रकार ही रहे।

बाँके बिहारी भटनागर

भटनागरजी का जन्म 22 अक्तूबर, 1909 को गाजीपुर (उत्तर प्रदेश) में हुआ। आपके पिता का नाम श्री बनवारीलाल भटनागर था। आपने एम०ए० (अंग्रेजी) साहित्य में किया।

श्री भटनागर पत्रकारिता के क्षेत्र में सन् 1930 में 'उषा' (मासिक), दिल्ली के माध्यम से आये। सन् 1931 में मेरठ कालेज मेगजीन का आपने संपादन किया, जो निर्भीक अग्रलेखों के कारण ब्रिटिश सरकार द्वारा जब्त कर ली गयी। 1933 में लखनऊ से प्रकाशित 'माधुरी' का संपादन किया और 1945 में दैनिक 'हिंदुस्तान' में वरिष्ठ उपसंपादक बनकर आये। सन् 1950 में 'साप्ताहिक हिंदुस्तान' में कार्यकारी संपादक तथा 1953 से 1966 तक प्रधान संपादक रहे।

श्री भटनागरजी ने 'साप्ताहिक हिंस्दुतान' को पर्याप्त लोकप्रिय बनाया। उन्हें अपने समय के सभी प्रमुख साहित्यकारों, कवियों, लेखकों का सहयोग मिला। यही कारण था कि 'साप्ताहिक हिंदुस्तान' अल्प समय में हिंदी का प्रमुख साहित्यिक पत्र बन गया।

बाबूराव विष्णु पराड़कर

हिंदी के यशस्वी पत्रकारों में श्री पराड़कर का नाम अग्रगण्य है। इनके पिता पंडित विष्णु शास्त्री मूलतः महाराष्ट्र के निवासी थे। बाद में वे काशी आकर रहने लगे। यहीं श्री बाबूराव विष्णु पराड़कर का जन्म 16 नवंबर, 1883 ई० को हुआ। इनके मामा श्री सखाराम गणेश देउस्कर बंगला भाषा के तेजस्वी लेखक और पत्रकार थे। वे उन दिनों कलकत्ता में सक्रिय थे। इन्हीं से श्री पराड़कर को राजनैतिक प्रबुद्धता और सक्रियता की दीक्षा मिली। ये प्रारंभ से ही क्रांतिकारी आंदोलन से संबद्ध रहे, अतः पुलिस इनकी खोज में रहती थी। उससे बचने और परिवार के पालन-पोषण का दायित्व निभाने के उद्देश्य से इन्होंने 'हिंदी बंगवासी' के माध्यम से पत्रकारिता में प्रवेश किया

किंतु उस पत्र की नीति संकीर्ण दृष्टिकोण पर आधारित होने के कारण इन्होंने उसे शीघ्र ही छोड़ दिया। इस बीच तिलकजी के 'केसरी' पत्र का इन पर विशेष प्रभाव पड़ा। सन् 1905 की कलकत्ता कांग्रेस में इन्हें तिलकजी के दर्शन का अवसर भी मिला। इनके मामा देउस्करजी की प्रेरणा से निकलने वाले 'हितवार्त्ता' नामक पत्र की नीति इन्हें अनुकूल लगी और ये उसके संपादक बन गये। साथ ही ये अरविंदजी के कहने पर 'नेशनल कॉलेज' में अध्यापन भी करने लगे। इस कॉलेज पर अंग्रेजों का प्रभाव बढ़ता देखकर, अन्य राष्ट्रीय अध्यापकों के साथ पराड़करजी भी सन् 1910 ई० में वहाँ से हट गये।

पराड़करजी का पत्रकार व्यक्तित्व वास्तव में 'भारत मित्र' के संपादन-काल में उभरा। विडंबना यह थी कि ये व्यक्तिगत रूप से तो क्रांतिकारी आंदोलन को सक्रिय सहयोग देते थे किंतु 'भारत मित्र' के संपादकीयों में उसका विरोध करते थे। जुलाई 1916 को इन्हें साम्राज्य विरोधी गतिविधियों के कारण तीन वर्ष का कारावास दंड मिला। जेल से मुक्त होकर ये काशी चले आये, जहाँ हिंदी पत्रकारिता का स्वर्ण-युग इनकी प्रतीक्षा कर रहा था। सन् 1920 ई० में ये 'ज्ञान मंडल' से संबद्ध हो गये। तिलक और मालवीयजी की प्रेरणा से निकलने वाले राष्ट्रीय दैनिक 'आज' के संपादक नियुक्त हुए और जीवन के अंत तक इस दायित्व का निर्वाह करते रहे। इनके संपादन में 'आज' ने हिंदी की राष्ट्रीय पत्रकारिता का नेतृत्व किया। विभिन्न आंदोलनों के दौरान सरकार द्वारा 'आज' के बंद कर दिये जाने पर ये 'रणभेरी' नाम से भूमिगत पत्र निकालते थे।

सन् 1925 ई० में आयोजित प्रथम संपादक सम्मेलन के सभापति श्री पराड़कर ही बनाये गये। सन् 1938 ई० में इन्होंने हिंदी साहित्य सम्मेलन के अठत्तीसवें अधिवेशन की भी अध्यक्षता की। सन् 1953 ई० में राष्ट्रभाषा प्रचार समिति ने पराड़करजी को हिंदी सेवा के लिए 1501 रुपये के 'महात्मा गांधी पुरस्कार' से सम्मानित किया। सन् 1955 ई० में संपादन के पचास वर्ष पूर्ण कर इन्होंने इहलीला समाप्त की। हिंदी के प्रसिद्ध पत्रकार श्री बनारसीदास चतुर्वेदी के शब्दों में, 'पूरे पचास वर्ष तक पत्र-जगत् की निरंतर सेवा करने वाले किसी दूसरे हिंदी पत्रकार का हमें पता नहीं। इस विषय में पराड़करजी निस्संदेह अद्वितीय थे।' बाबू संपूर्णानंद के कथनानुसार 'पराड़करजी ने हिंदी पत्रकारिता को जो अमूल्य निधि प्रदान की उससे हिंदी-जगत् उऋण नहीं हो सकता।'

बालमुकुंद गुप्त

हिंदी गद्य के प्रशस्त शैलीकार बालमुकुंद गुप्त हिंदी पत्रकारिता की भाषा-

शैली के भी निर्माता माने जाते हैं। इनका जन्म जिला रोहतक (हरियाणा) के गुडियानी नामक गाँव में सन् 1865 ई० में हुआ। उन दिनों यह क्षेत्र पंजाब के अंतर्गत था, जहाँ उर्दू का बोलबाला था। बालमुकुंद गुप्त ने भी 'शाद' उपनाम से पहले उर्दू में लिखना शुरू किया। पं० दीनदयाल शर्मा द्वारा संचालित 'मथुरा अखबार' में इनके लेख छपते थे। फिर श्री शर्मा के आग्रह पर इन्होंने सन् 1886 ई० में 'अखबार-ए-चुनार' का संपादन किया। सन् 1888 ई० में ये लाहौर से छपने वाले 'कोहेनूर' के संपादक नियुक्त हुए। सन् 1889 में कालाकाँकार से राजा रामपाल सिंह के संरक्षण में प्रकाशित होने वाले 'हिंदोस्थान' के संपर्क में आये। 'हिंदोस्थान' में इनके प्रखर राष्ट्रीय विचारों से युक्त लेख छपने पर हलचल मच गयी। आखिर फरवरी 1891 में इन्हें 'हिंदोस्थान' से अलग कर दिया गया। सन् 1893 में ये 'हिंदी बंगवासी' (कलकत्ता) के सहकारी संपादक बनाये गये। वहाँ छः-सात वर्ष के संपादनकाल में हिंदी-जगत् में इनके लेखों की धूम मच गयी। सन् 1899 में ये 'भारत मित्र' के प्रधान संपादक नियुक्त हुए और अंत (1907) तक वहीं रहे।

'भारत मित्र' के संपादन-काल के दौरान गुप्तजी ने हिंदी भाषा और साहित्य के संस्कार, विकास और प्रसार-प्रचार में अविस्मरणीय योगदान किया। 'शिवशंभु का चिट्ठा' और 'शाइस्ता खाँ के पत्र' के अंतर्गत आपके जो चुटीले व्यंग्य-लेख छपे उन्होंने हिंदी-निबंध के क्षेत्र में एक युगांतर उपस्थित कर दिया। समकालीन अंग्रेज शासकों की अनीतियों का भंडाफोड़ करते हुए गुप्तजी ने सदैव जनता-जनार्दन के हित में आवाज़ उठायी।

हिंदी के एक प्रबुद्ध और वरिष्ठ पत्रकार के रूप में बालमुकुंद गुप्त ने पर्याप्त ख्याति तथा प्रतिष्ठा प्राप्त की। सन् 1903 के दिल्ली दरबार में अकेले गुप्तजी ही 'हिंदी पत्रकार' के रूप में आमंत्रित किये गये। प्रयाग से प्रकाशित होने वाली 'सरस्वती' की भाषा-नीति से असहमति व्यक्त करते हुए गुप्तजी ने महावीरप्रसाद द्विवेदी से भी टक्कर ली। ये व्याकरण-सम्मत, परिनिष्ठित किंतु सहज प्रवाहमयी हिंदी के पक्ष में थे। 'भारत मित्र' में इन्होंने पहली बार 'हिंदी अखबारों का इतिहास' विधिवत् प्रस्तुत करके एक ऐतिहासिक अभाव की पूर्ति की। हिंदी-जगत् में इन्होंने निर्भीक, निष्पक्ष तथा गरिमामयी आलोचना का प्रवर्त्तन किया। तुलनात्मक समीक्षा-पद्धति का बीजारोपण भी गुप्तजी ने किया। इनके संबंध में कतिपय विद्वान् समीक्षकों की सम्मतियाँ उल्लेखनीय हैं :

(1) गुप्तजी अपने समय के सबसे अनुभवी और कुशल संपादक थे।

(2) गुप्तजी के अंदर स्वधर्म-प्रीति की एक ज्योति थी। स्वाभिमान, स्वदेशाभिमान उसी की ज्वालमालाएँ बनकर उनका व्यक्तित्व विकसित कर रही थीं। (लक्ष्मीनारायण गर्दे)

(3) गुप्तजी की गंभीर शैली में भी एक प्रकार की कविता है जिसमें पद्य भी कविता की भाँति सरस हो उठता है। (रामविलास शर्मा)

रघुवीर सहाय

रघुवीर सहाय का जन्म 9 दिसंबर, 1929 को लखनऊ में हुआ। सन् 1951 में लखनऊ विश्वविद्यालय से अंग्रेजी साहित्य में एम० ए० उत्तीर्ण की। पत्रकारिता क्षेत्र में सन् 1949 में लखनऊ से प्रकाशित दैनिक 'नवजीवन' से आये। सन् 1951-52 में 'प्रतीक' (मासिक, दिल्ली) के उपसंपादक रहे। आप सन् 1953 से समाचार विभाग, आकाशवाणी (नई दिल्ली) में सहायक संपादक तथा 1957 से 58 तक 'कल्पना' (मासिक, हैदराबाद) के उपसंपादक रहे। 1958 में नई दिल्ली में एशियाई रंगमंच संस्थान के संपादक रहे। 1959 से 1963 तक इन्होंने आकाशवाणी, दिल्ली के समाचार विभाग में शोध-अधिकारी के रूप में कार्य किया।

सन् 1963 से 68 तक 'नवभारत टाइम्स' (दिल्ली) के विशेष संवाददाता रहे। समसामयिक प्रसिद्ध साप्ताहिक पत्रिका 'दिनमान' में आपने 1968 में प्रवेश किया और 1969 तक समाचार-संपादक के पद पर कार्यरत रहे। 1969 से 1970 तक 'दिनमान' में ही कार्यकारी संपादक का भार सँभालते रहे और 1971 से अप्रैल '82 तक 'दिनमान' के संपादक रहे।

श्री रघुवीर सहाय पत्रकार के रूप में ही सुप्रसिद्ध नहीं हैं बल्कि कवि के रूप में भी हिंदी साहित्य में उनका अपना अलग स्थान है। इनकी कविताएँ 'दूसरा सप्तक' (1951) और 'सीढ़ियों पर धूप में' (1960) में (दोनों अज्ञेय जी द्वारा संपादित) और 'आत्महत्या के विरुद्ध' (1967) में और 'हँसो हँसो जल्दी हँसो' (1975) में संकलित हैं। कविता के क्षेत्र में ही नहीं, रघुवीरजी ने कहानी के क्षेत्र को भी नहीं छोड़ा। 'रास्ता इधर से है' इनका श्रेष्ठ कहानी-संग्रह है। निबंध के क्षेत्र में 'दिल्ली मेरा परदेश' और 'लिखने के कारण' उल्लेखनीय हैं। 'जनसत्ता' में इनका रविवासरीय फीचर 'अर्थात' सामयिक परिस्थितियों के जागरूक विश्लेषण के रूप में बहुचर्चित है।

राजेंद्र माथुर

श्री माथुर का जन्म 7 अगस्त 1935 को मध्य प्रदेश के बदनाबर में हुआ। आपने एम० ए० अंग्रेजी-साहित्य में उत्तीर्ण किया। पत्रकारिता-क्षेत्र में आप सन् 1955 में 'नई दुनिया' (इंदौर) के माध्यम से आये। इस पत्र में अंशकालिक (पार्ट टाइम) लेखन किया।

सन् 1970 में प्राध्यापन से मुक्त होकर 'नई दुनिया' में ही पूर्णकालिक

सह-संपादक व अग्रलेख-लेखक रहे। नवंबर 1982 से आप 'नवभारत टाइम्स' (दिल्ली) के संपादक हैं। विगत आठ-दस वर्षों से नवभारत टाइम्स में प्रकाशित इनके अग्रलेख तथा अन्य सामयिक समस्याओं पर विवेचनपरक लेख तिलक और गांधीयुग की निर्भीक और प्रखर राष्ट्रीय पत्रकारिता की याद ताज़ा कर देते हैं।

शरद जोशी

"नवभारत टाइम्स' के 'प्रतिदिन' नामक स्थायी स्तंभ के लेखक श्री शरद जोशी पैनी व्यंग्य-शैली के धनी हैं। हिंदी की व्यंग्य-पत्रकारिता में श्री जोशी अग्रणी स्थान रखते हैं। समसामयिक विषयों के प्रखर व्यंग्यात्मक विश्लेषण की जो बानगी लगभग एक शताब्दी पूर्व बाबू बालमुकुंद गुप्त ने हिंदी-पत्रकारिता को प्रदान की थी, उसी को शरद जोशी की लेखनी आधुनिक परिप्रेक्ष्य में विकसित कर रही है। इनकी इस विशिष्ट पत्रकारी भंगिमा के उपलक्ष्य में सन् 1990 ई० में इन्हें 'पद्मश्री' की उपाधि से विभूषित किया गया है।

परिशिष्ट-1

प्रूफ-संशोधन-चिन्ह

⊙⋏	बिंदु पंक्ति	a dot leader
#7	बीच का स्थान बढ़ा दें	a rule between lines/increase space between lines or paragraphs
[⋏/]⋏	कोष्ठक	bracket (insert a squire bracket)
⌞/⌟	दायें करें/बायें करें	bring word or character to left or right
δ	मोटे मुद्राक्षर में	change to bigger type
Lc	छोटे मुद्राक्षर में	change to smaller type
⌒#	मिलायें और मध्यस्थान बढ़ायें	close up and space
⌒	मिलायें	close up/delete space between letters
⊙⋏	उपविराम/विसर्ग चिह्न	colon
,⋏	अल्पविराम	comma
‖	सीध में करें	correct vertical alignment
∂/	हटायें	delete
∂/⌒⋏	निकालें और इकट्ठा करें	delete and close up
∂/#⋏	हटायें और जगह छोड़ें	delete and leave space
stet	यथावत्	disregard all marks above dots in text/let it stand as it is
#⌒	अंतर सम करें	equalize-space
!⋏	विस्मयादिबोधक चिह्न	exclamation mark
-⋏	हाइफन/समासचिह्न	hyphen
▭⋏	हाशिये से एक एम	indent one em

हाशिये से दो एम	indent two ems
निचला अंक या उपरला अंक (अधोवर्ती या शिरोवर्ती)	inferior figure or substitute superior figure
रेखा डालें	insert a line
हंसपद/हंसपद चिह्न	insert at point indicated by carot
एक एम रेखक दें	insert half em rule
मूल के छूटे हुए अंश डालें	insert omitted portion of copy
इकहरा उद्धरण चिह्न	insert single quotation mark
दो एम रेखक दें	insert two em rule
जारी रखें	join as indicated by in text
जगह घटायें	lessen space/reduce space between words
नीचे करें	lower down to show it separate from existing matter
पंक्तियां नीचे लायें	lower lines
जोड़ें/बढ़ा दें	marginal addition
बायीं ओर लायें	move left to point indicated/bring type flush to left
ठीक सीध में करें	move portion of matter so that it comes with-in the position indicated
दायीं ओर लायें	move right to point indicated/bring type to right
एक एम डैश/रेखिका	one em dash/insert one em rule
एक एन डैश/रेखिका	one en dash
लघु कोष्ठक	parenthesis
पूर्ण विराम	period
अंग्रेजी पूर्णविराम	period symbol
बीच में लायें	place in centre of lines
संकेतित स्थान तक नीचे करें	push down space/lower to point indicated
नीचे लायें	push down space that is showing up

(??)	लेखक जांचे	querry to author
?⅄	प्रश्नवाचक चिह्न	question mark
“/“	उद्धरण चिह्न संकेत	quotation mark/insert double quotation mark
↑	पंक्तियाँ ऊपर करें	raise lines
⌐_┘	ऊपर करें	raise up to show it separate from existing matter
⊖	मोटे मुद्राक्षर में	reset crossed out letter in lower case type
⊜ ⊜	प्रथम अक्षर मोटा, शेष छोटे	reset double under-scored matter in small capitals/change to small capitals
(U)	सादा मुद्राक्षर	reset encircled matter in roman reguler type
~~	काला मुद्राक्षर	inset matter underscored with a wavy lines in bold face type/change to bold face
(≡)	रोमन बृहदाक्षरों में	reset triple under-scored matter to capitals
(//)	तिरछा मुद्राक्षर	reset underscored matter in italic type
;⅄	अर्ध विराम	semi-colon
See Copy	मूल देखें	see from copy the left out words
(/)	तिरछी रेखा डालें	shilling stroke/insert slant stroke
	पैरा नहीं/जारी	should not be a new paragraph
#⅄	अंतर	space/insert space
#◠	मध्य स्थान बढ़ायें और मिलायें	space & close up
O	पूरी वर्तनी दें	spell out in full encircled word
Z	नया पैरा (न० पै०)	start new paragraph at point indicated by caret
=	सीधा करें	straighten, out of alignment

]	आरंभ कां अक्षर या शब्द पिछली पंक्ति में डालें	take letter or word from beginning of a line to the end of the preceding line
	अंतिम अक्षर या शब्द नयी पंक्ति में डालें	take letter or word from end of one line to the beginning of the following line
tr	पक्षांतर/स्थानांतर	transpose letters or words as indicated by in text
	उलट दें	turn encircled inverted letter
—	शब्द रेखांकित करें	underline word or words
ae	संध्यक्षर का प्रयोग करें	use ligature or diphthong instead of separate letters
X	टूटा मुद्राक्षर	wrong font / encircled broken letter must be replaced
wf	बेमेल फांट	wrong font

परिशिष्ट-2

पत्रकारिता और कानून

अपमान वचन, अपमान लेख, मानहानि (Defamation)
भारतीय दंड संहिता 499 के अनुसार, किसी के विरुद्ध मिथ्या लांछन, निराधार आरोप, व्यंग्योक्ति—जो उसके लिए अपकीर्तिकर हो, उसके प्रति घृणा, अवज्ञा, तिरस्कार, उपहास, द्वेष की भावना उत्पन्न करती हो, किसी के व्यवसाय, रोजगार, पद, कारोबार, व्यापार आदि पर विपरीत प्रभाव डालती हो, उसकी व्यक्तिगत एकांतता को भंग करती हो; दंडनीय है। दो वर्ष कैद, जुर्माना अथवा दोनों।

अपवाद : सार्वजनिक हित, सद्भावना और सदाशत्रयता-युक्त सम्मति, अदालती कार्यवाही की रिपोर्ट, सार्वजनिक भाषण, नाटक आदि पर राय अथवा स्वहित-रक्षा हेतु कही/लिखी/प्रकाशित बात दोषमुक्त।

बचाव : कथन की सत्यता का प्रमाण, विशेषाधिकार, टीका-टिप्पणी के रूप में निष्पक्ष आलोचना दंडनीय नहीं।

अभिव्यक्ति स्वातंत्र्य पर प्रतिबंधों की वैधानिकता
(validity of restriction on freedom of expression)
—भारतीय संविधान, अनुच्छेद 19 (1-क) के अनुसार "सब भारतीयों को वाक्-स्वातंत्र्य और अभिव्यक्ति-स्वातंत्र्य होगा।

—अनुच्छेद 19 (2) के अनुसार, "खंड 1-क की कोई बात अपमान लेख, अपमान वचन, मानहानि, न्यायालय अवमान से, अथवा शिष्टाचार या सदाचार पर आघात करने वाले, अथवा राज्य की सुरक्षा को दुर्बल करने अथवा राज्य को उलटने की प्रवृत्ति वाले प्रवर्तन पर प्रभाव अथवा संबंध रखने वाली विधि को बनाने में राज्य के लिए रुकावट नहीं डालेगी।"

—मानवाधिकार घोषणापत्र (संयुक्त राष्ट्र संघ), 10-12-48 अनुच्छेद 19—"प्रत्येक व्यक्ति को बिना किसी हस्तक्षेप के निजी राय रखने का अधिकार होगा।"

—वही : "प्रत्येक को अभिव्यक्ति की स्वतंत्रता होगी। इसके अंतर्गत किसी सीमा-भेद के बिना हर प्रकार की सूचनाएँ और विचार प्राप्त करना—चाहे वे लिखित रूप में हों या कला अथवा अन्य किसी रूप में—शामिल है।"

—"उपर्युक्त अधिकारों के साथ कुछ विशेष कर्त्तव्य और दायित्व भी हैं; अत: इन पर प्रतिबंध लगाये जा सकते हैं; किंतु (1) वे प्रतिबंध कानून द्वारा लगाये जायेंगे; (2) उनका उद्देश्य दूसरों का सम्मान होगा; (3) वे प्रतिबंध राष्ट्रीय सुरक्षा, सार्वजनिक व्यवस्था, सार्वजनिक स्वास्थ्य या नैतिकता के लिए आवश्यक होंगे।"

आपत्तिजनक प्रकाशन (Objectionable Publication)
प्रेस आपत्तिजनक सामग्री अधिनियम 1951 के अनुसार, शासन को उखाड़ने, राजकीय कर्मचारियों के कर्तव्यपालन में हस्तक्षेप, हिंसा, आवश्यक उपभोक्ता वस्तुओं के वितरण में बाधा, सेना अथवा पुलिस को भड़काने, विद्वेष फैलाने, राष्ट्रीय हितों को क्षति पहुँचाने आदि की प्रोत्साहक सामग्री का प्रकाशन, वितरण निषिद्ध है। भा० दं० सं० 124 ए (राजद्रोह), 153 (हिंसा को प्रोत्साहन), 153-ए (विभिन्न वर्गों में विद्वेष), 293, 295-ए (दूसरों की धार्मिक भावनाओं को ठेस) आदि संबद्ध धाराओं में उक्त अपराध के लिए दंड का विधान है।

आपत्तिजनक विज्ञापन (Objectionable Advertisement)
'दि ड्रग्स एंड मैजिक रिमैडीज़ एक्ट' (आपत्तिजनक विज्ञापन अधिनियम 1954) के अनुसार अश्लील विज्ञापनों का प्रकाशन निषिद्ध है। महिला, पुरुष आदि के गुप्त रोग, गर्भपात, नपुंसकता, पागलपन, कोढ़, मिरगी आदि रोगों के उपचार संबंधी विज्ञापन इसी के अंतर्गत आते हैं।

आपात् स्थिति में (प्रेस) प्रतिबंधों का प्रावधान
(Provision of restrictions (on press) during emergency)
भारतीय संविधान अनुच्छेद 352 (1) के अनुसार, राष्ट्र को भीतरी या बाहरी गंभीर संकट होने पर राष्ट्रपति के आदेश से आपात् स्थिति लागू की जा सकती है जिसके लिए छ: महीने के भीतर संसद के दोनों सदनों की स्वीकृति आवश्यक है। अन्यथा वह आदेश स्वत: निरस्त माना जायेगा। अथवा, इस बीच राष्ट्रपति अपने नये आदेश से, पूर्व आदेश को निरस्त कर सकता है। आपात् स्थिति की अवधि में सभी मौलिक अधिकार स्थगित या सुषुप्त रहते हैं जिनमें अभिव्यक्ति-स्वातंत्र्य का अधिकार भी सम्मिलित है।

कृतिस्वाम्य (Copy Right)

'कृति स्वाम्य अधिनियम' 1957 के अनुसार, साहित्य, संगीत, नाट्य, चित्र चलचित्र आदि के कृतित्व के स्वामित्व का हनन दंडनीय है। मूल रचनाकार या उसके द्वारा मनोनीत स्वत्वाधिकारी की अनुमति के बिना उसकी रचना/अंश को छापना अपराध है।

अपवाद : समीक्षा, व्याख्या आदि के संदर्भ में किसी अंश का उद्धरण स्वीकार्य है। मूल रचनाकार की मृत्यु के पचास वर्ष बाद तक यह कानून लागू हो सकता है।

न्यायालय-अवमान (Contempt of Court)

'न्यायालय अवमान अधिनियम' 1926, 1952, 1963, 1971 तथा भा० द० सं० 228 के अनुसार, प्रत्यक्ष या परोक्ष रूप से न्यायालय (या न्यायाधीश) की अवमानना करने वाला कथन/लेखन/प्रकाशन दंडनीय है। छः मास की कैद, दो हजार रुपये जुर्माना अथवा दोनों। न्यायाधीश के आदेश की अवमानना, अथवा उसके प्रति अपमान-शब्द, न्यायालयी कार्रवाई की गलत या अपूर्ण या एकतरफा रिपोर्ट, न्याय-प्रक्रिया में बाधक लेखन, मुकदमे के संबद्ध पक्षों के प्रति द्वेषपूर्ण सामग्री का प्रकाशन, न्यायालय के विचाराधीन मामलों पर राय आदि दंडनीय।

बचाव : बिना शर्त क्षमा-याचना (जिससे यदि न्यायालय संतुष्ट हो), अथवा मामले के विचाराधीन होने का पता न होने का प्रमाण।

औचित्य-अनौचित्य का विवेक न्यायालय पर।

पंजीकरण और मुद्रण-रेखा (Registration and Print Line)

'समाचार पत्र तथा पुस्तक पंजीकरण अधिनियम' 1867 और उसी के संशोधन, (1955, 1960, 1965) के अनुसार, (1) प्रत्येक समाचारपत्र के प्रकाशक की ओर से ज़िलाधीश के सामने घोषणापत्र प्रस्तुत करना, (2) पत्र-प्रकाशन के 48 घंटे के भीतर, उसकी प्रति समाचारपत्र-पंजीयक को भेजना, (3) पत्र-पत्रिका के प्रत्येक अंक/संस्करण में संपादक/मुद्रक तथा प्रकाशक का नाम प्रकाशित करना अनिवार्य है।

प्रेस और कानून (Press and Law)

"प्रेस की स्वतंत्रता की रक्षा कानून करता है, बदले में कानून की मर्यादा प्रेस कायम रखता है।" —के० सुब्बाराव (भारत के पूर्व उच्च-न्यायाधीश)

प्रेस परिषद् अधिनियम (Press Council Act)

'प्रेस-परिषद् अधिनियम' 1965 तथा उसी के संशोधन 1978 के अनुसार, 28

सदस्यों वाली स्थायी प्रेस परिषद् को दीवानी अदालतों के अधिकार प्राप्त हैं। (देखिए : प्राविधिक शब्दावली में विस्तृत टिप्पणी) यह परिषद् पत्रों/पत्रकारों और सरकार के आपसी मामलों, आरोपों, शिकायतों आदि की छानबीन, सुनवाई आदि करके, अपना निर्णय देती है जो हर पक्ष के लिए अनिवार्यतः मान्य होता है। प्रेस-स्वाधीनता की आघातक स्थितियों के निराकरण की गारंटी प्रेस-परिषद् देती है। दूसरी ओर पत्रों/पत्रकारों के आत्मानुशासन का भी नियमन करती है।

बचाव-संबंधी कानून (Protection under due process of Law)
—भारतीय संविधान के अनुच्छेद 13 (1) के अनुसार, (क) मूल अधिकारों पर आघात करने वाली विधियाँ स्वतः ही निरस्त मानी जा सकती हैं; (ख) सरकार मूल अधिकारों का हनन करने वाला कोई कानून नहीं बनाएगी।

—अनु० 22 (1) के अनुसार (क) किसी को लिखित कारण बताये बिना हिरासत में नहीं लिया जा सकता; (ख) हिरासत में लेने के चौबीस घंटे के भीतर निकटतम दंडाधिकारी के सामने प्रस्तुत करना आवश्यक (अन्यथा हिरासत गैर कानूनी); (ग) निवारक नज़रबंदी कानून के अंतर्गत गिरफ्तार व्यक्ति को तीन मास के भीतर दंडाधिकारी के सम्मुख प्रस्तुत करना आवश्यक।

भारतीय सुरक्षा अधिनियम कानून (Defence of India Rule)
सन् 1962 में पारित इस अधिनियम के अनुसार राष्ट्र की सुरक्षा पर आघात करने वाली किसी भी प्रकार की सामग्री का प्रकाशन और प्रसार प्रतिबंधित तथा दंडनीय है।

राज्य सुरक्षा विरोधी सामग्री (Matter against National Security)
'भारतीय सरकारी रहस्य अधिनियम' 1923 के अधीन ऐसी सामग्री का प्रकाशन और प्रसार निषिद्ध है जिससे राज्य की सुरक्षा पर आघात होने की आशंका हो।

विदेशों से संबंधों पर आघात करने वाली सामग्री
(Matter against friendly relations with the states)
'विदेश संबंध कानून' 1932 के अनुसार ऐसी सामग्री का प्रकाशन वर्जित है जिससे विदेशों के साथ भारत के मैत्री-संबंधों को आघात पहुंचने की आशंका हो।

शिष्टाचार या नैतिकता पर आघात (अश्लील सामग्री का प्रकाशन)
(Obscene/antimorality matter)
भा० दं० सं० की धारा 292 तथा 'अश्लील प्रकाशन अधिनियम 1925' के

अनुसार शिष्टाचार या सदाचार पर आघात करने वाली सामग्री का प्रकाशन दंडनीय। 'अश्लील' की स्पष्ट परिभाषा अनिश्चित। सन् 1965 ई० के एक न्यायालयी निर्णय के अनुसार "मस्तिष्क को भ्रष्ट, विकृत, अशुद्ध, विश्रृंखलित करने वाली रचनाएँ, वासना-उत्तेजक विज्ञापन आदि अश्लील।"

अपवाद : विवाहित दंपति को सुखमय जीवन की सलाह देने वाले प्रकाशन दोष-मुक्त।

निर्णय न्यायालय के विवेक और विचाराधीन सामग्री के प्रभाव/परिणाम पर निर्भर।

श्रमजीवी पत्रकार-सेवा-शर्तें और विविध प्रावधान अधिनियम

(The working Journalists Condition of service & miscellenious provision Act)

सन् 1953 में पारित इस अधिनियम के अंतर्गत श्रमजीवी पत्रकारों की सेवा-शर्तों में सुधार के लिए महत्त्वपूर्ण प्रावधान किये गये हैं।

श्रमजीवी पत्रकार (औद्योगिक विवाद) अधिनियम

(The working Journalists (Industrial Disputes) Act)

सन् 1955 में पारित इस अधिनियम के अंतर्गत पत्रकारों तथा पत्र-मालिकों के मध्य सेवा-शर्तों, वेतन आदि संबंधी विवादों को निपटाने का प्रावधान है। बाद में संशोधन करके इसमें वेतन तथा पारिश्रमिक दर-निर्धारण संबंधी धाराएँ जोड़ दी गयीं। सन् 1962 में इसे पुनः संशोधित किया गया।

संसद अथवा विधानमंडल की मानहानि

(Contempt of Parliament & Legislatures)

'संसद की कार्रवाई (प्रकाशन का संरक्षण) अधिनियम' 1956 के अनुसार संसद अथवा विधानसभा-सदस्यों को प्राप्त विशेषाधिकारों का हनन, सदन की कार्रवाई की गलत या एकतरफा रिपोर्ट, अध्यक्ष द्वारा निषिद्ध/ रद्द कार्रवाई का प्रकाशन, सदन द्वारा गठित समितियों के प्रतिवेदन को सदन-पटल पर प्रस्तुत किये जाने से पूर्व छापना, गुप्त अधिवेशन की रिपोर्ट आदि निषिद्ध है। इस प्रकार का प्रकाशन भारतीय संविधान के अनुच्छेद 105 और भा० द० सं० की धारा 194 के अनुसार दंडनीय है। संसद/अध्यक्ष को, दोषी व्यक्ति/ संपादक/ पत्रकार को संसद में बुलाने, सम्मन और वारंट जारी करने, दंडित करने, प्रताड़ना आदि का अधिकार है।

बचाव : सदन के सम्मुख खेद-प्रकाश/क्षमा-याचना—यदि सदन/ अध्यक्ष संतुष्ट हो जाय।

परिशिष्ट-3

अनुक्रमणिका

(अंग्रेज़ी-हिंदी)

A

Abridged/Brief संक्षिप्त
Abridgement संक्षेपण
Absorbent Paper अवशोषक काग़ज़
Account Section लेखा-अनुभाग/प्रभाग
Accreditation मान्यता
Ace News man विशिष्ट पत्रकार
Adless Papar विज्ञापनरहित पत्र/पत्रिका
Advance अग्रिम
Adventurous Correspondent/Reporter साहसी संवाददाता
Advertised विज्ञापित
Advertiser विज्ञापक/विज्ञापनदाता
Advertising page विज्ञापन-पृष्ठ
Advertising Return विज्ञापन-प्रतिलाभ
Advertisement विज्ञापन/इश्तिहार
Advertisement Agency विज्ञापन-एजेंसी
Advertisement Agent विज्ञापन-प्रतिनिधि/एजेंट
Advertisement Division विज्ञापन-प्रभाग/विभाग
Advertisement Manager विज्ञापन प्रबंधक
Advertisement Media विज्ञापन-माध्यम
Agate अगेट
Agony Column यंत्रणा स्तंभ
Airproof paper वातरुद्ध कागज
Alignment संरेखण
All in Hand पूर्ण प्रेषित
All Up पूर्ण निष्पादित
Alphatype फोटो अक्षरयोजन पद्धति
Alphatype Printer फोटो अक्षर मुद्रण यंत्र
Alteration of Colours रंगांतरण/रंग-परिवर्तन
Analogous Colours संवर्ती रंग
Angle कोण
Antique एंटीक
Antique Shade एंटीक शेड

Antique Vove एंटीक वोव
Antiquarian, Antique कागज़-माप
Appendix परिशिष्ट
Art कला
Art Editor कला संपादक
Article लेख
Artist कलाकार
Artistic Layout कलात्मक सज्जा
Art of Editing संपादन कला
Art Paper आर्ट पेपर
Art work कला कृति
Assignment कार्यनिर्देश
Assignment Book कार्यनिर्देश-पुस्तिका
Assignment Man निर्देश्य संवाददाता
Assistant Correspondent सहायक संवाददाता
Assistant Editor सहायक संपादक
Assistant News Editor सहायक समाचार संपादक
Assistant public Relation officer (A. P. R. O.) सहायक जनसंपर्क अधिकारी
Audit Bureau of Circulation (A B C) प्रसार संख्या-गणन-संस्थान
Author लेखक
Authoritative writing अधिकृत/प्रामाणिक लेखन
Author's Alteration लेखकीय परिवर्तन
Automatic Composing स्वचल मुद्रायोजन
Automatic Folder स्वचल मोड़क
Automatic Printing स्वचल मुद्रण
Available News सुलभ समाचार

B

Back पश्च हाशिया
Back Bench पत्र-संयोजक मंडल
Back Cover B. C. पश्चावरण
Back Grounder पृष्ठभूमि-लेख
Bachelor of Journalism पत्र-कारिता-स्नातक
Bad Register सदोष मिलान
Balanced Make-up संतुलित विन्यास/सज्जा
Balloon कथन-वृत्त
Bank बैंक
Banner, Steamer, Ribbon पताका (शीर्षक)/पृष्ठ शीर्षक/महाशीर्ष
Beat गश्त
Bed तल
Bed Motion Roller तलगतिरूला
Bibliography ग्रंथ-सूची
Big Newspapers बड़े पत्र
Big Room महाकक्ष
Bigger/Bold Type मोटा टाइप (मुद्राक्षर)
Binding जिल्दसाज़ी
Bi-Weekly अर्द्धसाप्ताहिक (पत्र)

Black / Bold Face (Type) काला मुद्राक्षर
Black and White (B. & W.) श्याम-श्वेत
Blank Page अमुद्रित पृष्ठ
Blank Space अमुद्रित स्थान
Bleed सीमांत मुद्रण
Block ब्लॉक
Block Letter B. L. स्थूलाक्षर/ ब्लॉक अक्षर
Block Printing ब्लॉक-मुद्रण
Blue Journalism नील पत्रकारिता
Blow Up विस्तार / प्रस्तार
Blurred Outline अस्पष्ट रूपरेखा
Body काय
Book कृति / ग्रंथ / रचना / पुस्तक
Booklet पुस्तिका / पत्रक-पुस्तिका
Bond Paper बाण्ड कागज़
Border सीमांत, किनारा, सीमा, हाशिया
Bottom of Page पृष्ठतल
Box चतुष्कोण/पेटी/मंजूषा
Box Heading आयताकार (शीर्षक)
Brail Journalism ब्रेल पत्रकारिता
Brief संक्षिप्त
Broadcast प्रसारण/ प्रसारित
Broadcasting प्रसारण
Brochure लघु पुस्तिका, विवरणिका पुस्तिका
Bulletin विज्ञप्ति, सूचनापत्र, अंक
Bullet Intro रोमांचक आमुख
By Line सूत्रोल्लेख, नामोल्लेख

C

Cable समुद्री तार
Calligraphist सुलेखक, सुलेखकार
Candid photograph प्रकृत फोटो
Canon of Journalism पत्र-कारिता-प्रतिमान
Caption चित्र-शीर्षक
Cartoon व्यंग्यचित्र
Cartoonist व्यंग्य चित्रकार
Carry Over कैरी ओवर (आगे बढ़ाना / ले जाना)
Catch Line शेषांश (शीर्षक)/टूट
Case साँचा
Case Room मुद्राक्षर कक्ष
Caster मुद्राक्षर ढलाई यंत्र
Casual (Advertisement) आकस्मिक (विज्ञापन)
Casual Rates आकस्मिक दर
Center Spread मध्यपृष्ठीय सज्जा
Censor (संवाद) नियंत्रक / सेंसर
Censorship नियंत्रण / रोक
Chairman अध्यक्ष
Chase साँचा, शिकंजा, खाँचा
Chief Editor प्रधान संपादक
Chief News Photographer मुख्य समाचार छायाकार
Chief Proof Reader मुख्य प्रूफ़ संशोधक

Chief Sub-Editor मुख्य उप-संपादक
Chemical Pulp रासायनिक लुगदी
Central Board of Film Censors (C. B. F. C.) केंद्रीय फिल्म सेंसर बोर्ड
Cine Editor फिल्म-संपादक
Cine Journalism फिल्म-पत्रकारिता
Cine Correspondent फिल्म संवाददाता
Circulation प्रसार
Circulation Division प्रसार-विभाग
Circulation Manager प्रसार-प्रबंधक / व्यवस्थापक
Circulation Number प्रसार-संख्या
Circus Make-Up सर्कस-सज्जा
City Representative (Correspondent) नगर प्रतिनिधि (संवाददाता)
Classified Advertisement वर्गीकृत विज्ञापन
Clipping कतरन-संग्रह
Close Register Job सूक्ष्म मिलान
Closing Date अंतिम तिथि
Cold Type System (C. T. S.) कोल्ड टाइप सिस्टम
Collection संकलन / संग्रह
Colour Block रंगीन ब्लॉक
Coloured Comics रंगीन हास्य-चित्रपटी
Colour Intro आलंकारिक / अतिरंजित आमुख
Colour Printing रंगीय मुद्रण
Colour Proof रंगीय प्रूफ
Colour Separation रंग-वियोजन
Colour Scheme रंग-योजना/रंग-संयोजन
Colour Sequence रंग-अनुक्रम
Colour Transperancy रंग-पारदर्शिता
Column स्तंभ
Column Rule स्तंभ-रेखा/रेखिका
Columnist स्तंभ लेखक
Column Writing स्तंभलेख, स्तंभ-लेखन
Code of Conduct आचार-संहिता
Combination Run संयुक्त मुद्रण
Comment टीका-टिप्पणी
Commercial Artist Guild (C.A.G.) व्यावसायिक कलाकार संघ
Commercial Correspondent वाणिज्य संवाददाता
Commercial Editor वाणिज्य संपादक
Commercial Journalism वाणिज्य पत्रकारिता
Commemoration Volume स्मारक/अभिनंदन ग्रंथ
Communication संचार
Complimentary Colour पूरक रंग
Composing मुद्रायोजन
Composing Room मुद्रायोजन कक्ष
Composing Stick मुद्रायोजन पट्टी

Compositor मुद्रायोजक
Condensation संक्षेपण
Concurrent List समवर्ती सूची
Condensed Article सार-लेख
Contemporaneous सामयिकी
Contract (Advertisement) अनुबंधित (विज्ञापन)
Contract Rate (C./R.) अनुबंध दर
Contradiction खंडन प्रतिवाद
Contrast वैषम्य
Convene संयोजन करना
Convene/Co-ordination संयोजन
Convener/Co-ordinater संयोजक
Copy अंक, प्रति/पांडुलिपि
Copy Manuscript पांडुलिपि
Copy Holder पांडुलिपिधारक
Copy Right © कृति-स्वाम्य
Copy Writer विज्ञापन-लेखक
Copy Tester पांडुलिपि-पर्यवेक्षक
Copy Testing पांडुलिपि-परीक्षण
Correction संशोधन
Correspondent / Reporter संवाददाता/खबरनवीस/वाकिआ-नवीस/नामःनिगार
Country Paper क्षेत्रीय पत्र
Cover C आवरण
Coverage समाहरण
Cover Story आवरण-कथा
Craft Paper क्राफ्ट पेपर
Credit Line सूत्रोल्लेख
Crime Correspondent अपराध-संवाददाता
Crime News अपराध-संवाद
Crop कर्त्तन
Cross Heading प्रतिशीर्षक, उप-शीर्षक
Crossline (Heading) पाररेखा (शीर्षक)
Cross Reference प्रतिसंदर्भ
Crown (Size Paper) क्राउन (आकार का कागज़)
Cub Reporter छौना (नौसिखिया) संवाददाता
Current सामयिक
Current Affairs सामयिक प्रसंग
Cut in Letter अलंकृत अक्षर/दीर्घाक्षर
Cut lut Block परिकर्तित ब्लॉक
Cutting Book कतरन-संचिका
Cylinder (Machine) बेलनी (मशीन)/सिलिण्डर
Cylinder Press बेलन-मुद्रणयंत्र/सिलिण्डर मशीन

D

Daily (News Paper) दैनिक (समाचार पत्र)
Dash डैश
Date Line तिथि-पंक्ति/रेखा
Dead Type/Pie रद्द मुद्राक्षर/मुद्रण-ढेर
Decimo Sixto सोलह पेजी
Decimo Octavo अठारह पेजी

Deck सहशीर्षक
Deed संलेख/दस्तावेज़
Defamation मानहानि
Demy डिमाई (आकार)
Depth of Column स्तंभ-लंबाई
Descriptive Bed वर्णनात्मक वृत्त
Design अभिकल्प/रूपरेखा
Deskman उपसंपादक
Dialogue Intro संवादात्मक आमुख
Dialogue/News संवाद
Digest नवनीत, सार-संग्रह
Diploma in Journalism पत्रकारिता-डिप्लोमा
Director, Dir. निदेशक
Directorate of Advertising and Visual Publicity (D. A. V. P.) विज्ञापन एवं दृश्य-प्रचार निदेशालय
Directorate of Public Relation (D.P.R.) जनसंपर्क निदेशालय
Directorate of Regional Publicity (D. R. P.) क्षेत्रीय प्रचार निदेशालय
Director of Public Relation (D. P. R.) जनसंपर्क निदेशक
Display सज्जात्मक प्रदर्शन (विज्ञापन)
Display (News) प्रस्तुतीकरण (समाचार)
Display News प्रकाशनीय/प्रदर्शनीय समाचार
Distribution मुद्राक्षर-वितरण/वितरण
Distributor वितरक
Dotted Rule बिंदु-रेखिका
Double Column (D. C.) द्विस्तंभीय/दोहरा स्तंभ
Double Crown डबल क्राउन
Double Space दुहरा अंतराल
Doublet पुनरावृत्त
Down Style लघु अक्षर-शैली
Drop Folio तल पृष्ठांक
Drop Letter अवरोहाक्षर
Dub/Dubbing ध्वन्यंतर, रूपांतरण, लिप्यंतर
Dummy/Lay Out आरूप, पूर्वरूप, प्रारूप
Duotone दुरंगा हाफटोन
Dye ठप्पा
Dye Stamping (Printing) ठप्पा-मुद्रण (डाई मुद्रण)

E

Ear (Advertisement) छोर-विज्ञापन
Editing संपादन
Edition संस्करण
Editor संपादक
Editorial संपादकीय
Editorial/Editors Board संपादक-मंडल
Editorial Department संपादकीय विभाग

Editorialize संपादकीकरण
Editorial, Leader अग्रलेख
Editorial Meeting संपादकीय बैठक
Editorial Page संपादकीय पृष्ठ
Editorial Planning संपादकीय योजना
Editorial Policy संपादकीय नीति
Editorial Writer संपादकीय लेखक
Editorial Writing संपादकीय लेखन
Editor-in-Chief प्रधान संपादक
Elliptical Dot Halftone दीर्घ बिंदुमय हाफटोन
Em एम
Embargo प्रतिषेध
Embossing उभार-मुद्रण
Emotional Heading भावात्मक शीर्षक
En एन
Engraving Process एंग्रेविंग प्रक्रिया
Engraving Room एंग्रेविंग कक्ष
Establishment Division/Department संस्थापन प्रभाग/विभाग
Etching रासायनिक उत्कीर्णन
Ethical Code आचार-संहिता
Ethics of Journalism पत्रकारिता-नीति-सिद्धांत
Evening Daily (E. D.) सांध्य दैनिक
Evening Edition (E. E.) सांध्य संस्करण
Exclusive (News) विशिष्ट (समाचार)
Exography एक्सोग्राफी
Expected News प्रत्याशित समाचार
Explanatory News व्याख्यात्मक समाचार
Eye Brow सहशीर्षक

F

Factual Heading तथ्यात्मक शीर्षक
Factual Intro तथ्यात्मक आमुख
Facsimile फेसीमाइल/अनुलिपि
Feature फीचर, वृत्त
Feature Film वृत्तचित्र
Feature Syndicate फीचर सिंडीकेट
Feather Weight फेदरवेट (कागज)
Feeder Roller धारक रूला
Felt नमदा
Filler पूरक
Film Division (F. D.) फिल्म प्रभाग
Film Setting फिल्म सैटिंग
Final (Machine) Proof अंतिम (मशीन) प्रूफ़
5 W & 1 H छह ककार
Flash तड़ित् सूचना
Flash Left Make-Up एकल मुद्रायोजन

Flash News तड़ित् समाचार
Flat Bed Press समतल प्रेस
Flush Cut Block सिरांत ब्लॉक
Flush Printing बेहाशिया मुद्रण
Focus केंद्रबिंदु
Fold मोड़
Folder मोड़क
Folio पृष्ठशीर्ष/पृष्ठांक
Follow Up अनुवर्त्तन
Font फांट
Foreign Correspondent विदेश संवाददाता
Foreign Correspondents Association (F. C. A.) विदेशी संवाददाता-संघ
Foreman अधिकर्मी
Format आरूप, पूर्वरूप, प्रारूप
Form फर्मा
Founder संस्थापक
Foundry ढलाई कारखाना
Foundry Proof ढलाई-प्रूफ़
Four Colour Printing चौरंगा मुद्रण
Fourth State चतुर्थ राज्य, चौथा स्तंभ
Freedom of Expression अभिव्यक्ति स्वातंत्र्य
Free Expression स्वतंत्र अभिव्यक्ति
Free Lancer स्वतंत्र पत्रकार
Free Press स्वतंत्र प्रेस
Front Cover (F. C.) मुखावरण
Front Page मुखपृष्ठ
Fudge छपते-छपते
Full Measure पूर्ण माप (स्तंभ-माप)
Full Page (F. P.) पूर्ण पृष्ठ

G

Galley गेली/पंक्ति
Galley Proof गेली/पंक्ति प्रूफ़
Gauge मापक
Gazette राजपत्र
General Magazine सामान्य पत्रिका
General Manager महाप्रबंधक
Ghost writer प्रेत/छद्म लेखक
Glazed Paper चमकीला काग़ज़
Glossy Finish चमकदार परिष्कृति
Graphic Type Machine चित्र मुद्रण यंत्र
Green Proof सद्यःप्रूफ़
Groove खाँच
Gutter Journalism गर्हित पत्रकारिता

H

Halftone Paper झिलमिल (हाफटोन) काग़ज़
Halftone Screen हाफटोन स्क्रीन
Hand Bill परचा, हस्तपत्रक

Hand Composition हस्त-मुद्रा-योजन

Hand Made Paper हस्तनिर्मित कागज़

Hand Proof हस्त प्रूफ़

Hanging Indention झूलेदार शीर्षक

Hard (News) दुर्लभ (समाचार)

Harmony संगति

Heading, Headings शीर्षक, सुर्खी, सुर्खियाँ

Heading To Come (H. T. C.) शीर्षक बाद में

Head Line मुख्य पंक्ति/शीर्ष पंक्ति

Head Rule शीर्ष रेखिका

Hell Box रद्द मुद्राक्षर पेटिका

Horizental Make-Up क्षैतिज/आड़ा पृष्ठविन्यास

House Orgen संस्था/सांस्थानिक पत्र/पत्रिका

I

Imitation Art इमिटेशन आर्ट

Imotional Intro भावात्मक आमुख

Impersonal Journalism व्यक्ति-निरपेक्ष पत्रकारिता

Imposition पृष्ठ-योजन

Impression छाप/दाब

Impressionist Writing प्रभाव-वादी लेखन

Indian Association of Industrial Editors (I. A. I. E.) भारतीय औद्योगिक संपादक संघ

Indian Federation of Working Journalists (I. F. W. J.) भारतीय श्रमजीवी पत्रकार संघ

Industrial Journalism औद्योगिक पत्रकारिता

Information सूचना

Information Bureau सूचना केंद्र, सूचनालय

Information Department सूचना विभाग

Information Officer सूचना-अधिकारी

Inking System स्याही-प्रणाली

Institutional Journal/Magazine सांस्थानिक पत्र/पत्रिका

Intanglio उत्कीर्ण मुद्रण

Interpretative Reporting व्याख्यात्मक समाचार-लेखन

Interview भेंटवार्ता

Interviewer भेंटवार्ताकार

Intro आमुख/अग्रसार/कथामुख

Inverted Pyramid विलोम स्तूपी/गावदुम (शीर्षक)

Italics तिरछा (मुद्राक्षर)

Ivory Finish आइवरी फिनिश

J

Job Printing स्फुट मुद्रण
Joint Communique संयुक्त वक्तव्य/विज्ञप्ति
Joint Editor/Director संयुक्त संपादक/निदेशक
Journal जर्नल, पत्रिका
Journalism पत्रकारिता
Journalism Technique पत्रकारिता-तकनीक
Journalist पत्रकार
Journalists' Association पत्रकार संगठन/संघ
Justify, Justification सीध/समकरण

K

Katib कातिब/सुलेखक
Kerned Letter कर्णित मुद्राक्षर
Kicker सहशीर्षक
Kill रद्द/नष्ट
Knock Down काट-छाँट
Knock Up तुरत समाचार-लेखन

L

Label Head नीरस शीर्षक
Late News छपते-छपते
Lay out अभिन्यास/विन्यास/प्रारूप/पूर्वरूप/आरूप
Lead मुखड़ा/प्रधान/मुख्य/लैड/सीसा-पट्टी
Leader Writer अग्रलेख-लेखक
Lead Mould लैड मोल्ड/धातु-साँचा
Lead Moulding धातु-पट्टी-ढलाई
Lead Story मुख्य समाचार
Legal Department विधि-विभाग
Legman घुमंतू संवाददाता
Letter अक्षर
Letter Press अक्षर मुद्रणालय
Letter Spacing अक्षर अंतराल
Lift उठाकर रखना/उठाना/उत्थान/उत्थापन/उन्नयन/ऊपर उठाना/ले जाना
Light Face हल्का मुद्राक्षर
Linage पंक्ति-प्रणाली/पंक्ति-बद्धता/पंक्ति-दर/पंक्ति-संख्या
Line Drawing अवरेखन
Line Composing पंक्ति-मुद्रायोजन
Literary साहित्यिक (परिशिष्ट)
Literary Appendix साहित्य-(साहित्यिक) परिशिष्ट
Literary Edition साहित्य-संस्करण
Literary Editor साहित्य-संपादक
Literary Magazine साहित्यिक पत्रिका
Lithographer अश्म/शिला-मुद्रक, लिथोग्राफर
Lithography अश्म-मुद्रण/शिला-मुद्रण
Local News स्थानीय समाचार

Lock-Up लॉक-अप
Long Run लंबी दाब
Log Book विवरण-पंजिका
Loose Paper छुट्टा कागज़
Lower Case लघु मुद्राक्षर
Ludlow लुडलो

M

Machine Chase मशीन चेस
Machine Finish मशीन फिनिश
Machine Proof मशीन प्रूफ़
Magazine पत्रिका/रिसाला
Magazine Artical पत्रिका-लेख
Magazine Editing पत्रिका-संपादन
Make Ready मुद्रणार्थ प्रस्तुत
Make Up सज्जा
Make Up Man सज्जाकार
Manager प्रबंधक/व्यवस्थापक
Management Department प्रबंध-विभाग
Managing Editor प्रबन्ध संपादक
Managing Director (M. D.) प्रबंध-निदेशक
Manual नियम पुस्तिका/हस्तपुस्तिका
Manuscript पांडुलिपि
Marginal Heading पार्श्व शीर्षक
Mark Up संशोधित (प्रूफ़)
Massage संदेश
Massanger संदेशवाहक
Mass Communication जनसंचार
Massy (Paper) मैसी (पेपर)
Mass Media जनसंचार-माध्यम
Master of Journalism (M.J.) मास्टर आफ़ जर्नलिज़्म
Mast Head/Print Line मस्तूल शिखर/मुद्रण-रेखा
Matelic Ink धातु-स्याही
Matrix मेट्रिक्स/अधात्री
Matter सामग्री
Measure माप
Mechanical Antique मैकेनिकल एंटीक
Mechanical Glazed मैकेनिकल ग्लेज़्ड
Meet The Press पत्रकार-सम्मेलन
Media संचार-माध्यम
Media Center संचार-केंद्र
Medium News papers मँझोले पत्र
Memoirs संस्मरण
Miscellaneous प्रकीर्ण/विविध
Miscellaneous Paper प्रकीर्ण/विविध/फुटकर पत्र/पत्रिकाएँ
Misprint मुद्रण-दोष
Mono Composing एकल मुद्रा-योजन
Monthly (Magazine) मासिक (पत्रिका)/माहनामा
More आगे भी/क्रमश:
More To Follow (M. F.) और भी/आगे भी/जारी
Motion गति
Mufassil (Rural) Correspondent मुफस्सिल/नगरेतर संवाद-दाता
Must अवश्य

N

Name Plate नामपट्ट

Narrative News वर्णनात्मक समाचार

National Aironotics and Space Research Administration (N.A.S.A.) नेशनल एरोनाटिक एंड रिसर्च एडमिनिस्ट्रेशन (नासा)

National Union of Journalists (NUJ) राष्ट्रीय पत्रकार संघ

News समाचार/ख़बर

News Analysis समाचार-विश्लेषण

News & Views समाचार और विचार/मत

News Agency, Press Agency संवाद समिति, समाचार-समिति

News Bulletin समाचार-विज्ञप्ति

News Collection समाचार-संकलन

News Dispatch समाचार-प्रेषण

News Editing समाचार-संपादन

News Editor समाचार-संपादक

News Information समाचार-सूचना

News Letter संवाद-चिट्ठा/पत्र

Newsless Matter समाचारेतर सामग्री

News Paper अख़बार/समाचारपत्र

News Paper Agency संवाद-समिति/ख़बर-रसां एजेंसी

News Paper and Book Registration Office समाचारपत्र एवं पुस्तक पंजीयन कार्यालय

News Paper Chain समाचारपत्र-शृंखला

News Print अख़बारी काग़ज़

News Room समाचार-कक्ष

News Sense समाचार-बोध

News Source समाचार-स्रोत

News Unit समाचार इकाई

Non Aligned Movement Media (NAMEDIA) निर्गुट संचार माध्यम

Non Journalist ग़ैर-पत्रकार

Nose For News समाचार सूझ

Notice/Information सूचना

Notification अधिसूचना/विज्ञप्ति

Number अंक

O

Obscene Material अश्लील सामग्री

Obituary, Obit. शोक-समाचार

Objective Reporting वस्तुनिष्ठ समाचार-लेखन

Offpage सीमांत मुद्रण

Offprint अनुमुद्रण

Offset Printing ऑफसेट/अनुचित्रित मुद्रण

Off the Record अप्रकाश्य, अप्रकाशनीय

Open Face (Type) खुला मुद्राक्षर

Opinion Press विचार-पत्र

Organ मुखपत्र
Out of Register मिलान-दोष
Out of Print अप्राप्य
Over Line उपरि पंक्ति
Over Matter अतिशय/फालतू सामग्री
Over Print उपरि मुद्रण
Over Run अधिक मुद्रण
Over Set अतिरिक्त मुद्रायोजन
Oxford Rule सज्जात्मक/अलंकृत/ऑक्सफोर्ड रेखिका
Ozon Paper ओज़ोन काग़ज़

P

Page Gauge पृष्ठमाप
Paging/Pagination पृष्ठांकन
Page Proof पृष्ठ-प्रूफ़
Pamphlet पत्रक, परचा
Panel Advertisement छोर विज्ञापन
Paper पत्र (समाचार पत्र/अखबार)
Party Organ दलीय मुखपत्र
Parchment Paper पार्चमेंट काग़ज़
Parliament Correspondent संसदीय संवाददाता
Parliament Journalist संसदीय पत्रकार
Pictorial Magazine सचित्र पत्रिका
Parliament Review संसद-समीक्षा
Parallel Rule समानांतर रेखिका
Period विराम
Perforating Rule छिद्र-रेखिका
Periodical (Paper/Magazine) नियतकालिक (पत्र/पत्रिका)
Pics चित्र
Picture Editing चित्र संपादन
Picture Editor चित्र-संपादक
Pictorial Effect चित्र-प्रभाव
Pictorial Feature चित्रकथा/चित्र-रूपक
Photo Division फोटो-प्रभाग
Photographer छायाकार
Photo Gravure फोटो ग्रेव्योर
Photo Journalism फोटो पत्रकारिता
Photo Lithography फोटो-लिथोग्राफी
Photo Typography फोटो-अक्षर-मुद्रण
Plainography शिला-मुद्रण/पत्थर छपाई (सादी छपाई)
Plain Rule सादी रेखिका
Plate प्लेट
Platen, Tradel (Machine) प्लेटन, ट्रेडल (मशीन)
Play Down अपकर्षीकरण
Play Up उत्कर्षीकरण
Please Turn Over (P. T. O.) कृपया पृष्ठ उलटिए (कृ०पृ०उ०)
Political Newspaper राजनीतिक समाचारपत्र
Popular Journalism लोकप्रिय पत्रकारिता
Postel News डाक-समाचार

Poster भित्ति-विज्ञापन/दीवारी इश्तिहार
Prefered Position मनपसंद स्थान
Press प्रेस, समाचारपत्र, मुद्रणालय
Press Box पत्रकार-कक्ष
Press Conference पत्रकार-सम्मेलन/संवाददाता सम्मेलन
Press Commission प्रेस आयोग
Press Council प्रेस परिषद
Press Gallery पत्रकार-दीर्घा
Press Information Bureau (P. I. B.) पत्र-सूचना-कार्यालय
Press Manager मुद्रण-व्यवस्थापक
Press Registrar समाचारपत्र-पंजीयक
Press Registrar Report प्रेस पंजीयक प्रतिवेदन
Press Release/Note पत्र-विज्ञप्ति
Press Superintendent (P. S.) प्रेस-अधीक्षक
Press Telegram प्रेस-तार
Press Telegram Flash तड़ित् प्रेस-तार
Price Page Schedule मूल्य-पृष्ठ-अनुसूची
Print अंक
Printer & Publisher (P. P.) मुद्रक एवं प्रकाशक
Printer's Devil मुद्रण-प्रेत/प्रूफ़ संबंधी अशुद्धियाँ
Printing मुद्रण
Printing Press मुद्रणालय
Printing Room मुद्रण-कक्ष
Print Line/Mast Head मुद्रण-रेखा/मस्तूल शिखर
Print Order मुद्रण-आदेश
Process Department प्रोसेस विभाग
Professional Journal व्यावसायिक पत्रिका
Professional Journalism व्यावसायिक/पेशावर पत्रकारिता
Proof प्रूफ़
Proof Reader प्रूफ़-संशोधक
Proof Reading प्रूफ़-संशोधन
Propaganda संप्रचार
Publication प्रकाशन
Publication Division प्रकाशन-संभाग
Publication Place प्रकाशन-स्थान
Publicised प्रचारित
Publiciser प्रचारक
Publicity प्रचार
Publicity Agent प्रचार-अभिकर्ता
Publicity Manager, (P. M.) प्रचार प्रबंधक
Publicity Officer, (P. O.) प्रचार-अधिकारी
Public Opinion लोकमत/जनमत
Public Relation जन-संपर्क
Published प्रकाशित
Publisher प्रकाशक
Pull चित्र प्रूफ़
Put To Bed मुद्रणार्थ प्रस्तुत/तैयार
Pyramid (Heading) स्तूपाकार/स्तूपी/ मंच (शीर्षक)

Q

Quad चतुष्क (गुल्ली)
Quarterly (Q) त्रैमासिक (प्रकाशन/पत्रिका)/त्रैमासिकी
Quarterly Journal त्रैमासिक पत्रिका
Quarter Page चौथाई पृष्ठ
Quarto चौपेजी
Question Intro प्रश्नात्मक आमुख
Quotation अंतरालक
Quotation Intro उद्धरणात्मक आमुख

R

Radio Journalism रेडियो पत्रकारिता
Radio Photo रेडियो चित्र
Railway रेलवे
Raised Letter उत्थित (उभारदार) अक्षर
Rang Rekha Features (R. R. F.) रंग रेखा फीचर्स
Reader's Interest पाठक-रुचि
Readable type सुपाठ्य मुद्राक्षर
Ream रिम
Recto दाहिना पृष्ठ
Reel चरखी
Reference Literature संदर्भ साहित्य
Reference Service संदर्भ पत्रकारिता/संदर्भ सेवा
Re-Imposition पुनः पृष्ठायोजन
Register मिलान
Registrar For News Papers of India (R.N.P.) भारतीय समाचार पत्र-पंजीयक
Release प्रकाशन-अनुमति/विमोचन
Re-Plate पुनर्प्लेटन
Report रपट (विवरण)/प्रतिवेदन
Reportage रिपोर्ताज़
Reprint/Reprinting पुनर्मुद्रण
RePunch पुनः छेदन/पुनः छपाई/पुनः प्रेषण
Research and Reference Division (R. R. D.) शोध एवं संदर्भ संभाग
Research Magazine शोध-पत्रिका
Reverse Block उलटा ब्लॉक
Reset पुनर्योजन
Review समीक्षा
Reviewer समीक्षक
Revised Proof परिशोधित प्रूफ़
Rewrite पुनर्लेखन
Rewriter पुनर्लेखक
Ribbon महाशीर्ष
Roman Type सामान्य/सादा/असज्जित मुद्राक्षर
Rough कच्चा प्रूफ़
Rotary (Machine) रोटरी (मशीन)/आवर्ती (मशीन)
Routing छँटनी
Royal रायल (काग़ज़-आकार)

Royalty कृतिस्वाम्य शुल्क

Rule रेखिका/रूल

Running/Sectional Story धारा-वाही/खंडश: समाचार

Rush तुरत

Rush Story द्रुत समाचार

S

Samachar (News Agency) समाचार (संवाद-समिति)

Sans Sarif अनलंकृत मुद्राक्षर

Sarif अलंकृत मुद्राक्षर

Satelite संचार उपग्रह

Schedule News तालिका/अनुसूचित समाचार

Schedule of Printing मुद्रण-कार्यक्रम

Scoop (News) ऐकांतिक (समाचार)

Screen स्क्रीन/जाली

Script आलेख, प्रलेख

Script Type हस्तलिपि मुद्राक्षर

Second Cover Page, (2C) द्वितीय आवरण पृष्ठ

Second Impression द्वितीय मुद्रण

Security Officer/Care Taker सुरक्षा अधिकारी/रखवाल/प्रभारी

See Copy छूट/छूटा

Sensational Make-Up सनसनीदार सज्जा

Senior Correspondent/Reporter (S. C.) वरिष्ठ/प्रमुख/प्रवर संवाददाता

Set & Hold मुद्रायोजन करके रोकें

Short संक्षिप्त (समाचार)

Show Window प्रदर्शन-वातायन

Side Stitching बगली सिलाई

Signed Column हस्ताक्षरित स्तंभ

Single Line Halftone इकहरा हाफटोन

Single Quote इकहरा उद्धरण-चिह्न

Singal Rule एकांतरण

Six Mo छठा भाग

Sixteen Mo सोलहवाँ भाग

Sketch रेखाचित्र

Sky Line गगन रेखा

Slant भंगिमा

Slug संकेत पंक्ति/संकेत शब्द

Small Magazine लघु पत्रिका

Small News Papers लघु समाचारपत्र

Solid Block सपाट ब्लॉक

Source सूत्र

Souvenir स्मारिका

Space अंतराल

Space Material अंतराल-सामग्री

Special Correspondent विशेष संवाददाता

Specialised News विशेषीकृत समाचार

Special Number विशेषांक

Spike Dead अप्रयुक्त सामग्री

Sponsered Advertisement

प्रायोजित विज्ञापन

Sponsered Appendix Advertisement प्रायोजित परिशिष्ट विज्ञापन

Sponsered Programme प्रायोजित कार्यक्रम

Sports Column खेल-स्तंभ

Sports Editor खेल-संपादक

Sports Correspondent खेल-संवाददाता

Sports Journalism खेल-पत्रकारिता

Spot News नवीनतम (अद्यतन) समाचार

Spread News व्यापी समाचार

Staff Correspondent कार्यालय संवाददाता

Stale News बासी समाचार

Stamp/Type मुद्रा/मुद्राक्षर

Standerd Ream मानक रिम

Standing स्थायी (सामग्री)

Standardised Journalism स्तरीय पत्रकारिता

Statement वक्तव्य

Streamer पृष्ठशीर्षक

Stepped/Dropline Heading सीढ़ीदार/सोपानक/सोपानी शीर्षक

Stereotype मुद्रण फलक/स्टीरियो टाइप

Stereotype Room मुद्रण फलक कक्ष

Stet यथावत्

Stitching सिलाई

Stick आधारी/स्टिक

Stone फर्मा-पटल

Story कथा/वृत्त/समाचार

Strepline सहशीर्षक

Subbing उपसंपादकी/संकुंचन

Sub-Editor उपसंपादक

Sub-Heading उपशीर्षक

Subjective Reporting विषयिगत समाचार-लेखन

Subscriber ग्राहक

Summary संक्षेप/सार

Summary Intro सार-आमुख

Super Calenderd Paper अति-चिकनाया काग़ज़

Symbolic Drawing प्रतीकात्मक रेखायन/रेखांकन

Symposium परिचर्चा/संगोष्ठी

Syndicate अभिषद्/सिंडीकेट

T

Talk वार्त्ता

Tabliod News Paper लघु समाचार-पत्र

Telecommunication दूरसंचार

Telephoto दूरचित्र

Teleprinter दूरमुद्रक

Teleprinter Exchange (Telex) दूरमुद्रक एक्सचेंज

Television Centre (T. V. C.) दूरदर्शन केंद्र

Television Journalism दूरदर्शन-पत्रकारिता
Television News Features दूरदर्शन समाचार फीचर्स
Telex (Teleprinter Exchange) दूरमुद्रक एक्सचेंज
Ten Parts of Type मुद्रावयव, मुद्राक्षर के दस भाग
Tender निविदा
Thirty, XXX/Retree तीन एक्स/समाप्त/अतिदोषपूर्ण
Thirty Six Mo छत्तीसवाँ भाग
Thirty Two Mo बत्तीसवाँ भाग
Three Colour Reproduction तिरंगा पुनर्मुद्रण
Three Column Heading त्रिस्तंभीय शीर्षक
Time Keeper समयपाल/निरीक्षक
Top (Heading) शिखर (शीर्षक)
Topical Talk सामयिक वार्त्ता
Trade Journal व्यापार-पत्रिका
Translation अनुवाद
Transparency पारदर्शिता
Transport Section/Unit परिवहन-अनुभाग/एकांश
Transpose स्थानांतर
Tear Sheet संकतित पृष्ठ
Turn Up उलटा मुद्राक्षर
Type मुद्राक्षर/मुद्रणाक्षर
Type Case टाइप केस/मुद्राक्षर-खाना
Type Casting (Machine) मुद्राक्षर-ढलाई मशीन
Type Face मुद्राक्षर-रूप
Type Height मुद्राक्षर-ऊँचाई
Type Matel मुद्राक्षर-धातु
Type Point मुद्राक्षर-आकार
Typography मुद्रण-कला/मुद्रण-रूप
Typewriter Composing Machine टाइपराइटर अक्षर-योजक मशीन

U

Uneven Inking असमान स्याही
Uneven Working असमान पृष्ठ-मुद्रण
Unexpected (News) अप्रत्याशित (समाचार)
Unglazed Paper चमकहीन कागज
Unmounted Block अनमढ़ा ब्लॉक
Upstyle दीर्घाक्षर/अवरोहाक्षर शैली

V

Varnishing चिकनाना/वार्निशिंग
Verso बायाँ पृष्ठ
Visual Layout झलकियाँ
Vocational Journalism व्यावसायिक पत्रकारिता

W

Waistline कटि-शीर्षक
Weddings संयुति
Weekly (Paper/Magazine) साप्ताहिक (पत्र/पत्रिका)
Weight of Type मुद्राक्षर-भार
White Print (छपाई का) सफ़ेद कागज
White Space श्वेत/अमुद्रित स्थान
Wire Photo तार फोटो
Wrapping Paper रैंपिंग पेपर/ वेष्टन काग़ज़
Write Up लेख
Write Out अमुद्रित भाग
Writer लेखक
Writing लेखन
Working Journalist श्रमजीवी पत्रकार
Wood Mount काष्ठाधार
Worth Publishing प्रकाशनीय/ प्रकाश्य
Wrong Font विसंगत (बेमेल) मुद्राक्षर

X

XX-Retree दोषपूर्ण
XXX-Retree अति दोषपूर्ण

Y

Yearly वार्षिक/वार्षिकी
Yellow Journalism पीत पत्रकारिता

Z

Zero Hour शून्यकाल

•••